BAMBERGER HOCHSCHULSCHRIFTEN

Zur Deutung von Geschichte in Antike und Mittelalter

BAMBERGER HOCHSCHULSCHRIFTEN

Herausgeber: Georg Denzler, Norbert Glatzel, Jakob Lehmann

Heft 1	Gesellschaft und Beruf Humanisierung der Arbeitswelt und politische Mitverantwortung
Heft 2	Familie, Schule, Erwachsenenbildung Krise der Erziehung und neue Perspektiven
Heft 3	Person und Daseinsbewältigung Fragen und Sinndeutungen
Heft 4	Theologie und Humanwissenschaften
Heft 5/6	Antrittsvorlesungen der Fakultät Sozial- und Wirtschaftswissenschaften 1. Teil
Heft 7	Aktuelle Brennpunkte der Sozialpolitik: Resozialisierung und Randgruppenarbeit
Heft 8	Commedia dell'arte Harlekin auf den Bühnen Europas
Heft 9	Beiträge zur Alten Geschichte
Heft 10	Calderón. 1600–1681 Bamberger Vorträge zum 300. Todesjahr
Heft 11	Zur Deutung von Geschichte in Antike und Mittelalter

BAYERISCHE VERLAGSANSTALT BAMBERG

BAMBERGER HOCHSCHULSCHRIFTEN

Joachim Knape · Karl Strobel

Zur Deutung von Geschichte in Antike und Mittelalter

Plinius d. J. „Panegyricus"
„Historia apocrypha" der „Legenda aurea"

BAYERISCHE VERLAGSANSTALT BAMBERG

Herausgeber:
Georg Denzler, Norbert Glatzel, Jakob Lehmann

Die Autoren:

Dr. Joachim Knape, Akademischer Rat a. Z. am Lehrstuhl für deutsche Philologie des Mittelalters und der frühen Neuzeit der Universität Bamberg, Obere Seelgasse 14, 8600 Bamberg

Dr. Karl Strobel, Akademischer Rat a. Z. am Lehrstuhl für alte Geschichte der Universität Bamberg, Nikolaus-Lenau-Ring 27, 8600 Bamberg

Umschlag: Klaus Borowietz
Gesamtherstellung: SOV Graphische Betriebe, Bamberg
Printed in Germany
ISSN 0723-550X
ISBN 3-87052-659-9

INHALT

Einleitung

Zu den kulturbildenden Verständigungshandlungen der Menschen gehört es, sich über Ereignisse und Personen in der eigenen oder in anderen Zeiten und verschiedenen Lebensumständen Gedanken zu machen, Informationen über sie zu sammeln, diese Informationen zu interpretieren, weiterzugeben und vielleicht auch zu kommentieren. Diese Auseinandersetzung mit Geschichte haben Künstler, Oratoren, Dichter, Philosophen, Historiker und andere, die sich dazu berufen fühlten, in jedem Zeitalter auf eigene Weise geführt. Dabei konnten sie historisches Erinnern und Vergessen, Hochschätzung und Geringschätzung, oft aber auch Fehleinschätzung vergangener Realität bewirken, denn jedes (historische) Erzählen schließt notwendig subjektive Deutung ein, deren Voraussetzungen aber ändern sich im Prozeß der Geschichtlichkeit wiederum ständig.

Die beiden vorliegenden Untersuchungen gehen der Problematik erzählender Deutung von Geschichte an Hand zweier verschiedener Beispiele aus unterschiedlichen Epochen nach.

Im ersten Beitrag wird mit dem 'Panegyricus' des jüngeren Plinius eine antike Schrift behandelt, in der geschichtliche Ereignisse der zeitgenössischen Gegenwart und ihrer jüngeren Vergangenheit in politischer Sicht dargestellt und gedeutet werden, und zwar entsprechend der öffiziösen Sicht. Dabei hat der jüngere Plinius seine Übernahme der amtlichen Präsentation von Fakten und Motiven sowie seine Einarbeitung der Ideologie und der Propaganda der ersten Regierungsjahre Trajans mit dem intellektuellen Können des geschulten Redners und des erfahrenen Politikers in einer Weise ausgeführt, daß das hier von ihm vermittelte Bild bis zur Mitte des 20. Jahrhunderts auch die Sicht der modernen historischen Forschung im wesentlichen geprägt hat.

Der zweite Beitrag hat eine 'Historia apocrypha' aus dem 12. Jahrhundert (und ihre deutsche Übersetzung aus dem 15. Jahrhundert) zum Gegenstand, die der Verfasser der 'Legenda aurea', des wichtigsten mittelalterlichen Legendars, Jacobus de Voragine, benutzt und in seinen Quellenverweisen so genannt hat. Die Stoffelemente dieser 'Historia' betreffen, biblisch-heilsgeschichtlich gesehen, gewissermaßen die Kehrseite des Erlösungswerkes Christi: erzählt wird das Schicksal der frühen "Erzverräter" und "Übeltäter" an der Christenheit (Pilatus, Judas, Nero, die Juden Jerusalems). Bemerkenswert ist dabei die besondere Auswahl, Verknüpfung, Ergänzung und Kommentierung von Daten, Personen und Ereignissen aus der Antike. Verglichen mit heutiger historisch-wertneutral orientierter Geschichtsschreibung fallen besonders die hoch selektive Faktenauswahl, die intentionsgesteuerte literarische Darbietung (Tendenz) und der selbstverständliche Mut zur Konjektur (hier dichterische Erfindung) auf. Der Untersuchung von Überlieferung, Aufbau und literarhistorischer Einordnungsmöglichkeit der 'Historia apocrypha' ist ein Abdruck des lateinischen Textes (nach M_1) und seiner späten mittelalterlichen Übersetzung ins Deutsche beigegeben.

Den Herausgebern der Bamberger Hochschulschriften danken wir für die Aufnahme unserer Beiträge in ihre Reihe.

Bamberg, im November 1984 J.K/K.S.

Karl Strobel

Zu zeitgeschichtlichen Aspekten im Panegyricus des jüngeren Plinius: Trajan - "imperator invictus" und "novum ad principatum iter" *

Professor Dr. H. Bengtson zum 75. Geburtstag

Unter den wenigen literarischen Quellen, die wir für die erste Phase des Prinzipates Trajans bis zum Beginn der Dakerkriege besitzen, kommt dem sogenannten 'Panegyricus' des jüngeren Plinius als einem zeitgenössischen Dokument mit vielfältigen historischen und programmatischen Anspielungen und Hinweisen größte Bedeutung zu.[1] Diese *gratiarum actio,* die C. Plinius Caecilius Secundus anläßlich des Antrittes seines Suffektkonsulates am 1.9.100 n. Chr.[2] im Senat vor Trajan hielt, wurde von dem Redner nach einer alle Teile umfassenden Überarbeitung in einer wesentlich erweiterten Form veröffentlicht[3], und zwar mit einiger Sicherheit schon wenige Monate nach dem Ablauf seines Konsulates Ende Oktober 100 n. Chr.[4] Die Forschung betrachtet in ihrer Mehrheit diese *gratiarum actio* heute zu Recht - unberührt von der Frage des Umfanges der Überarbeitung und Erweiterung[5] - als ein in seinem Charakter in hohem Maße offiziöses Zeugnis für die Selbstdarstellung und Herrschaftspropaganda der ersten Regierungsjahre Trajans[6], als ein Zeugnis, das noch nicht durch die Siege der Dakerkriege und die großen Spiele, Spenden und Bauleistungen der späteren Jahre beeinflußt wurde.

Auch der jüngste Versuch von DIETLIND FEURSTEIN[7], die Schrift des jüngeren Plinius durch eine Untersuchung der Argumentationsmethoden nicht als ein Abbild kaiserlicher Propaganda, sondern als reinen Fürstenspiegel zu erweisen, den Plinius in paränetischer Absicht gerade an Trajan selbst gerichtet habe, kann nicht überzeugen, zumal bereits der gewählte Ansatz der Fragestellung nicht gerecht werden kann[8]. "Die exemplarische Untersuchung grundlegender argumentativer Vorgangs-

* Antike Zitate und Quellenverweise beziehen sich, soweit nicht anders vermerkt, auf die Schriften des jüngeren Plinius.
Mein besonderer Dank gilt Prof. Géza Alföldy für die Durchsicht des Manuskriptes und für seine hilfreichen Hinweise, ebenso Prof. W. Huß.

weisen im Panegyricus" dient zwar sicherlich der Klärung formaler und gedanklicher Phänomene der Darstellung, sie kann jedoch keineswegs, wie hier postuliert, "die Vermutung über die paränetische Intention des Redners" bestärken (S. 104), schon gar nicht in der von der Verfasserin angenommenen Weise. Aussagen wie "Zweifel an der Naivität des Redners sind angebracht" (S. 71) bringen keinen Fortschritt, zumal die Einschätzung des jüngeren Plinius als offen-naiv hinlänglich widerlegt ist[9]. Daß Plinius im Panegyricus seine Argumentationsgänge, Formeln und Bilder durchdacht und berechnend aufbaut, daß er sie mit dem vollen Rüstzeug der Rhetorik konstruiert und dabei Schlagworte reflektiert und gedanklich verfeinert, das wird bei einer genaueren Durchsicht der Rede sofort deutlich. Auch die Tatsache, daß Plinius bei der Umarbeitung und der Herausgabe seiner *gratiarum actio* neben anderem eine paränetische Absicht mitverfolgt hat, ist unbestritten und schon von ihm selbst formuliert[10], eine paränetische Absicht allerdings, die, wie er ausdrücklich betont, mit ihrer Zielsetzung auf die *futuri principes* gerichtet ist[11]. Trajan hingegen ist im Panegyricus das lebende Idealbild des Herrschers (paneg. 24, 1-2), wobei Plinius reichlich aus dem Schatz philosophischer und politisch-ideologischer Herrschertugenden schöpft[12]; die *imitatio* Trajans ist die Pflicht der *cives*[13], ja sogar den Göttern darf der Kaiser Vorbild sein[14]. Er ist der *castus et sanctus*[15] *et dis simillimus princeps*[16], er ist - und damit stoßen wir bei Plinius auf das Zentrum trajanischer Herrscherauffassung - der durch göttlichen Willen auserwählte Stellvertreter des Iupiter Optimus Maximus auf Erden[17]. An der panegyrischen Absicht Trajan gegenüber ist überhaupt nicht zu zweifeln[18], ebensowenig an der Existenz adulatorischer Rechtfertigungspropaganda für ihn im Panegyricus[19], und daß Plinius bei der Zeichnung seines *optimus princeps* ganz im Sinne der trajanischen Ideologie bewußt auf vorhandene philosophische und politische Vorstellungen seiner Zeit zurückgreift, das zeigt bereits ein kurzer Vergleich mit den entsprechenden Ausführungen des Dion Chrysostomos von Prusa[20].

Wenn D. FEURSTEIN die zentrale Bedeutung des Gedankens der *utilitas civium* für die Ideologie dieses "Fürstenspiegels des jüngeren Plinius" herausstreicht (S. 91-104), so unterschätzt sie, daß es sich hierbei um einen ganz wesentlichen Bestandteil der trajanischen Herrscherideologie handelt[21], nicht aber um eine "Modifikation oder interpretatorische Korrektur einer programmatischen Geste des Kaisers" (S. 111), wie überhaupt die offizielle Ideologie des Prinzipates in dieser Untersuchung (bes. S. 112-122) zu sehr zur Seite geschoben wird. So hat bereits Domitian das Verhältnis zwischen dem öffentlichen Wohl und dem persönlichen Wohl des Herrschers schrittweise umkonzipiert:[22] Die *salus omnium* bzw. *universorum* hängt nun allein von der *salus* des Kaisers als Mittler und Ursprung des Heiles der ganzen Bevölkerung des römischen Reiches ab; die *Salus publica populi Romani Quiritium* wird zur *Salus Augusta publica populi Romani Quiritium,* allerdings wird sie terminologisch noch nicht ausschließlich an die Person des Herrschers gebunden. Trajan hat in der Nachfolge Domitians den Anspruch, "Mittler des Heils für S t a a t u n d R e i c h des römischen Volkes zu sein"[23], konsequent weitergeführt und sich schließlich zur alleinigen Quelle der *salus generis humani* u n d der *salus publica* erklärt, wenn auch noch mit einer Behutsamkeit, die erst unter Hadrian und Antoninus Pius nach und nach verschwand[24]. Daß diese Form des Salus-Gedankens im Panegyricus des Plinius eine entscheidende Rolle spielt, zeigen zahlreiche Stellen.[25] Geradezu programmatisch sind hier Formulierungen wie *in unius salutem collata omnium vota* (paneg. 23,5) oder *simplex cunctaque ista* (sc. *pax, concordia, securitas, opes, honores*) *complexum omnium votum est, salus principis* (paneg. 94,2).

Unbewiesen bleibt D. FEURSTEINS Behauptung, Plinius habe "die staatstheoretische Komponente, die ja in jedem Fürstenlob, also auch in der actio gratiarum in Ansätzen vorhanden ist, zu einer umfassenden Staatskonzeption ausgebaut" (S. 112), und daß dies "wesentlich für die Überlieferung des Werkes verantwortlich gemacht werden dürfte" (S. 9, 112), ist einfach unrichtig[26]. Was D. Feursteins nicht immer befriedigende Ausführungen zu historischen Ereignissen und Anspielungen betrifft, so sind weder die Darlegungen zur Adoption Trajans zu billigen (S. 67-69), noch etwa die Bemerkung, an Trajans Marsch anläßlich des Saturninus-Aufstandes von Spanien nach "Deutschland" habe "das 'difficile' des Unternehmens, der labor, die Bewunderung des Redners" erregt (S. 62), obwohl es sich hierbei um eine ideologisch wesentliche Zeichnung Trajans handelt[27]. D. FEURSTEIN muß mehrfach selbst (etwa S. 68, 80) zugeben, daß Plinius' Aussagen auch nach ihrer eigenen Analyse als Abbild der offiziellen Propaganda erscheinen oder zumindest als im Sinne der offiziellen Sprachregelung stehend gewertet werden können. Was in den Überlegungen der Verfasserin völlig fehlt, ist der Mensch und Politiker Plinius[28], der jedes Amt, das ihm der jeweils regierende Princeps übertrug, gewissenhaft und mit Stolz bekleidete[29], der sich stets als loyaler und ergebener Mitarbeiter der Herrscher - und zwar auch in den späten Jahren Domitians - zu profilieren verstand[30]. Es fehlt hier der devote Plinius der 'Epistulae ad Traianum'[31] ebenso wie sein selbstzufriedener Stolz, in der

Gunst und der Umgebung des Kaisers zu sein[32]. Es fehlt nicht zuletzt der Plinius, der es liebte, im Lichte des öffentlichen Interesses zu stehen[33], der Mann, dessen bewußt berechnete Selbstherausstellung und Selbstbestätigung und dessen Eitelkeit stets präsent sind, auch wenn sie ein Mantel aus Floskeln der Bescheidenheit umgibt[34]. Und schließlich gehören zum Panegyricus nicht wenige Sentenzen, die nun wirklich ohne Zweifel mit zu den Höhepunkten der *adulatio,* der schmeichlerischen Reverenz und Anbiederung, gehören[35], Töne übrigens, die uns auch aus den totalitären Systemen des 20. Jahrhunderts durchaus vertraut sind. Auf das grundsätzliche Verhältnis des jüngeren Plinius zu der Macht des Herrschers[36] werfen nicht zuletzt Äußerungen im Panegyricus wie *Inluxerat primus consulatus tui dies, quo tu curiam ingressus nunc singulos, nunc universos adhortatus es resumere libertatem, capessere quasi communis imperii curas, vigilare publicis utilitatibus et insurgere. Omnes ante te eadem ista dixerunt, nemini tamen ante te creditum est... Iubes esse liberos: erimus; iubes quae sentimus promere in medium: proferemus* (66, 2-4) oder *Haec nempe intentio tua ut libertatem revoces ac reducas* (78, 3). *Tenebit ergo semper quid suaserit, scietque nos, quotiens libertatem quam dedit experiemur, sibi parere* (67, 2) ein bezeichnendes Licht. Was Plinius grundsätzlich verlangt, ist nicht eine (konstitutionelle) Beschränkung dieser Macht, sondern nur die Selbstbeschränkung des Auftretens der als real (an)erkannten *infinita potestas* des Princeps[37], letztlich also die Bewahrung nur einer Fassade von *aequitas* und *libertas,* in erster Linie gegenüber den Vertretern der Senatsaristokratie.[38]

I. Imperator invictus

Einige zeitgeschichtliche Anspielungen der *gratiarum actio* des jüngeren Plinius hat vor kurzem E. CIZEK aufgegriffen[1], wobei er deren endgültiges Publikationsdatum wohl den Thesen von J. CARCOPINO folgend[2] auf Grund angeblicher Zeitbezüge erneut weit über das Jahr 102 n. Chr. hinaufzurücken sucht[3]. Unverkennbar bilden Domitian und seine Außenpolitik in paneg. 11-12 und 16-17 die Negativfolie für die panegyrische Darstellung der frühen Außenpolitik Trajans.[4] Aber eine Überbetonung der Daker verleitet E. CIZEK offensichtlich dazu, paneg. 11, 5, wo Plinius die nach seiner Darstellung angeblich katastrophalen Auswirkungen der domitianischen Politik zusammenfaßt[5], mit den Worten zu kommentieren: "Plinio ritiene persino che i Daci tentavano di fare dei Romani i loro schiavi" (S. 69). Keinerlei Möglichkeit besteht ferner, paneg. 12, 2 auf den Frieden des Jahres 102 n. Chr. am Ende des 1. Dakerkrieges Trajans zu beziehen[6]. Ohne Grundlage sind auch seine Ausführungen (S. 70 f.) zu paneg. 16, 2.5; hier liegt weder ein Hinweis auf einen lokalen Grenzzwischenfall als Vorspiel des 1. Dakerkrieges Trajans vor, noch ist hier ausgesagt, daß die Daker diesen Krieg begonnen hätten. Der Ausdruck *nec decertare cupere cum recusantibus* (paneg. 16, 2) würde in diesem Zusammenhang vielmehr das genaue Gegenteil besagen, und mit *quodsi quis barbarus rex* (sc. Decebalus) *eo insolentiae furorisque processerit, ut iram tuam indignationemque mereatur* (paneg. 16, 5) wird lediglich auf die unausweichlichen und tödlichen Folgen einer Provokation Roms unter einem Princeps Trajan verwiesen. Auf eine 'akute Dakergefahr' kommt Plinius nirgends, schon gar nicht in paneg. 16, 3 zu sprechen[7].

Nach seinem ureigensten Selbstverständnis führte Rom eine äußere Auseinandersetzung nur als *bellum iustum*[8]; Plinius formulierte diesen Grundsatz für Trajan zusammen mit der Betonung von dessen Entschlossenheit, jeder Herausforderung des Imperiums offensiv und defensiv zu begegnen, als das *non times bella nec provocas* (paneg. 16, 2; 17, 4). Wenig hilfreich sind hier E. CIZEKS Ausführungen (S. 72f.) über "una volunta espansionistica" in Rom, und darin gar eine Ursache für die Adoption Trajans zu sehen, ist schlicht falsch. Was von der Regierung eines Princeps außenpolitisch grundsätzlich erwartet wurde, nämlich das *fines imperii propagare*, das bringt Tacitus beispielhaft in ann. I 3, 6 und IV 32, 2 zum Ausdruck[9].

E. CIZEK interpretiert ferner S. 72f. nicht nur paneg. 12, 4 falsch, wenn er dazu bemerkt, "che Traiano riusciva con difficoltà a trattenere le legioni molto impazienti di attraversare il Danubio per arrivare nella Dacia", sondern auch paneg. 12, 3, wenn er darin gar eine Anspielung auf die untermoesische Kampagne des 1. Dakerkrieges sehen will[10], obwohl hier ohne Zweifel nur auf die Jahre 98 bis 99 n. Chr. Bezug genommen ist. Seine Behauptung, daß in paneg. 17, 1-3 ein Augenzeugenbericht für den ersten Triumph Trajans über die Daker Ende 102 n. Chr. vorliege (S. 72, 76), ist nicht bewiesen, und daß E. CIZEK schließlich in paneg. 16, 5 sogar eine Andeutung des Endsieges von 106 n. Chr. und zumindest der geplanten Kolonisation und Romanisierung (sic!) des Landes sehen will (S. 74ff.)[11], geht dann doch zu weit.

Wie bereits angedeutet, gewinnt Plinius in paneg. 11, 4,2-12 und 16-17 den für die panegyrische Hervorhebung der bis 100 n. Chr. noch keineswegs herausragenden außenpolitischen Leistungen Trajans nötigen düsteren Hintergrund durch eine polemisch verzerrte Darstellung der Politik und der militärischen Aktionen Domitians. Neben den bekannten Vorwürfen gegen den Flavier, er habe seine Mißerfolge in falschen Triumphen verherrlicht[12] und er habe den Vertrag des Jahres 89 n. Chr. mit Decebalus, einen Friedensschluß, der einen römischen Erfolg nur vorspiegele, nach glücklosem Kampf schimpflich erkauft[13], findet sich in der von Plinius paneg. 11, 5 vorgetragenen Wertung dieses Abkommens[14] wohl ein Teil der Rechtfertigung und der propagandistischen Vorbereitung des 1. Dakerkrieges durch Trajan in der Formulierung *ac ne indutias quidem nisi aequis condicionibus inibant legesque ut acciperent dabant.* Der Friedensschluß von 89 n. Chr., der in Wirklichkeit jedenfalls die formelle Unterwerfung des Dakerkönigs brachte und dessen Reich zu einem Vasallenstaat Roms machte[15], wird von Plinius hier ausdrücklich nur als ein Waffenstillstand bezeichnet[16], dessen Bedingungen den Gegner als gleichberechtigten Partner erscheinen ließen, und dessen Bestimmungen bezüglich des Feindes von diesem selbst diktiert worden wären[17]. Damit war dem nicht zu leugnenden Inhalt des Abkommens von 89 n. Chr. zum Teil - allerdings in einer polemischen Umdeutung - Rechnung getragen. Als Grundtenor der offiziellen Darstellung des Friedensschlusses von 89 n. Chr. in der Zeit vor dem 1. Dakerkrieg können wir demnach folgendes fassen:[18] ein unwürdiger Vertrag, durch Zugeständnisse und Zahlungen erkauft, ja geradezu vom Gegner diktiert - ein solcher Vertrag konnte nach römischem Verständnis nicht als gültig angesehen werden[19] -, zudem gar kein Friedensschluß, sondern nur ein Abkommen über eine Waffenruhe. Der bereits seit dem Jahre 98 n. Chr. von Trajan konsequent vorbereitete Eroberungskrieg gegen das Dakerreich des Decebalus[20] war damit nach offizieller innenpolitischer Lesart also die Aufkündigung eines unwürdigen und unannehmbaren, von dem unfähigen Despoten Domitian erkauften Waffenstillstandes. Hinsichtlich des Kriegszieles Trajans dürfen wir wohl noch einen Schritt weitergehen; bei dieser Abqualifizierung der unter Domitian erreichten Übereinkunft mit dem Dakerreich des Decebalus konnte der geplante Dakerkrieg Trajans letztlich nur mehr auf eine unmittelbare Unterwerfung des Dakerreiches ausgerichtet sein.

Vor diesem Hintergrund kommt Plinius auf einen der wesentlichsten und unverzichtbarsten Bestandteile für die ideologische Legitimation eines Princeps zu sprechen, nämlich auf die *victoria Augusta* bzw. *victoria principis*[21]. In dieser Beziehung hatte Trajan in den ersten drei Jahren seiner Regierung - abgesehen von einer Stilisierung seiner Leistungen vor der Adoption durch Nerva, wobei aber der Sieg des Jahres 97 n. Chr. in Pannonien und der daraus resultierende Germanicus-Beiname ausdrücklich nicht mit eingeschlossen werden[22] - nichts außer geweckten Erwartungen aufzuweisen. Aus dieser ungünstigen Problematik werden nun in paneg. 12, 1-4; 16, 1-3; 17, 4 das 'hohe Lied' der *moderatio* Trajans auf militärisch-außenpolitischem Gebiet und die propagandistische Konstruktion der "victoire pacifique de 98-99"[23], wobei stets das negative Gegenbild Domitians als des Herrschers, der die *moderatio* nicht kannte, durchscheint[24]. Die persönliche *moderatio* Trajans hingegen, die einen - offensiven oder defensiven - Krieg nur zur Wahrung der *dignitas* des Imperium Romanum erlaube (16, 1-2; 17, 4) und jeden persönlichen militärischen Ehrgeiz ausschließe (16, 1-3; 17, 4), habe ihn während seines Aufenthaltes an der unteren Donau im Winter 98/99 n. Chr. darauf verzichten lassen, den Strom zu überschreiten, die gefährlichen Feinde niederzukämpfen und den sicheren Triumph zu erringen (12, 3-4; 16, 2-3). Die Feinde ihrerseits seien allein schon durch das Erscheinen des neuen Herrschers und die von ihm gleich den *veteres et prisci duces* der Republik (12, 1)[25] verkörperte *fortitudo* in ihre Schranken gewiesen, ja in jeglicher feindlichen Absicht gelähmt worden (12, 1-2; 16, 3), obwohl sich für sie damals wie stets, wenn die Donau zugefroren war, eine bekanntermaßen günstige Gelegenheit zu Übergriffen geboten hat (12, 3). Trajan hatte somit in der auch hier sicher offiziösen Darstellung des Panegyricus die Aufgabe des *bellum propulsare pro dignitate imperii* (17, 4) allein durch seine Gegenwart, durch die Präsenz seiner *fortitudo* erfolgreich, ja siegreich erfüllt[26], ohne zu eigentlichen militärischen Maßnahmen greifen zu müssen und ohne die sich bietende Gelegenheit zu sicherem eigenen Ruhm ergreifen zu wollen. Letzteres sei noch als ein gesteigertes Maß an *moderatio* bei Trajan zu werten, da die römischen Truppen nach paneg. 12, 4 entgegen allen Gewohnheiten von sich aus, also ohne auf eine feindliche Aktion antworten zu müssen, einen Winterfeldzug über die zugefrorene Donau gewünscht hätten. Die überdeutlich vorgetragene Beteuerung, Trajan werde niemals aus persönlichem Ehrgeiz heraus bzw. auf Grund eines Strebens nach militärischem Erfolg und soldatischem Ruhm einen an sich unnötigen Krieg beginnen, darf im unmittelbaren Vorfeld des 1. Dakerkrieges wohl mit der Existenz konkreter entsprechender Vorwürfe angesichts der Kriegsvorbereitungen in Zusammenhang gebracht werden. Der gegen Trajan erhobene Vorwurf der *cupido triumphandi* ist für uns insbesondere noch in der hierbei offensichtlich auf einer guten Quelle fußenden 'Epitome de Caesaribus' faßbar.[27]

Einen ganz anderen Ton finden wir dann in Plinius' Prophezeiung des kommenden Sieges und Triumphes Trajans in paneg. 16, 3,2-17, 3. Der allgemein gehaltene Beginn dieser Passage (16, 3,2-16, 4) hat wohl durchaus zum ursprünglichen Konzept der *gratiarum actio* gehört, zumal zu bedenken ist, daß die Vorbereitungen für den 1. Dakerkrieg seit 98 n. Chr. offen im Gange waren; auch fügt sich dieser Teil voll in den Gedankengang ein, ja bringt diesen zusammen mit paneg. 17, 4 zu einem Abschluß: Trajan als der Herrscher, dessen *moderatio* und *fortitudo* eine Wiederholung der *mimici currus* und der *falsae simulacra victoriae* eines Domitian (16, 3) ausschließen und dann, wenn der *contemptus imperii Romani* der Feinde den Kampf notwendig mache (16, 4), *pax* und *tranquillitas* sowie die *tam confessa hostium obsequia, ut vincendus nemo fuerit* (16, 3,2) gewährleisten werden[28]. Dagegen ist die viel konkretere Prophezeiung des bevorstehenden Triumphes über den Dakerkönig Decebalus in paneg. 16, 5-17, 3 zu Recht als eine nachträgliche Einfügung während der Überarbeitung der Rede angesehen worden.[29] Es handelt sich hierbei jedoch nicht um eine *vaticinatio post eventum,* ja einen Augenzeugenbericht des Triumphes[30], den Trajan nach dem Abschluß des 1. Dakerkrieges Ende Dezember 102 n. Chr. in Rom feierte[31]. Die gezielte und nicht mißzuverstehende Hindeutung auf den Krieg gegen Decebalus, jenen *barbarus rex,* der durch seine *insolentia* und seinen *furor* Trajan herausfordern und dadurch unausweichlich seinen Untergang erleiden wird (16, 5), ist sicherlich ein direkter Widerhall der trajanischen Propaganda bei Kriegsbeginn[32] und kann ohne Schwierigkeiten schon in die Zeit um oder unmittelbar nach dem Aufbruch des Princeps von Rom an die moesische Dakerfront am 25.3.101 n. Chr.[33] formuliert sein, ein Datum, das auch, wie weiter unten ausgeführt, durch eine Betrachtung von paneg. 13-15 nahegelegt wird. Plinius' Prophezeiung des als selbstverständlich erwarteten römischen Triumphes am Ende dieser Auseinandersetzung (17, 1-2) hält sich ganz im Rahmen der allgemein üblichen Gebräuche eines römischen Triumphzuges und kann nicht als *vaticinatio post eventum* erwiesen werden.[34] Die folgende Prophezeiung der *spolia opima* für Trajan (17, 3) schließlich würde Plinius schwerlich erst nach dem 1. Dakerkrieg eingefügt haben, der ja weder den Untergang des Dakerkönigs noch die Eroberung seines Reiches brachte, sondern 102 n. Chr. vielmehr in einem Friedensschluß endete, der Decebalus, wie schon der Friede Domitians, zu einem Vasallen des Reiches machte, wenn auch unter wesentlich härteren Bedingungen als 89 n. Chr. und unter erheblichen Gebietsverlusten[35]. Nicht außer acht gelassen werden darf auch Plinius' eigene Beurteilung des 1. Dakertriumphes als *ex invicta gente* (epist. VIII 4, 2). Daß hingegen Plinius auf den nur wenige Monate nach seiner Rede im Senat erfolgten Ausbruch des 1. Dakerkrieges und die ihn begleitende Propaganda bei der Überarbeitung seiner *gratiarum actio* unter Stilisierung der römischen Siegeserwartung eingegangen ist, kann nicht überraschen.

Allgemein begründet Plinius ausführlich in paneg. 13-15, daß Trajan der Princeps ist, ja sein muß, der seit dem Augenblick seiner Regierungsübernahme die *victoria Augusta* gewährleistet. Mit der entsprechenden Würdigung seiner militärischen Fähigkeiten und seiner Qualifikation zum Feldherrn wird so ein unentbehrlicher Faktor der Herrscherlegitimation aufgegriffen, dessen propagandistische Ausführung gerade vor dem Erringen wirklicher eigener militärischer Erfolge durch Trajan wesentlich war, ein Faktor zudem, der angesichts des Fehlens des so wichtigen dynastischen Elementes noch an Bedeutung gewinnen mußte[36]. Es besteht deshalb kein Grund, diesen Abschnitt des Panegyricus im wesentlichen nicht zum Konzept der ursprünglichen *gratiarum actio* zu rechnen[37], wenn auch die heute vorliegende Breite der Ausführungen wohl erst das Ergebnis der Überarbeitung ist[38]. Umrahmt werden die bisherigen militärischen Leistungen Trajans von der in traditioneller Thematik gehaltenen Hervorhebung seiner soldatischen Qualitäten und seiner Befähigung zum militärischen Führer:[39] das Erwerben der Liebe und der Bewunderung der Soldaten (13, 1), körperliche Abhärtung und das Ertragen von Strapazen und Entbehrungen (13, 1; 15, 3-4), Übung und Tapferkeit im Kampf (13, 1-2), hervorragende Führung und Sorge für die Soldaten (13, 3) sowie insbesondere eine als überaus gründlich geschilderte militärische Ausbildung in althergebrachter Art durch die Ableistung von *decem stipendia* als *tribunus militum laticlavius* an Euphrat und Rhein (13, 5; 14, 1; 15, 1-3), wobei die angegebene Zahl der *stipendia* mit großer Sicherheit erheblich nach oben aufgerundet sein dürfte und wohl einfach mit der Zeitspanne bis zur Quaestur gleichgesetzt wurde[40]. Die Leistungen selbst sind in paneg. 14 in die Argumentationskette eingebracht; hierbei wird Trajans Dienst als senatorischer Legionstribun unter seinem Vater in Syrien während dessen dortiger Statthalterschaft (ca. 73/74 - 77/78 n. Chr.[41]), der für die erfolgreiche Durchsetzung des römischen Standpunktes gegenüber den Parthern vermutlich um 75 n. Chr. in einer nicht näher faßbaren militärischen Konfrontation - von einer ernsten kriegerischen Auseinandersetzung ist nirgends die Rede[42] - die *ornamenta triumphalia* erhielt[43], adulatorisch hochstilisiert.[44] Trajan hätte demnach den Ruhm des Vaters in wesentlichem Maße miterworben, eine Übertreibung, die aber, sicher nicht ohne Grund, nur in inhaltsleere Floskeln gefaßt ist; offensichtlich war nichts Konkretes zu berichten. Umso breiter wird hingegen mit viel rhetorischem Aufwand der Eilmarsch Trajans als Legat der Legio VII Gemina[45] ausgemalt, mit dem er diese Truppe Anfang 89 n. Chr. von ihrem Standort Legio (León) in der Hispania Tarraconensis mit größter Schnelligkeit nach Germania Superior führte, als er von Domitian zur Niederschlagung des Aufstandes des L. Antonius Saturninus heranbeordert wurde (14, 2-5). Wahrscheinlich am 1.1. 89 n. Chr. war der obergermanische Legat L. Antonius Saturninus von den beiden im Mainz stehenden Legionen XIV Gemina und XXI Rapax zum Kaiser ausgerufen worden.[46] Die Usurpation wurde jedoch unerwartet rasch von dem untergermanischen Legaten A. Bucius Lappius Maximus[47] schon vor dem 25.1. 89 n. Chr. niedergeworfen. Domitian selbst hatte Rom am 12.1. mit den Prätorianern verlassen. Die Legio VII Gemina wurde unter dem Kommando des Sohnes eines so loyalen Gefolgsmannes des flavischen Kaiserhauses wie Trajan d. Ä. zuerst wahrscheinlich zur Deckung Oberitaliens gegen die Insurgenten heranbeordert, dann jedoch wohl über das Rhonetal und Vindonissa nach Norden dirigiert.[48] Als Dank für die erwiesene Treue und für den geleisteten Dienst wurde Trajan von Domitian zum *consul ordinarius* des Jahres 91 n. Chr. bestimmt.[49] Im Panegyricus wird der Zug Trajans mit der Legio VII Gemina allerdings ausdrücklich in den Zusammenhang der *Germaniae bella* Domitians gestellt (14, 5); der eigentliche Anlaß, nämlich die Niederwerfung einer Erhebung gegen den *pessimus princeps*[50], ist verschwiegen. Plinius hält sich damit genau an die offizielle Sprachregelung Domitians, der die Niederwerfung der obergermanischen Erhebung geschickt in die Beendigung eines Germanenkrieges umstilisierte[51]. Trajan dürfte wahrscheinlich 89 n. Chr. mit seiner zuverlässigen Truppe einige Zeit zur Stabilisierung der Lage im Raume von Mainz geblieben sein, von wo die rebellische Legio XXI Rapax an die Donau verlegt wurde[52]. Er hat hierbei möglicherweise direkt an den Kämpfen zur Wiederherstellung der Lage an der Chattengrenze im Taunus und in der Wetterau teilgenommen, wo es im Zusammenhang mit der Usurpation und dem Abzug römischer Truppen durch Antonius Saturninus zu schweren Einbrüchen gekommen war[53]. Dies ist der einzige einigermaßen zu begründende Bezugspunkt für die wenig konkrete Formulierung *aliis super alias expeditionibus itinere illo dignus invenireris* in paneg. 14, 5; daraus zu folgern, daß Trajan im Anschluß an die Bereinigung der Erhebung des Antonius Saturninus *comes* Domitians in den pannonischen Kriegen gewesen wäre, geht wohl kaum an[54]. Im Gegenteil, wir besitzen hierfür gerade keinerlei Anhaltspunkte, obwohl Plinius sicher ohne unüberwindliche Schwierigkeiten und wahrscheinlich sogar leichter als für den Marsch nach Obergermanien eine rechtfertigende und adulatorisch überhöhende Stilisierung hätte finden können. Die Unklarheit von Plinius' Andeutung am Schluß von paneg. 14, 5 ist wohl kaum zufällig; weitere anzuführende militärische Leistungen hatte Trajan offenbar nicht erbracht. Auch ist bisher für ihn ein konsularisches Provinzkommando während der Regierung Domitians nicht zu erschließen.[55] Schon das Fehlen jeglicher Anspielung auf ein mehr oder weniger bedeutendes Provinzkommando bei Plinius muß ein solches eigentlich unwahrscheinlich werden lassen; dafür wird aber Trajans Kommando über die Legio VII Gemina zu einem Mehrlegionskommando überhöht (paneg. 14, 3). Gerade ein Provinzkommando wäre zum Nachweis der Idoneität Trajans von großer Bedeutung und beispielsweise als Dienst für die *res publica* in einer dem Tüchtigen nicht wohlgesonnenen Zeit wohl ohne weiteres einzubeziehen gewesen, wie ein Vergleich mit dem 'Agricola' des Tacitus lehrt. Der junge Patrizier Trajan war von Domitian ganz offensichtlich nicht für den kaiserlicher Provinzialdienst oder militärische Kommanden vorgesehen gewesen und hatte das Kommando über die Legio VII Gemina auch erst mit Verzögerung erhalten.[56] Es ist durchaus möglich, daß ihm erst der Einfluß des Vaters bzw. sein eigenes Beharren den Zugang zu einem militärischen Posten an Stelle des für den Patrizier, der die Prätur 83 oder 84 n. Chr. bekleidet haben muß, schon etwa 86 n. Chr. zugänglichen Konsulates öffnen mußte.[57] Aber auch dann war er auf einen Posten gesetzt worden, der keine glänzende, insbesondere militärische Karriere erwarten ließ. Eine Wende brachte offensichtlich der Saturninusaufstand, doch auch hier hatte Trajan in erster Linie nur seine Loyalität bewiesen. Deshalb ist wohl die Übernahme eines stadtrömischen Amtes nach dem Konsulat am wahrscheinlichsten, etwa die *cura alvei Tiberis et riparum et cloacarum urbis* oder die *cura aedium sacrarum et operum locorumque publicorum*[58], was mit paneg. 44, 1 und 94, 3 durchaus im Einklang stehen würde[59]. Verdächtig ist auch das Schweigen über die eigentlich bei einem Patrizier und ordentlichen Konsul anzunehmenden Priesterämter[60]. Eine persönliche Gefährdung oder eine wirkliche Zurücksetzung durch Domitian in den Jahren nach dem ordentlichen Konsulat ist nicht erkennbar.[61] Sie wäre von Plinius auch, wie ein Blick auf dessen schillernde Selbstdarstellung zeigen dürfte[62], mit Sicherheit breit ausgemalt worden.

Wie wichtig die offensichtlich einzige vorzeigbare persönliche soldatische Leistung Trajans zu Beginn des Jahres 89 n. Chr. für die Legitimierung des Ulpiers auf militärischem Gebiete war, belegt ferner die Tatsache, daß Trajans letztlich daraus resultierendes ordentliches Konsulat im Jahre 91 n. Chr. zusammen mit dem hochangesehenen M'. Acilius Glabrio[63], vom Prestige her zweifellos der Höhepunkt seiner Karriere vor der Thronbesteigung, von Plinius geflissentlich unterschlagen wird[64]. Trajans eilfertiges loyales Verhalten gegenüber dem *pessimus princeps* Domitian, ein in der trajanischen Propaganda und im Panegyricus durchaus nicht unproblematischer Gegenstand[65], war offenkundig der einzige und damit unverzichtbare Beweise für die Qualifikation Trajans zum Feldherrn, obwohl eine wirkliche Bewährung in siegreichem Kampfe auch hier nicht stattfand. Und noch zur Zeit der Ausarbeitung der *gratiarum actio* konnte Plinius offenbar nur auf diesen mehr als beschränkten "Vorrat" an militärischen Taten zurückgreifen, um den Nachdruck zu begründen, mit dem er paneg. 13.15 Trajan als einen zum Imperator berufenen Soldaten herausstellt, als einen *commilito* seiner Soldaten und Offiziere *par excellence*[66], als eine in seiner Gegenwart singuläre Erscheinung eines Feldherrn, zu messen an den großen Feldherrngestalten der alten *res publica libera*[67]. Hätten Plinius bereits militärische Erfolge aus dem 1. Dakerkrieg vorgelegen, wie etwa die siegreiche Schlacht bei Tapae wahrscheinlich im Hochsommer 101 n. Chr.[68], so wäre eine sich prophetisch gebende entsprechende Anspielung wohl nicht ganz unwahrscheinlich gewesen.
Die gesamte, doch sehr konventionelle und in ihren Belegen überaus gezwungen wirkende Stilisierung Trajans zum *vir militaris* und Imperator war wohl auch deshalb neben der polemischen Abwertung Domitians

ein so wichtiger und nicht nur auf den Panegyricus des jüngeren Plinius beschränkter Faktor in der propagandistischen und ideologischen Rechtfertigung der Regierungsübernahme durch Trajan[69], weil sein Rivale um die Nachfolge Nervas, Domitians im Kampf gegen die Daker erprobter und höchstdekorierter General M. Cornelius Nigrinus Curiatius Maternus[70], über eine erwiesene *virtus* als Soldat und Feldherr verfügte. Der innenpolitische Gesichtspunkt des noch ausstehenden Beweises der eigenen *virtus imperatoria* muß mit größter Wahrscheinlichkeit auch hinter der Tatsache gesehen werden, daß Trajan nach dem Beginn seiner Alleinherrschaft bis zum Herbst 99 n. Chr. in den Provinzen an der Nordgrenze des Imperiums blieb[71] und dort an der Donaufront seit dem Jahre 98 n. Chr. systematisch den großen Krieg gegen das Dakerreich vorbereitete[72]. Nach der *victoire pacifique* des Jahres 98 n. Chr., der diplomatischen Beendigung des Konfliktes mit Markomannen und Quaden an der mittleren Donau[73], wo der militärische Erfolg in dem bereits von Domitian vorbereiteten Krieg allein Nerva zugefallen war und Trajan den Siegerbeinamen *Germanicus* nur in seiner Eigenschaft als Mitregent erhalten hatte[74], sollte die Niederwerfung des dakischen Gegners, die Domitian nicht gelungen war, den endgültigen und unbezweifelbaren Beweis seiner *virtus imperatoria*, seiner *victoria Augusti* erbringen und damit die Konstruktion seiner Herrschaftslegitimierung in diesem Aspekt auch faktisch vollenden.[75]
Die Inspektions- und Organisationstätigkeit Trajans in den Monaten zwischen dem Tode Nervas und seiner Rückkehr nach Rom im Herbst 99 n. Chr., *dum exercitos suos circumit*[76], gab zuvor bereits - neben der Beendigung der Prätorianerunruhen - eine Stilisierung des Ulpiers zum *corrector, conditor* und *firmator* der *disciplina militaris* ab.[77] Während wir jedoch weder über mögliche Aktivitäten des *legatus pro praetore* Trajan noch des Caesar noch des Augustus an der Rheinlinie in der Zeit von der Mitte des Jahres 97 n. Chr. bis zum Frühjahr 98 n. Chr. irgendetwas aussagen können[78] - die Nachfolgefrage muß von vorneherein im Mittelpunkt dieser Monate gestanden sein -, haben sich Trajans Maßnahmen bis zum Herbst 99 n. Chr. eindeutig auf die pannonische und moesische Donaulinie und die Vorbereitung des Dakerkrieges konzentriert, worauf unten noch einzugehen sein wird. Im Bildprogramm des Trajansbogens von Benevent erscheint das Thema 'Sorge für die Sicherheit des Reiches durch ein zuverlässiges Heer' auf dem rechten Pfeilerrelief der unteren landseitigen Bildzone des Bogens, die der frühen Außenpolitik des Princeps unter dem Gesichtspunkt der friedlichen Sicherung der *securitas populi Romani* und der *pax Augusta* gewidmet ist.[79] In dem Relief, dessen Figuren ausnahms-

los friedensmäßige Kleidung tragen, steht Trajan mit seinen Begleitern drei römischen Soldaten gegenüber, die offenbar Weisungen des Kaisers entgegennehmen; sie repräsentieren augenscheinlich in symbolhafter Weise das römische Heer in den Provinzen.[80] Als Gegenstück zu dem *Pactio-cum-barbaris*-Relief auf dem linken Pfeiler wird hier die Garantie des äußeren Friedens durch den Princeps und das ihm ergebene Heer angesprochen[81], ein Gedanke, der auch zum Grundtenor von paneg. 18-19 gehört.

Die Propagierung der *virtus imperatoria* Trajans erfährt im Panegyricus ihre höchste Steigerung in der außergewöhnlichen Stilisierung des Ulpiers zum *imperator invictus* (8, 2), ein in der Regel bis in die Zeit des Commodus vermiedenes Epitheton[82], sehen wir von den *Caesar-invictus*-Formeln gerade für Domitian bei Statius[83] und Martial[84] ab. In diesem Zusammenhang ist auch auf die ungewöhnliche Betonung des sieghaften göttlichen Aspektes in den *vota* der Fratres Arvales beim Aufbruch Trajans in den Dakerkrieg am 25. 3. 101 n. Chr. zu verweisen[85], ebenso auf die schon bei der Formierung gegebenen Epitheta der beiden nach dem 1. Dakerkrieg neu aufgestellten Legionen II Traiana Fortis und XXX Ulpia Victrix[86]. In der Münzprägung können wir einen Bezug zu der *invictus*-Thematik sehr wahrscheinlich in den äußerst seltenen Sesterzen des 3. Konsulates, also gerade des Jahres 100 n. Chr. (noch vor der Designierung zum *cos. IIII*) sehen, die Trajan als "siegreichen Reiter" zeigen.[87] Es ist dies der Trajan, der uns später in der großen Dakerschlacht des sogenannten 'Großen Trajanischen Frieses' entgegentritt, ein heroischer Vorkämpfer, vor dem jeder Widerstand zusammenbricht.[88] Ableitbar ist der *invictus*-Aspekt in der Ideologie Trajans wahrscheinlich von der politisch-religiösen Konstruktion seiner Herrschaft als jener des durch göttlichen Willen erwählten *vice agens* des Iupiter Optimus Maximus auf Erden[89], der ja seinerseits den Aspekt des Siegers besitzt[90]. In den *vota* des Jahres 101 n. Chr. ist Iupiter Victor ausdrücklich angesprochen[91], außerdem hatte er bereits gerade unter Domitian eine wichtige ideologisch-propagandistische Rolle gespielt[92]. Das außerordentliche Motiv der Übergabe des Blitzbündels durch Iupiter an Trajan wird wiederholt in der offiziellen Bildsymbolik aufgegriffen, wobei insbesondere auf das linke Attikarelief der Stadtseite des Bogens von Benevent zu verweisen ist[93]. Trajan war aber schon vom Beginn seiner Regierung an bemüht, sich mit der Aura des Sieghaften zu umgeben[94], einer Aura, die nicht nur Gedichte Martials[95], sondern vor allem die Victoria-Emissionen[96] wiederspiegeln, die über einen konkreten Anlaß[97] hinausweisend zusammen mit den Mars-Prägungen[98] den militärischen Aspekt des Prinzipates in der trajanischen Münzprogrammatik vor dem 1. Dakerkrieg entscheidend bestimmen[99].

Um auf den einzigen in dieser Zeit erreichten realen außenpolitischen Erfolg Trajans zurückzukommen, auf den Plinius in paneg. 12, 2 Bezug nimmt und als eine demütige *deditio* der Gegner vor dem Diktat des Kaisers darstellt[100], so war die endgültige Bereinigung des seit 89 n. Chr. andauernden Kriegszustandes mit den suebischen Völkerschaften an der nordpannonischen Grenze im Jahre 98 n. Chr., wie bereits betont, nicht das Ergebnis eines eigenen militärischen Erfolges. Am 28.1. 98 n. Chr., seinem *dies imperii,* befand sich Trajan selbst in Köln[101]; in den Herbst- und Wintermonaten seit seiner Adoption Ende Oktober 97 n. Chr. dürfte er sich in erster Linie um die Sicherung seiner Unterstützung durch die Rheinheere und andere Provinzarmeen bzw. Provinzstatthalter sowie um einen gesicherten Anhang in Senatoren- und Ritterkreisen bemüht haben. Außerdem mußten mögliche Gegner wie z.B. Casperius Aelianus ausgeschaltet werden.[102] Trajan hatte seine obergermanische Statthalterschaft nach seiner Erhebung zum Caesar und Mitregenten an seinen *amicus* L. Iulius Ursus Servianus[103] abgegeben und ein *imperium maius* wohl über die Rheinprovinzen übernommen[104]. Wie die weitere Entwicklung der trajanischen Grenzpolitik zeigt, wurde von ihm der unter Domitian eingeleitete Ausbau des Grenzsicherungssystems konsequent fortgesetzt. Die germanischen Provinzen hat Trajan sehr wahrscheinlich schon bald im Frühjahr 98 n. Chr. verlassen und sich nach Pannonien begeben, um einen Friedensschluß und eine Wiederherstellung des Klientelverhältnisses mit den suebischen Völkerschaften herbeizuführen[105]. Die Befriedung der germanischen Völker wurde durch die Einsetzung romtreuer Könige zusätzlich abgesichert.[106] Gemäß ihrer Klientelverpflichtung[107] stellten die Germanen des mittleren Donauraumes dann in beiden Dakerkriegen Trajans starke bundesgenössische Kampfverbände.[108] Ob 98 n. Chr. auch das Klientelverhältnis mit den Jazygen erneuert wurde oder ob dies bereits nach den Kämpfen des Jahres 92 n. Chr. wiederhergestellt worden war, kann nicht mit Sicherheit gesagt werden, obwohl Indizien eher für letzteres sprechen[109]; jedenfalls gehörte auch dieses sarmatische Reitervolk während der beiden Dakerkriege Trajans zu den Verbündeten Roms[110]. Es ist wohl für das Jahr 98 n. Chr. zumindest eine Bestätigung und Bekräftigung des Verhältnisses anzunehmen.

Daß Trajan seinen Vertragsschlüssen mit den germanischen Grenzanrainern in Pannonien eine große Bedeutung zumessen ließ, zeigt nicht zuletzt die Aufnahme dieses außenpolitischen Aktes in das Bildprogramm des Trajansbogens von Benevent, wo er in der unteren landseitigen Reliefzone mit ihrer Thematik der Sicherung von *pax* und *securitas* des Reiches während der ersten Regierungsjahre aufgegriffen wurde.[111] Die Germanen treten hier auf dem linken Pfeilerrelief deutlich als Vertragspartner und Verbündete und nicht als Gegner auf.[112] In der Münzprägung fand das Ereignis seinen Widerhall in den *Germania pacata*-Prägungen der Jahre 98-100 n. Chr.[113] und in den frühen Victoria-Prägungen Trajans[114]. Der eigentliche Sieger des *bellum Suebicum* bzw. *Germanicum* des Jahres 97 n. Chr., der pannonische Statthalter Cn. Pinarius Aemilius Cicatricula Pompeius Longinus[115], wurde nach der Jahresmitte 98 n. Chr. durch den bisherigen obergermanischen Legaten und Vertrauten Trajans, L. Iulius Ursus Servianus, abgelöst. Hierin kann aber kein Indiz für eine schwankende oder mangelnde Loyalität des Pompeius Longinus gegenüber dem neuen Princeps gesehen werden. Es dürfte eine innenpolitische Notwendigkeit gewesen sein, das mit fünf Legionen stärkste Heer in den Provinzen des Reiches unter das Kommando eines engen Vertrauten zu stellen. Außerdem hat Pompeius Longinus vermutlich auf Grund seiner früheren obermoesischen Statthalterschaft Trajan als *comes Augusti* und ortskundiger Militärexperte weiter nach Moesien begleitet. Eine verletztende Ablösung des siegreichen *vir militaris* von seinem Kommando dürfte Trajan schon im eigenen Interesse vermieden haben. Allerdings sollte man nicht übersehen, daß Pompeius Longinus durch seinen Sieg über einen in zwei Anläufen 89 und 92 n. Chr. nicht niedergerungenen Gegner ein hohes militärisches Prestige besessen haben muß, und die Worte des Tacitus in Agric. 39, 1-2 *at nunc veram magnamque victoriam tot milibus hostium caesis ingenti fama celebrari. id sibi* (sc. Domitian) *maxime formidolosum, privati hominis nomen supra principem adtolli...; cetera utcumque facilius dissimulari, ducis boni imperatoriam virtutem esse* eigentlich genau auch das Verhältnis zwischen der erst propagierten *virtus imperatoria* Trajans und der erwiesenen des Pompeius Longinus charakterisieren müßten. Vor seiner Ablösung als pannonischer Statthalter hat Pompeius Longinus offensichtlich in den ersten Monaten des Jahres 98 n. Chr. noch eine Musterung des pannonischen Heeres durchgeführt, wobei aktiven und entlassenen Auxiliaren die Privilegierung mit *civitas Romana* und *conubium* zuteil wurde[116], und die Legionen mit neuen Rekruten aufgefüllt wurden, die, soweit sie Peregrine aus Pannonien waren, hierbei das Bürgerrecht bekamen[117]. Die in den Kämpfen des Jahres 97 n. Chr. bewährten Soldaten erhielten ihre Auszeichnungen teilweise erst nach dem Tode Nervas von

Trajan verliehen[118]; insbesondere höhere Offiziere wurden offenbar noch unmittelbar nach dem Ende der Kämpfe von Nerva mit den *dona militaria* ausgezeichnet[119]. Den abschließenden Erfolg des Friedensschlusses wollte und konnte Trajan offenkundig dem siegreichen Feldherrn nicht mehr überlassen, der seit der Erringung des militärischen Sieges im Oktober 97 n. Chr. die entsprechenden Verhandlungen mit den Germanen geführt haben muß. Zumindest der Abschluß des Krieges konnte so der *virtus* des neuen Princeps zugerechnet werden. Spätestens im Herbst hat sich Trajan dann nach Moesien begeben, wo er ein umfangreiches Bauprogramm zur Vorbereitung des Angriffes auf das Dakerreich des Decebalus einleitete[120].

Das von Plinius im Panegyricus entworfene Bild Trajans als des geborenen *vir militaris*, als des Feldherrn auf dem Kaiserthron, hat die Sicht dieses Herrschers bis heute immer wieder entscheidend geprägt[121] und scheint selbst in kritischen Arbeiten oftmals durch. Bei genauerer Betrachtung erweist es sich aber als eine ideologische Konstruktion und propagandistische Fiktion, um gerade offenkundige Mängel des Ulpiers in der Legitimation seiner Stellung hinsichtlich der *virtus imperatoria* zu überdecken. Wenn man auch Trajan deshalb sicher eine persönliche Neigung und Begabung auf militärischem Gebiet nicht absprechen darf, so ist doch seine Laufbahn bis zur Adoption durch Nerva und seine Wahl zum Nachfolger nicht mehr unter dem traditionell im Vordergrund stehenden Gesichtspunkt des "militaire-né"[122] zu sehen.

II. O novum atque inauditum ad principatum iter

Nulla adoptati cum eo qui adoptabat cognatio, nulla necessitudo, nisi quod uterque optimus erat, dignusque alter eligi alter eligere. Itaque adoptatus es non ut prius alius atque alius in gratiam uxoris. Adscivit enim te filium non vitricus sed princeps, eodemque animo divus Nerva pater tuus factus est, quo erat omnium. Nec decet aliter filium adsumi, si adsumatur a principe. An senatum populumque Romanum, exercitus provincias socios transmissurus uni successorem e sinu uxoris accipias, summaeque potestatis heredem tantum intra domum tuam quaeras? Non totam per civitatem circumferas oculos et hunc tibi proximum, hunc coniunctissimum existimes, quem optimum quem dis simillimum inveneris? Imperaturus omnibus eligi debet ex omnibus (paneg. 7, 4-6). Diese Passage des Panegyricus wurde neben der Galba-Rede im ersten Buch der 'Historien' des Tacitus (I 15-16) in der historischen Forschung lange Zeit als eine der grundlegenden Ausformulierungen einer postulierten Adoptionsideologie des aufgeklärten Kaisertums von Nerva bis Antoninus Pius und Marc Aurel betrachtet. Heute jedoch ist schlüssig gezeigt[1], daß die Annahme eines institutionalisierten Adoptivkaisertums als Nachfolgemaxime dieser Principes nur eine Fiktion ist, und daß auch Plinius die Nachfolgeregelung durch Adoption gegenüber dem dynastischen Prinzip niemals zu einer politischen und staatsphilosophischen Forderung von uneingeschränkter Gültigkeit erhoben hat, zumal gerade bei ihm nicht der Gedanke der Adoption, sondern die göttliche Berufung des Besten zum Herrscher im Zentrum der ideellen Begründung des Kaisertums Trajans steht[2]. Zu Recht wird heute mit Nachdruck betont, daß die Adoption, ein schon seit Augustus konsequent angewandtes Mittel der Nachfolgeregelung im Prinzipat, "genau besehen ein Beweis dafür, daß das dynastische Prinzip grundsätzlich anerkannt blieb", ist.[3] Die ideologische Stilisierung der Adoption Trajans zu einer Ideallösung der Nachfolgefrage, realistisch allerdings von K. CHRIST als "militärisch-politische Lösung auf Kosten des regierenden Kaisers" bewertet[4], diente letztlich gerade dem politisch-propagandistischen Zweck, die Bestimmung eines Mannes, der eben keinerlei dynastische Legitimation besaß, zum Nachfolger Nervas zu rechtfertigen und durch eine politisch-religiöse Überhöhung der Kritik zu entziehen.[5] Die Nachfolge im Prinzipat war eben doch "vom Anfang bis zum Ende dynastisch bestimmt".[6] Daß die ideologische Konstruktion der Berufung zum Herrscher durch göttlichen Willen ein wesentliches Mittel zur Überbrückung einer vorhandenen Legitimationskrise bei der Übernahme der Herrschaft über das Imperium war, zeigt auch mit aller Deutlichkeit die Münzprägung Hadrians, in der die direkte göttliche Bestallung des Princeps ab 119 n. Chr. endgültig ausformuliert und propagiert wurde[7].

In Rom erstieg Ende Oktober 97 n. Chr., etwa um den 27. dieses Monats[8], Nerva das Capitol, um den Lorbeer der Siegesnachricht vom pannonischen *bellum Suebicum* im Tempel des Iupiter Optimus Maximus niederzulegen.[9] Am Altare des obersten Gottes verkündete er hierbei vor der aus Senat und Volk gebildeten *contio* und vor der imaginären *contio* der auf dem Capitol versammelten Götter[10], daß er den (abwesenden, sich in Germania Superior befindlichen) M. Ulpius Traianus zum Heile des Senates, des Volkes und seiner selbst an Sohnes statt annehme und zum Caesar ernenne[11], *hoc est unicum auxilium fessis rebus* (sc. Nervas), wie Plinius paneg. 8, 3 hinzufügt. Diese feierliche *nuncupatio adoptionis* war kein zivilrechtlicher Akt eines Privatmannes, sondern ein formeller Staatsakt zur Designation eines Nachfolgers; die Akklamation der *contio* bestätigte stellvertretend für die Gesamtheit des *senatus populusque Romanus* den für die Legitimation erforderlichen *consensus universorum.*[12] Die Verleihung des Caesar-Titels, d.h. des Ranges des designierten Thronfolgers, wurde anschließend im Senat bestätigt[13], wobei Trajan zudem durch die Verleihung des Imperatorentitels, der *tribunicia potestas* und des *imperium proconsulare maius* zum Mitregenten ernannt wurde[14]. Durch ein Handschreiben Nervas erhielt Trajan die Kunde von seiner Erhebung zum Caesar und Mitregenten.[15]
Dies zum faktischen Ablauf der Adoption selbst. Wie werden nun aber diese Vorgänge mitsamt ihres innenpolitischen Vorspiels in der *gratiarum actio* des jüngeren Plinius gezeichnet, also in einer hochoffiziösen zeitgenössischen Version des Geschehens?[16] Denn ohne Frage bewegt sich Plinius hier in den von der offiziellen Darstellung und Rechtfertigung vorgezeichneten Bahnen.[17]
Adoption und Designierung zum Nachfolger durch Nerva erscheinen in der historischen Überlieferung übereinstimmend als eine direkte Folge der Erhebung der Prätorianer unter der Führung des Gardepräfekten Casperius Aelianus.[18] Plinius hat zudem zwischen beiden Ereignissen auch eine unmittelbare zeitliche Verbindung hergestellt, nach der die Adoption vorgenommen wurde, als der Aufstand des Casperius Aelianus noch andauerte, und dieser erst durch die Erhebung Trajans zum Nachfolger und Mitregenten beendet worden sei.[19]

Die Prätorianer forderten unter der Führung ihres einen, von Nerva selbst eingesetzten *praefectus praetorio* Casperius Aelianus[20] bei ihrer Meuterei die Hinrichtung der Verantwortlichen für die Ermordung Domitians.[21] Sie hatten diese Forderung zusammen mit dem Verlangen nach der Divinisierung des Flaviers bereits unmittelbar nach dessen gewaltsamen Tode erhoben, konnten sich damals jedoch nicht durchsetzen, da sie ohne Führung waren; denn die beiden zu dieser Zeit im Amt befindlichen Präfekten, T. Petronius Secundus und Norbanus, gehörten selbst zum Kreise der in die Verschwörung eingeweihten Personen.[22] Jetzt aber metzelten die Prätorianer trotz des dramatisch geschilderten, aber völlig hilflosen Widerstandes Nervas den neben Casperius Aelianus amtierenden zweiten Gardepräfekten T. Petronius Secundus[23] und den ehemaligen Oberkämmerer Domitians, Ti. Claudius Parthenius, der auch unter Nerva nicht ohne Einfluß war[24], nieder. Beide Männer hatten bei der Erhebung Nervas zum Princeps eine wesentliche Rolle gespielt.[25] Daß noch weitere Personen damals den Tod fanden, ist nicht überliefert. Anschließend zwang Casperius Aelianus Nerva, hierfür den Soldaten öffentlich vor dem Volke Dank zu sagen und die Morde im nachhinein zu legalisieren.[26] Diese von Plinius als *magnum quidem illud saeculo dedecus, magnum rei publicae vulnus impressum* bezeichneten Vorgänge (paneg. 6, 1) - an ihrer scharfen offiziellen Verurteilung unter Trajan kann damit kein Zweifel bestehen - führten zu einem völligen Zusammenbruch des Ansehens Nervas und seiner Autorität als Herrscher.[27] Der Princeps, nun nicht mehr Herr der Lage in Rom, sondern *obsessus, captus* und *inclusus* (paneg. 6, 1), hatte nicht nur die Möglichkeit verloren, Menschen zu schützen, sondern darüber hinaus die zentrale Qualität eines Herrschers, wie Plinius es ausdrückt, das *cogi non posse* (paneg. 6, 1-2). In dieser Situation tritt Trajan durch seine Designierung zum Nachfolger und seine Erhebung zum Mitregenten als Retter des Staates auf[28], der das drohende Chaos abwendet und die Herrschaft Nervas rettet, ja sie diesem erst wieder zurückgibt[29]. Die Adoption Trajans beendet nach Plinius' Aussage sofort jegliche Unruhe, was jedoch nicht das Resultat des Adoptionsaktes - Plinius verweist hier auf dessen Scheitern bei Galba und Piso -, sondern allein die Wirkung der Person des Adoptierten gewesen sei (paneg. 8, 5). Daß es sich hierbei nicht nur um eine rhetorische Floskel handelt, beweist die tatsächliche Entwicklung der Ereignisse, da es ganz offenkundig weder in Rom noch in den Provinzen zu einer Auflehnung gegen die Ernennung Trajans gekommen ist, und die Urheber des *tumultus* ohne größere Probleme ausgeschaltet werden konnten. Plinius geht sogar so weit, zu sagen, daß jener Schritt Nervas eigentlich einer Abdankung zugunsten Trajans gleichgekommen sei (paneg. 8, 4).[30] Diese Sicht ist insoweit - und zwar auch ideologisch - gerechtfertigt gewesen, als einem *imperator Caesar Augustus* Nerva, dessen Macht und Autorität einen irreparablen Schaden genommen hatten, also einem Princeps *qui cogi potest*, ein *imperator Caesar* Trajan als Mitregent zur Seite trat *qui cogi non potest*[31], durch dessen persönliche Autorität und Machtposition die weitere Regierung Nervas nach Plinius allein getragen wurde[32]. Zugleich ist damit wohl, wenn auch indirekt, eine Verlagerung der 'Schalthebel der Macht' hin zu Trajan und, wie wir wohl ergänzen dürfen, zu der ihn tragenden politischen Gruppierung angesprochen und gerechtfertigt. Wenn Plinius im folgenden dann die Mäßigung und die Zurückhaltung hervorhebt, mit der Trajan seine neue Stellung bis zum Tode Nervas innegehabt habe (paneg. 10, 3-4), so gewinnt man wohl nicht von ungefähr den Eindruck, daß hier Trajan auch gegen entsprechende Vorwürfe verteidigt werden sollte.

Im Mittelpunkt der grundsätzlichen ideologischen Rechtfertigung der Machtübertragung auf Trajan und der Herrschaftsübernahme durch ihn steht bei Plinius, wie schon angesprochen, der Gedanke, daß Trajan der durch den Willen der Götter auserwählte, der durch Iupiter selbst zur Herrschaft bestimmte Beste sei:[33] *ab Iove ipso coram ac palam repertus electus est* (paneg. 1, 5). Die Designation Trajans zum Nachfolger im Prinzipat ist ein *opus*, ja ein *imperium deorum* (paneg. 8, 2), ja sie ist im eigentlichen Sinne ein Akt Iupiters (ebd. 1, 5; 94, 4). Nervas Rolle hingegen wird auf ein Minimum reduziert: Er, der von Plinius als *mitissimus senex* (ebd. 6, 1) und als *optimus sanctissimus senex* (ebd. 10, 4) bezeichnet wird - nicht gerade das Bild eines kraftvollen Herrschers -, war hierbei nur der *minister deorum,* deren Willen er beim Vollzug der Adoption lediglich gehorchte.[34] Danach sei Nerva, so der Panegyricus, dann zu seinem eigenen Nutzen (10, 4) entgegen dem Wunsche und Gebet seines designierten Nachfolgers, nämlich *in secundo (loco) resistere atque etiam senescere* zu können, von den Göttern in den Himmel erhoben worden, damit er nach dieser göttlichen und unsterblichen Tat nichts Sterbliches mehr tue, damit diese Tat als seine letzte umso verehrungswürdiger erscheine und damit sie geradezu den Anschein bekomme, er habe diese Tat bereits als Gott vollzogen (10, 4-5). Einzig darin kommt bei Plinius Nervas eigene Initiative zum Ausdruck, daß er Trajan nicht nur zum Nachfolger designiert, sondern auch zum *particeps sociusque imperii* erhoben hat (9, 1), was allerdings sogleich durch die - logisch nicht gerade glückliche - Deutung dieses Schrittes als Zeichen und Ergebnis der *moderatio* Trajans relativiert wird (9, 1,1). Zudem habe ja der *consensus* des Senates, des Volkes und aller Menschen dies gefordert und gebilligt; es sei also nicht das *iudicium unius,* nicht die Wahl durch einen einzelnen gewesen, sondern Nerva habe nur das Recht des Princeps in Anspruch genommen, als erster das zu tun, *quod facturi omnes erant* (10, 2). Damit ist zugleich eine in diesem - generell geforderten - *consensus* begründete, entscheidende Legitimierung der Herrschaft Trajans formuliert.[35] Und schließlich betont Plinius mit unmißverständlicher Schärfe, daß die erfolgreiche Übertragung der Macht auf Trajan eben nicht durch die *auctoritas* des regierenden Kaisers ermöglicht wurde, da dieser ja die notwendige *reverentia* verloren hatte, sondern vielmehr durch die *auctoritas* gerade dessen, dem die Macht übertragen werden sollte (8, 6). Hinter dieser *auctoritas* dürfen wir wohl zu Recht die reale Macht bzw. Machtstellung der Beteiligten verstehen, zumal angesichts der unmißverständlichen Betonung der Existenz eines Trajan ergebenen Heeres durch Plinius an anderer Stelle des Panegyricus (9, 2).

Trajan selbst hat, nach der Darstellung des Panegyricus, bei allem nur die passive Rolle eines gehorsamen Untertanen gespielt; nur auf Grund seines *obsequium* gegenüber der drängenden Notlage des Gemeinwesens und gegenüber dem Herrscher und (Adoptiv-)Vater sei er zum designierten Nachfolger und Mitregenden geworden.[36] Trajan habe keinerlei persönlichen Anteil an seiner Erhebung gehabt, ja er habe angeblich weder von seiner Aussicht auf das Herrscheramt noch von seiner erfolgten Erhebung vor der offiziellen Benachrichtigung aus Rom gewußt[37]. Trajan habe sogar erst durch die bedrohliche Lage des Vaterlandes zur Überwindung seiner *modestia* und zur Übernahme der Macht gezwungen werden müssen (paneg. 5, 6-7); der Aufruhr der Prätorianer sei letztlich nur ein diesem Zweck dienendes Mittel gewesen[38]. Denn Trajan habe das unmißverständliche Omen des künftigen Prinzipates anläßlich seines Aufbruches in die Provinz, jene Willensäußerung des Iupiter Optimus Maximus, im Gegensatz zu allen anderen nicht verstehen wollen:[39] *recusabas enim imperare, recusabas, quod erat bene imperaturi* (paneg. 5, 5). Wir werden auf diese Szene vom Sommer 97 n. Chr. noch zurückkommen müssen. Nur zur Rettung des Staates habe also Trajan, und zwar auf die Bitte Nervas hin[40], die Macht angenommen[41] und damit ein großes persönliches Opfer gebracht[42]: *Videaris licet quod est amplissimum inter homines consecutus, felicius tamen erat illud quod reliquisti: sub bono principe privatus esse desisti* (paneg. 7, 2). Jedes persönliche Machtstreben, jeglicher persönlicher Ehrgeiz oder auch ein persönlicher Nutzen scheiden also bei Trajan nach dieser offiziösen Darstellung des Geschehens als Motiv oder Antrieb aus:[43] *Confugit in sinum tuum concussa res publica, ruensque imperium super imperatorem imperatoris tibi voce delatum est* (paneg. 6, 3). Ja die Krise, in die das Gemeinwesen durch den Aufruhr der Prätorianer gestürzt worden war, erhält bei Plinius eine zusätzliche Deutung als das Mittel der göttlichen Vorsehung, um den Wert und die Bedeutung der Einsetzung Trajans zur vollen Geltung kommen zu lassen, mehr noch, um zu zeigen, daß Trajan hinsichtlich der Nachfolge und der Mitregentenschaft nicht so sehr ein *beneficium* empfangen als vielmehr ein ebensolches erwiesen habe; damit begegnet Plinius ganz offensichtlich möglichen Einwänden, warum denn Trajan als der zur Herrschaft prädestinierte Beste nicht schon ohne den Druck einer schweren inneren Krise von Nerva eben als der bestmögliche Nachfolger designiert worden sei.[44] Weiter hebt Plinius in seiner Argumentationskette mit besonderer Deutlichkeit hervor, daß Trajan, ausgezeichnet durch seine Herkunft - und damit *capax imperii* -, als Kommandeur eines starken, tapferen und ihm völlig ergebenen Heeres eben nicht von diesem zum Kaiser ausgerufen worden sei, eine Tatsache, die nach Plinius' Rhetorik bei der Nachwelt geradezu auf Unglauben stoßen werde.[45] Dieser Beweis für das Fehlen eines persönlichen Machtstrebens Trajans ist aber gleichzeitig ein Eingeständnis der offensichtlich gar nicht so abwegigen Möglichkeit, daß Trajan die Herrschaft auch durch eine auf dieses Heer gestützte oder von diesem ausgehende Usurpation hätte erringen können! Man stellt sich wohl zu Recht die Frage, ob hinter dieser Version des Aufstieges Trajans zum Princeps, abgesehen von der zentralen ideologischen Begründung und Legitimierung des Überganges der Herrschaft auf seine Person, nicht gerade eine bewußte Verteidigung gegen konkrete und offenbar nicht unerhebliche Angriffe, Meinungen und Gerüchte stand, gegen Vorwürfe, die Trajan gerade eines Strebens nach der Macht beschuldigten, die keine so erhabenen Motive und Größen hinter den Vorgängen sahen und die nichts von einer ergebenen Rücksichtnahme auf den noch lebenden Nerva wußten. Denn zweifellos konnte auf die Frage "Wieso gerade Trajan?", sei es zu Recht oder zu Unrecht, eine andere Antwort gegeben werden, als sie Plinius im Panegyricus anbietet. Die völlige persönliche Zurückhaltung Trajans in der Nachfolgefrage jedenfalls wird durch den hier auf sie gelegten Nachdruck doch wohl eher in Frage gestellt.

Wenn wir nun nach den Gründen für diese im Panegyricus wiedergespiegelte offizielle Darstellung fragen, so muß insbesondere der Punkt ins Auge gefaßt werden, warum die Bedeutung Nervas für die Adoption Trajans auf ein solches Minimum reduziert wurde, und weshalb Plinius die für das Reich und den Trajan designierenden Kaiser, ja für den Prinzipat als solchen so wenig ehrenvolle Krise der Prätorianermeuterei derart pointiert und breit gezeichnet hat[46]. Denn da sich der Herrschaftsanspruch Trajans rechtlich gesehen ohne Zweifel auf den Adoptions- und Designationsakt Nervas gründete[47], konnte dadurch ein nicht unwesentlicher Schatten auf die Legitimität der Nachfolgeregelung fallen. Aber offenkundig war es für Trajan wichtiger und vorteilhafter, die Rechtfertigung seiner Herrschaft gerade von der Person und der Entscheidung Nervas so weit wie möglich unabhängig zu machen. Wesentlicher war für ihn offenbar gerade die Betonung jener Krise für die Herrschaft und die Autorität des regierenden Princeps und der daraus für die *res publica* entstandenen Lage, um sich zum uneigennützigen Retter des Staates und zum Wohltäter Nervas stilisieren zu lassen. Die Legitimation der Herrschaft hingegen wurde ganz auf die Ebene der göttlichen Bestimmung des Besten zum Princeps verlagert.

Daß Nervas ganze Regierung von einem konkreten Magel an Macht und Stabilität gekennzeichnet war, zeigt uns eindringlich die hektische Typenvielfalt seiner Münzprägung[48]. Insbesondere die beschwörenden Concordia-Exercituum-Prägungen, die in allen sechs Emissionsserien Nervas erscheinen, weisen augenfällig auf die Unsicherheit hinsichtlich des Verhaltens der Armee hin.[49] Bezeichnenderweise sind auch alle Gegenüberstellungen von Nerva und Trajan im Panegyricus des jüngeren Plinius von dem Gegensatz von Schwäche und Stärke gekennzeichnet.[50] Von grundsätzlicher Bedeutung muß es ferner gewesen sein, daß Nerva - ganz in Gegensatz zu der Situation Galbas bei der Adoption Pisos im Januar 69 n. Chr. - bereits vor der Adoption und der Designation seines Nachfolgers durch die Rebellion der Prätorianer unter Casperius Aelianus und die durch sie erlittene Demütigung seine Autorität als Herrscher faktisch eingebüßt hatte, und daß er offenkundig nicht mehr der Herr der Entscheidungen in Rom war. Die Bestimmung eines Nachfolgers durch einen derart desavouierten Herrscher[51] konnte für die Rechtfertigung des Überganges der Macht auf einen Mann, der über keinerlei dynastische Legitimation verfügte, sicher kaum von Vorteil sein. Aber warum wurde dann nicht versucht, wenigstens im offiziellen Sprachgebrauch gewisse Retuschen anzubringen? Eine Erklärung hierfür sucht D. KIENAST[52] in der Annahme einer Verschlechterung des Verhältnisses zwischen Nerva und dem Senat nach dem Massaker an den Mördern Domitians, weshalb sich Trajan mit Rücksicht auf den Senat bewußt von seinem Adoptivvater habe distanzieren wollen. Gegen eine besondere Gewichtung der Rücksichtnahme auf den Senat durch Trajan spricht aber eindeutig die Tatsache, daß sich jener nach dem Tode Nervas eben nicht nach Rom begab, sondern noch rund eineinhalb Jahre das Imperium von den Militärprovinzen an Rhein und Donau aus regierte. Auch läßt sich eine derartige Verschlechterung des Verhältnisses zwischen Nerva und dem Senat, der zufolge es "eher eine Belastung als eine Empfehlung bedeuten" mußte, "der 'Sohn' Nervas zu sein"[53], nicht belegen. Es kann nicht überzeugen, daß die Begründung des Herrschaftsanspruches Trajans in der Adoption durch Nerva deshalb nicht genügt hätte, "nicht weil Nerva ein schwacher Kaiser war, sondern weil er im Senat zuletzt nur noch wenig Rückhalt gehabt haben kann und viele Senatoren daher auch den Erben Nervas mit Mißtrauen begegnet sein müssen"[54]. Schließlich hatte der Senat zumindest die Erhebung Trajans zum Caesar ratifiziert und ihm die Befugnisse der Mitregentenschaft übertragen. Zutreffend ist hingegen D. KIENASTS Beschreibung der Aufgabe des Panegyricus, "Trajans Anspruch auf den Prinzipat besser zu begründen und dessen Kaisertum besser zu legitimieren, als dies durch den bloßen Hinweis auf die Adoption durch Nerva geschehen konnte".[55] Dafür dürfte aber allein schon die tatsächliche Schwäche Nervas und der Verfall seiner Autorität einen ausreichenden Grund dargestellt haben. Eine propagandistische Entlastung Nervas von der Verantwortung für die Beseitigung des Parthenius und des Petronius Secundus, wie sie D. KIENAST vermutet[56], ist der Darstellung des Panegyricus kaum zu entnehmen; sie hätte zudem auch ganz anders aussehen können.

Eines werden wir jedenfalls mit Sicherheit aus der offiziösen Version des Plinius entnehmen dürfen, daß nämlich Trajan seinen Vorgänger weder besonders schätzte noch sich ihm gegenüber zu Dank verpflichtet fühlte[57], und daß sich die Ernennung Trajans zum Nachfolger nicht in harmonischem Einvernehmen vollzogen hatte[58]. Es ist unverkennbar, daß Trajan auf die Betonung der Eigenständigkeit seiner Person und seiner Position im Jahre 97 n. Chr. größten Wert legte. Wäre es dagegen Plinius nur um eine Distanzierung von Nerva im Sinne der These von D. KIENAST gegangen, so wäre es wohl kaum zu folgenden Äußerungen gekommen, die auf die Erhebung Trajans zum Nachfolger und Mitregenten ein über das bisher Gesagte hinausführendes Licht werfen: *atque adeo temere fecerat Nerva, si adoptasset alium,* so formuliert Plinius in paneg. 8, 5-6, da eben nur Trajan auf Grund seiner eigenen *auctoritas* einen Erfolg der Nachfolgeregelung Nervas und damit eine Stabilisierung der Lage gewährleisten konnte; hierbei wird unmißverständlich auf die fehlgeschlagene Adoption Pisos durch Galba im Januar 69 n. Chr. verwiesen: *Oblitine sumus ut nuper post adoptionem non desierit seditio sed coeperit? Inritamentum istud irarum et fax tumultus fuisset, nisi incidisset in te* (paneg. 8,5).[59] Jede andere Entscheidung Nervas wäre also der Auslöser von Aufruhr und Bürgerkrieg gewesen. Dies läßt sich noch einfach aus dem Axiom ableiten, daß Trajan eben als der *optimus* der einzig befähigte und den Erfolg garantierende Kandidat gewesen sei. Doch geht Plinius in paneg. 7,6 noch einen entscheidenden Schritt weiter, der in dieser Form für eine Stilisierung der Machtübernahme Trajans in keiner Weise erforderlich gewesen wäre und gerade im Zusammenhang der prinzipiellen Ausführungen zur idealen Möglichkeit der Nachfolgeregelung überraschen muß; sinnvoller wäre hierfür eine Gedankenführung unter Ausschluß der folgenden Aussage gewesen: *superbum istud et regium, nisi adoptes eum quem constet imperaturum fuisse, etiamsi non adoptasses.* Denn zum einen wird hier konstatiert, daß Trajan auf jeden Fall zur Herrschaft gelangt wäre, auch wenn ihn Nerva nicht adoptiert hätte. Die einzige Möglichkeit hierfür mußte aber dann zugegebenermaßen der gewaltsame Staatsstreich sein, die nach den Worten des Plinius von unbezweifelbarem Erfolg gekrönte Usurpation der Kaiserwürde, die eine anderslautende Nachfolgeordnung Nervas umgestoßen hätte.[60] Zum anderen erklärt hier Plinius unverhohlen, daß ein solches Vorgehen gegen eine andere Entscheidung Nervas in der Frage seines Nachfolgers mit Recht erfolgt wäre, da ein derartiger Schritt Nervas *superbum et regium*, also ein Willkürakt eines sich als *pessimus princeps* erweisenden Herrschers gewesen wäre.[61] Denn dies hätte einen Verstoß gegen die göttliche Bestimmung Trajans als des Besten und eine Mißachtung des Willens des Iupiter Optimus Maximus bedeutet. Einem solchen Willkürakt hätte man, so ist wohl zweifellos impliziert, durchaus zu Recht die Proklamation Trajans zum Herrscher entgegensetzen dürfen. Werden aber damit nicht auch etwaige Drohungen oder Bekundungen, eine andere, "schlechtere" Wahl als die Trajans zum Nachfolger nicht hinnehmen zu wollen, im nachhinein sanktioniert?

Jene *divina destinatio* Trajans wiederum war nach Plinius, der damit geschickt das Motiv der *recusatio imperii,* eines topischen Gestus des guten Herrschers zu verbinden weiß[62], bereits vor seiner Adoption durch Nerva in einem unmißverständlichen Omen der Götter und insbesondere Iupiters selbst[63] zum Ausdruck gekommen. Als nämlich Trajan zur Ablegung der *vota* vor seiner Abreise in die Provinz Germania Superior dem Brauch entsprechend das Capitol bestieg, habe die dort anwesende Menge bei der Öffnung der Tore des Iupitertempels den Gott, *ut tunc arbitrabatur,* als Imperator gegrüßt, damit aber in Wirklichkeit, *ut docuit eventus,* ohne es zur beabsichtigen, Trajan als Imperator begrüßt (paneg. 5, 3-4).[64] Nicht

anders sei das Omen von allen gedeutet worden, nur Trajan habe es in seiner *modestia* und in seiner Absicht der *recusatio imperii* nicht verstehen wollen (ebd. 5, 4-5). Ein Zufall, der sich im nachhinein als Prodigium für die ideologische Beweisführung angeboten hat? Oder wurde hier ein offensichtlich allgemein bekanntes Faktum zu einer unverfänglichen göttlichen Willensäußerung umgedeutet und ideologisch geschickt ausgebaut? Galt die Akklamation damals wirklich nur dem Gott oder sollte es nicht doch eine politische Demonstration sein? Diese Frage muß hier erlaubt sein. Wenig später spricht Plinius jedenfalls im Zusammenhang mit dem Einzug des Kaisers in Rom im Jahre 99 n. Chr. anläßlich seines Ganges auf das Capitol von *quam peculiare gaudium eorum, qui te primi eodem loco salutaverant imperatorem* (23, 4). Die Möglichkeit, daß hinter dieser Szene eine geschickte Regie stand, kann jedenfalls nicht geleugnet werden, zumal wenn wir uns die Ereignisse des Jahres 97 n. Chr. vor Augen halten.
Unbestreitbar geht aus den Darlegungen des Panegyricus hervor, daß Nerva in der Nachfolgefrage die Möglichkeit einer Entscheidung zwischen mehreren Kandidaten hatte, und die Wahl Trajans in keiner Weise als sicher vorgegeben war, ebenso daß sich Nerva bei seinen Überlegungen nicht von vorneherein auf Trajan festgelegt hatte. So ist auch bei Cassius Dio hervorgehoben, daß Trajan von Nerva adoptiert wurde, obwohl letzterer über eigene Verwandte verfügte (LXVIII 4, 1); er habe jedoch die Rettung des Staates vor verwandtschaftlichen Beziehungen, d.h. vor den dynastischen Gedanken gestellt und den Ulpier auch nicht wegen seiner spanischen Herkunft für geringer geachtet, da für ihn das Kriterium der ἀρετή entscheidend gewesen sei (ebd. 4, 1-2).

Fassen wir nochmals zusammen, welche für den realen politischen Hintergrund der Erhebung Trajans zum Caesar und Mitregenten wesentlichen Elemente in der *gratiarum actio* des jüngeren Plinius anklingen:

1. Es gab mehrere denkbare Kandidaten für die Nachfolge Nervas. Nerva selbst war keineswegs auf Trajan festgelegt und er zog bei seinen Überlegungen auch das *iudicium hominum* heran (paneg. 8, 1), worunter wir nach Cass. Dio LXVIII 2, 3 in erster Linie den Rat der wichtigsten Männer der senatorischen Führungsschicht verstehen dürfen.
2. Trajan erschien als der einzige Thronprätendent, der auf Grund seiner persönlichen *auctoritas,* also auf Grund seiner realen politischen und militärischen Machtposition, den Erfolg einer Nachfolgeregelung und die Wiedergewinnung der innenpolitischen Stabilität verbürgen würde.
3. Indirekt werden Hinweise faßbar, daß sich Trajan auch selbst durch ent-

sprechende Ambitionen und Aktivitäten hinsichtlich der Nachfolge Nervas als Thronprätendent profiliert haben dürfte.

4. Es kam zu keiner Auflehnung gegen die Adoption Trajans. Die Umtriebe des Casperius Aelianus und seiner Prätorianer fanden ihr sofortiges Ende; jeder Versuch einer Erhebung gegen Trajan mußte offensichtlich als zum Scheitern verurteilt betrachtet werden[65]. Dem entspricht die tatsächliche Entwicklung der Ereignisse mit der offensichtlich problemlosen Entmachtung des gefährlichen Rivalen Trajans in Syrien; Casperius Aelianus seinerseits scheint sich um ein Arrangement mit dem neuen Machthaber bemüht zu haben und leistete Trajans Weisungen Folge.[66]
5. Eine andere Entscheidung Nervas als die für Trajan hätte zum Bürgerkrieg geführt, an dessen Ende dann doch die Durchsetzung Trajans gestanden wäre. Dabei hätten sich die Kräfte, die Trajan als Thronprätendenten favorisierten, zu Recht gegen eine solche "schlechte", dem göttlichen Willen widersprechende Wahl Nervas erhoben. Fast zwangsläufig denkt man in diesem Zusammenhang an Plinius' Betonung der Existenz eines mächtigen und dem Ulpier ergebenen Heeres.
6. In Nerva selbst darf man wohl kaum den Initiator oder auch nur den entscheidenden Förderer der Einsetzung Trajans zu seinem Nachfolger sehen. Zu einer Rücksichtnahme oder zur Dankesbezeugung gegenüber seinem Vorgänger fühlte sich der Ulpier ganz offenkundig in keiner Weise verpflichtet.

Welche Vorgänge standen nun aber real hinter dem *novum atque inauditum ad principatum iter* Trajans? Nur der Versuch einer detaillierten Rekonstruktion der Ereignisse des Jahres 97 n. Chr. und eine Untersuchung der prosopographischen Zusammenhänge kann hier weiterführen.

Als Domitian am 18.9.96 n. Chr. ermordet wurde, und Nerva den Prinzipat übernahm, waren mit Sicherheit alle Statthalterposten für das Amtsjahr 96/97 n. Chr. besetzt bzw. die neuen Amtsinhaber wohl auch in ihren Provinzen angekommen[67]. Wir haben keinen Hinweis, daß nun Nerva an der von Domitian verfügten Ordnung der Provinzlegationen für die Zeit bis zum 30.6.97 n. Chr. irgendwelche Veränderungen vorgenommen hätte, um etwa eigene Gefolgsleute, soweit überhaupt vorhanden, in wichtige Kommandopositionen zu bringen; auch dafür, daß Trajan seine obergermanische Statthalterschaft schon bald nach dem Tode Domitians von Nerva erhalten hätte, gibt es keinen Anhaltspunkt. Zum einen gehörte ja Nerva selbst keineswegs zu den Kreisen der senatorischen Opposition gegen den letzten Flavier, als dessen Kollege er 90 n. Chr. wahrscheinlich im Zusammenhang mit der niedergeworfenen Usurpation des L. Antonius Saturnius *consul II ordinarius* war[68], und er war auch in Domitians letzten Regierungsjahren nicht wirklich ernsthaft gefährdet gewesen[69]. Zum anderen wäre es für Nerva als einem Princeps ohne Rückhalt bei den Truppen mit größter Wahrscheinlichkeit geradezu selbstmörderisch gewesen, die mächtigen Provinzstatthalter und die ihnen vielfach loyal gegenüberstehenden Heere durch solche Ablösungen zu brüskieren, zumal diese Legaten angesichts der durch die Ermordung Domitians entstandenen Unsicherheit der Lage und der Möglichkeit des Ausbruches eines bewaffneten Konfliktes um die Herrschaft an ihren Kommandopositionen zu ihrer eigenen Absicherung doch wohl ein unmittelbares Interesse haben mußten. Zudem herrschte gerade unter den Soldaten wegen der Ermordung Domitians eine erhebliche Unruhe, die beispielsweise an der unteren Donau offen auszubrechen drohte[70]. Darüber hinaus weisen die beschwörenden und ständig wiederholten Concordia-Exercituum-Prägungen Nervas zur Genüge auf die andauernde Unsicherheit hinsichtlich der Haltung der Armeen hin.[71] Nicht übersehen werden darf ferner, daß sich Nerva offensichtlich mit Personen seiner eigenen Generation als Männern seines Vertrauens zu umgeben suchte[72], die für die nochmalige Übernahme von Provinzkommanden kaum mehr in Frage gekommen sein dürften; außerdem stützte sich Nerva in seinem *consilium* ja auch auf mehrere *amici* Domitians[73], wobei selbst ein so enger und bei vielen verhaßter Vertrauter des Flaviers wie der dreimalige Konsul A. Didius Gallus Fabricius Veiento zu seiner unmittelbaren Umgebung zählte[74]. Auch wäre es sicher falsch, zu glauben, daß der Senat in seiner Gesamtheit geschlossen hinter Nerva gestanden hätte[75]; gerade in den traditionellen senatorischen Kreisen ist es offenbar zu einer Verschwörung gegen ihn gekommen, an deren Spitze der Pontifex und Konsular C. Calpurnius Crassus Frugi Licinianus stand[76]. Der Plan, die Prätorianer mit Versprechungen aufzuwiegeln und Nerva zu beseitigen, wurde aber rechtzeitig aufgedeckt, und Calpurnius Crassus mit seiner Gattin nach Tarent in die Verbannung geschickt[77]. Als er später gegen Trajan erneut konspirierte, wurde er auf eine Insel verbannt und schließlich zu Beginn der Regierung Hadrians getötet.[78]

Eine schwerwiegende und geradezu verhängnisvolle Änderung hat Nerva hingegen im Kommando über die Prätorianergarde vorgenommen, als er den einen Präfekten, Norbanus, durch Casperius Aelianus ersetzte[79], eine Umbesetzung, deren genauen Zeitpunkt wir nicht kennen, die aber mit einiger Wahrscheinlichkeit nicht zu nahe an den Ausbruch der Prätorianermeuterei im Jahre 97 n. Chr. herangerückt werden darf. Casperius Aelianus war bereits unter Domitian anfangs der 90er Jahre Praefectus Praetorio gewesen[79a], verlor aber dann offensichtlich wie auch sein Amtskollege das Vertrauen Domitians und wurde seines Postens enthoben[80]. Mit einiger Sicherheit wurden ca. 94 n. Chr. T. Petronius Secundus, der zwischen dem 14.3.92 und 7.4.93 n. Chr. als Praefectus Aegypti bezeugt ist[81], und Norbanus ihre unmittelbaren Nachfolger. Letzterer war 88/89 n. Chr. mit grosser Sicherheit prokuratorischer Statthalter der Provinz Raetia gewesen und hatte im Januar 89 n. Chr. aktiv an der Niederwerfung des Saturninus-Aufstandes teilgenommen.[82] Später war er sehr wahrscheinlich in der 2. Hälfte des Jahres 93 n. Chr. der kurzzeitige Nachfolger des Petronius Secundus in der Präfektur Ägyptens[83], ehe er zusammen mit diesem den Befehl über die Prätorianerkohorten erhielt. Offensichtlich benötigte Domitian damals für diese Funktion Männer, deren Zuverlässigkeit für ihn über jeden Zweifel erhaben war, was auch Norbanus' kurze Amtszeit in Ägypten erklären wird. Zwar war Norbanus mit Petronius Secundus in die Ermordung Domitians eingeweiht gewesen[84], doch ist er nirgends unter den Männern genannt, denen Nerva seine Proklamation zum Kaiser verdankte[85]. So braucht es kein Zufall gewesen zu sein, daß er ganz offensichtlich nicht von der Selbstjustiz der Prätorianer unter Casperius Aelianus betroffen war. Norbanus ist wohl aus eigenem Entschluß - der offenbar nur oberflächlich beruhigte Groll der Prätorianer über die Ermordung des Flaviers könnte dazu nicht zuletzt beigetragen haben - oder auf Weisung Nervas aus dem Amt geschieden. Dessen Kandidat für seine Nachfolge war eben Casperius Aelianus, von dem man nach menschlichem Ermessen eigentlich erwarten konnte, daß er sich nicht gegen den Princeps an die Spitze der prodomitianisch gesonnenen Prätorianer stellen würde.[86] Wie jedoch die weitere Entwicklung zeigt, sollte gerade diese Hoffnung trügen. Nach dem Zeugnis der hier auf einer guten Überlieferung fußenden 'Epitome de Caesaribus' wurde Casperius Aelianus allerdings für die Beseitigung der für die Ermordung Domitians verantwortlichen Männer erst durch große Zuwendungen und, wie wir wohl ergänzen dürfen, Versprechungen gewonnen.[87] Die Rache für Domitian war also nicht das primäre Ziel des Gardepräfekten. Eine Betrachtung von Verlauf und Ergebnissen der Meuterei des Casperius Aelianus läßt nun zwei miteinander verbundene Zielsetzungen erkennen, einmal eine Rehabilitierung Domitians[88], die faktisch zu einem wesentlichen Teil auch erreicht wurde, als nämlich Nerva die Beseitigung des Parthenius und des Petronius Secundus legalisierte und die Niedergemetzelten öffentlich als *pessimi nefandique omnium mortalium* verurteilte (Epit. de Caes. 12,8), zum anderen eine Schwächung und Isolierung Nervas und eine Destabilisierung der ihn unterstützenden Kräfte, da das Vorgehen offenkundig gerade gegen diejenigen unter den Verantwortlichen für die Ermordung des Flaviers gerichtet war, denen Nerva seine Erhebung zum Kaiser in entscheidender Weise verdankte. Nach der Beseitigung seines Kollegen Petronius Secundus blieb Casperius Aelianus offenbar alleiniger Praefectus Praetorio; er war praktisch mit seinen Truppen zum Herrn Roms geworden[89].

Einen wesentlichen Fortschritt in der Aufdeckung der wahrscheinlichen Hintergründe für die Aktionen des Casperius Aelianus und die schließliche Adoption Trajans brachte K.-H. SCHWARTES Analyse der so vehementen Polemik gegen Domitian in den ersten Regierungsjahren Trajans[90], wie sie vor allem im 'Agricola' des Tacitus, wo Domitian von Anfang an den Gegenspieler und negativen Bezugspunkt bildet[91], und eben im Panegyricus des jüngeren Plinius, zu dessen wesentlichen Charakteristika der als *pessimus princeps* "stilisierte" Flavier zählt[92], für uns noch faßbar ist. Zu den weiteren Zeugnissen für diese ohne Zweifel dem tagespolitischen Geschehen verhaftete Auseinandersetzung mit der Person und der Regierung Domitians gehört die offenkundig als propagandistisches Spektakel inszenierte Wiederaufnahme der Bestrafung der Männer durch Trajan, die sich unter Domitian als Delatoren betätigt hatten[93], eine wahrscheinlich im Herbst 99 n. Chr. präsentierte Manifestation der *Entdomitianisierung,* wenn man mir diese Wortschöpfung mit Blick auf einige wohl nicht ganz zufällige Ähnlichkeiten mit den Vorgängen nach dem Tode Stalins verzeiht. Was Plinius hier mit großer persönlicher Genugtuung in blumigen Worten und einem Wust adulatorischer Schmeichelei schildert, war aber in Wirklichkeit im Gegensatz zu den Hinrichtungen zu Beginn der Herrschaft Nervas[94] lediglich eine Deportation der Delatoren. Der Kreis der Betroffenen ist zudem wohl kaum über den bereits 96 n. Chr. teilweise belangten Personenkreis von geringerer gesellschaftlicher und politischer Bedeutung hinausgegangen.[95] Von einer tatsächlichen Preisgabe der Delatoren an die Wogen des Meeres, womit Trajan Nerva noch übertroffen habe[96], kann hier keine Rede sein. Eine andere, vergleichbare Propagandageste war das Edikt, das einen öffentlichen Vergleich der Aufwendungen für die Reise Trajans 99 n. Chr. von den Donauprovinzen nach Rom mit denen für die entsprechende Reise Domitians während dessen Donaukriegen enthielt[97]. Mit K.–H. SCHWARTES überzeugenden Darlegungen muß dies alles im Rahmen einer propagandistischen und ideologischen Auseinandersetzung zur Absicherung und Rechtfertigung der Herrschaft Trajans gesehen werden, auf dem Hintergrund der Existenz von Konkurrenten um die Nachfolge Nervas und der sie unterstützenden Gruppierungen, von Kräften, die zur Legitimierung und Durchsetzung ihrer Ansprüche die bewußte Anknüpfung an den letzten Flavier propagierten, oder von denen eine solche Haltung nicht ohne Grund zu erwarten war.

Die Frage der künftigen Nachfolge im Prinzipat mußte bei einem Kaiser wie Nerva, der alt, kränklich[98] und kinderlos war, zwangsläufig schon mit seinem Regierungsantritt in den Vordergrund treten.[99] Daß diese Problematik in der Zeit von Januar bis Anfang Juli 97 n. Chr., genauer wohl im 2. Viertel dieses Jahres, auch tatsächlich hochakut geworden war und das Verhalten im Senat spürbar mitbestimmte, das zeigt uns Plinius' Schilderung einer Senatssitzung in dieser Phase noch vor der erkennbaren Gefahr einer Erhebung der Prätorianer in epist. IX 13[100]. In der Sitzung versuchte Plinius, ein Vorgehen gegen Publicius Certus, den damals noch amtierenden Präfekten des Aerarium Saturni, durchzusetzen, der sich in dem Prozeß gegen den jüngeren Helvidius Priscus 93 n. Chr. besonders hervorgetan hatte. Der Inhalt des Vorwurfes, den Plinius gegen ihn erhob, ist nicht ganz eindeutig dargelegt, das Ziel dürfte aber vermutlich die Eröffnung eines förmlichen Verfahrens wegen eines *crimen laesae maiestatis* im eigentlichen Sinne gewesen sein.[101] Für Publicius Certus traten im Verlauf der Senatssitzung der designierte Konsul L. Domitius Apollinaris, ein Gönner Martials und Freund des Plinius[102], der dreimalige Konsul und einstige Vertraute Domitians Fabricius Veiento, der sich besonders für den Angegriffenen einsetzte, Q. Fabius Postuminus, Suffektkonsul Mai - August 96 n. Chr.[103], Certus'Amtskollege Q. Fulvius Gillo Bittius Proculus, der Stiefvater von Plinius' verstorbener Gattin[104], ein Ammius Flaccus und schließlich Satrius Rufus ein.[105] Obwohl die Mehrheit des Senates zeitweise offenbar einem Freispruch des Publicius Certus zuneigte, konnte Plinius dann doch eine für ihn positive Abstimmung erreichen, deren Inhalt aber nicht bekannt ist (IX 13, 18 - 21). Ein wirklicher Erfolg blieb allerdings aus, da Nerva ein weiteres Vorgehen gegen Publicius Certus abblockte.[106] Plinius legt dafür großzügig als Erfolge seiner Demarche aus, daß Publicius Certus - und natürlich auch sein Kollege Bittius Proculus - kurz nach dem Tode Nervas von ihm selbst und Cornutus Tertullus in der Aerarpräfektur abgelöst wurde[107] und unmittelbar nach der Publikation seiner gegen ihn gehaltenen Rede verstarb[108]. In unserem Zusammenhang ist jedoch epist. IX 13, 10 - 12 von zentraler Bedeutung.[109] Danach bestand im Senat, und zwar auch unter den konsularischen Freunden des

Plinius, die ernstgenommene Befürchtung bzw. Erwartung, daß der Nachfolger Nervas wieder ein Herrscher sein könnte, der die Anhänger und die Handlanger Domitians begünstigen würde, ein Mann, unter dem Plinius durch sein jetziges Handeln Gefahr erwachsen könnte. Es kam darüber hinaus die eindeutige Warnung vor den Beziehungen des Publicius Certus zu einem mächtigen, (in der 1. Hälfte des Jahres 97 n. Chr.) im Osten - und zwar mit Sicherheit in Syrien - amtierenden Statthalter, von dem man glaubte, daß er nicht ohne Aussicht auf Erfolg nach dem Throne strebe, und von dem man offensichtlich eine deutliche Anknüpfung an Domitian befürchtete. Bezeichnend ist wohl auch, daß Plinius seine Demarche entgegen seiner festen Gewohnheit zuvor nicht mit dem altgedienten und von ihm überaus geschätzten Politiker Q. Corellius Rufus, der unter Nerva hohes Ansehen genoß[110], abgesprochen hatte, da er fürchten mußte, daß dieser ihm abraten würde (epist. IX 13, 6); die Begründung, *erat enim cunctantior cautiorque,* trifft sehr wahrscheinlich genau in ihrem zweiten Teil den Kern der Sache.

K.-H. SCHWARTE hat, auf den Ergebnissen von G. ALFÖLDY und H. HALFMANN aufbauend[111], diesen syrischen Legaten erneut überzeugend mit M. Cornelius Nirgrinus Curiatius Maternus identifiziert[112], dem höchstdekorierten General Domitians[113]. Dieser ebenfalls aus Spanien stammende Mann vielleicht nur von ritterlicher Herkunft, der sich der ganz besonderen Gunst der flavischen Kaiser erfreute[114], war von Vespasian *inter praetorios* adlegiert worden und bekleidete das Suffektkonsulat sehr wahrscheinlich September - Oktober 83 n. Chr.[115]. 86 - 89 n. Chr. wurde er dann Domitians erfolgreichster Heerführer im Kampf gegen die Daker, in dem er zweimal, nämlich als Legat der noch ungeteilten Provinz Moesia und als Legat der neu eingerichteten Provinz Moesia Inferior die konsularischen *dona militaria* erhielt. Nach dem Friedensschluß mit Decebalus 89 n. Chr. legte er die untermoesische Statthalterschaft nieder und gehörte während der schweren Auseinandersetzungen an der mittleren Donau 89 und 92 n. Chr. mit großer Wahrscheinlichkeit zum Stabe Domitians.[116] Sehr wahrscheinlich Mitte 94 n. Chr. übernahm er dann die syrische Statthalterschaft, die im Jahre 97 die Machtbasis seiner Ambitionen darstellte.[117] Ebenso überzeugend ist K.-H. SCHWARTES Folgerung bezüglich des bisher nicht befriedigend erklärten Hintergrundes der Erhebung des Casperius Aelianus, wenn er nunmehr in Cornelius Nigrinus den Drahtzieher dieser Aktionen sieht, den Mann, der den Gardepräfekten durch Zuwendungen und Versprechungen für eine Rebellion gegen Nerva gewonnen hatte.[118] Auch wenn dies letztlich eine Hypothese bleiben muß, so spricht doch alles für die Wahrscheinlichkeit dieser Rekonstruktion der Zusammenhänge. Persönliche Beziehungen dürften zwischen beiden Männern vermutlich in den frühen 90er Jahren entstanden sein, als beide zum engeren Kreise um Domitian gehörten[119]; es wäre zudem durchaus möglich, daß Casperius Aelianus die Domitian an die Donau begleitenden Prätorianer nach dem Tode des Cornelius Fuscus befehligt hat.

Angesichts der Abkunft des Cornelius Nigrinus und der Tatsache, daß er der erste Konsul seiner Familie war, mußte er bei seinen Ambitionen auf die Kaiserwürde allein in den unter Domitian bewiesenen militärischen Leistungen und in dem Ruf, "Held der Dakerkriege Domitians und der höchstdekorierte General der Zeit"[120] zu sein, die zentralen Faktoren für die Legitimierung seiner Ansprüche und die Begründung seines Vorranges vor möglichen Konkurrenten sehen. Eine zumindest faktische Wiederanerkennung des Flaviers war somit eine wesentliche Voraussetzung für den Erfolg seines Strebens nach dem Throne, das die Anknüpfung an die Ära Domitians zwangsläufig suchen mußte.[121] Auch konnte er sich ohne Zweifel von einer Isolierung und Schwächung Nervas für seine Pläne reale Vorteile versprechen, ganz abgesehen von der später noch aufzuzeigenden konkreten Lage Mitte des Jahres 97. Zu Recht betont K.-H. SCHWARTE (S. 150): "Es scheint also, daß Nigrinus sein Ziel durch teils mehr teils weniger massiven Druck auf Nerva zu erreichen suchte". Das mit der Erhebung des Casperius Aelianus verbundene Ziel richtete sich hierbei sicher nicht nur auf die "offenbar unentbehrliche Rehabilitation Domitians"[122], sondern ebenso auf die unmittelbare Durchsetzung von Nigrinus' Anspruch auf den Thron. Es ist deshalb - wie von Plinius berichtet - auch kein Abklingen des eigentlichen *tumultus* der Prätorianer vor der Entscheidung der Nachfolgefrage zu erwarten[123], der ja das notwendige Mittel für einen massiven Druck auf Nerva und seine Umgebung, ja auf das politische Zentrum des Reiches an sich war. Bisher blieb die Frage, warum es in Rom zu keiner weiteren offenen Aktion der Prätorianer und ihres Präfekten gekommen ist, eigentlich ungeklärt.[124] Eine solche Aktion war jedoch zur Aufrechterhaltung des Druckes auf das politische Entscheidungszentrum wohl nicht erforderlich, nachdem die Entschlossenheit zur Tat demonstriert, Nervas Stellung desavouiert und destabilisiert und die militärische Kontrolle über die Hauptstadt gewonnen war. Ein zuverlässiges Zeugnis für die immer noch akute Krise in der Hauptstadt zu dem Zeitpunkt der Adoption Trajans besitzen wir in dem Adoptionsakt selbst, wie er von Plinius und Cassius Dio geschildert wird.[125] Danach ist es letztlich unzweifelhaft, daß Nerva die Adoption Trajans überraschend vor der versammelten Menge verkündete, während der für die angesetzte Feierlichkeiten auf dem Capitol bekanntgegebene Anlaß ausschließlich die Feier des Sieges des pannonischen *bellum Suebicum* darstellte. Dieser primäre und offizielle Anlaß wurde offensichtlich geschickt für die Schaffung des für die Designierung eines Thronfolgers notwendigen Auditoriums und Szenariums benutzt, für die Schaffung von unwiderruflichen Fakten, die nur mehr durch einen offenen Putsch und eine Usurpation beseitigt werden konnten. Man wagte es offenkundig nicht, eine Zeremonie zur Designierung eines Nachfolgers offen anzusetzen. Eine Erhebung gegen die Ernennung Trajans zum Caesar und Mitregenten, die diesen in die unvergleichlich günstige Position des legalen und damit zu Recht Loyalität und Unterstützung fordernden Thronprätendenten setzte, und damit ein Aufeinanderprallen der militärischen Machtpotentiale wurde augenscheinlich weder von Cornelius Nigrinus noch von dem durch Nervas Proklamation überraschten Casperius Aelianus als aussichtsreich betrachtet, und so endete mit dem Akt auf dem Capitol und der anschließenden Ratifizierung im Senat, wie paneg. 8, 5 ausgeführt, jener offenkundig zur Beeinflussung der Nachfolgefrage inszenierte *tumultus.* Nigrinus' Ziel ist nach allem wohl eine der Form nach legale Durchsetzung seines Thronanspruches durch die Herbeiführung einer entsprechenden "Entscheidung" Nervas gewesen.[126] Wahrscheinlich nicht wenige Senatoren, Provinzlegaten und Offiziere dürften ihre Haltung in der Nachfolgefrage von der (formalen) Legalität des *iter ad principatum* der Thronprätendenten abhängig gemacht haben. Die nach dem Vollzug der Adoption Trajans politisch und militärisch aussichtslose Position des Cornelius Nigrinus dokumentiert sich in seiner sicher noch im Herbst 97 n. Chr. erfolgten Entfernung aus der syrischen Statthalterschaft, die kommissarisch mit A. Larcius Priscus, dem bisherigen Quästor des Prokonsuls von Asia, besetzt wurde, den man zum Legaten der in Syrien stehenden Legio IV Scythica und gleichzeitigen *pro legato consulare provinciae Syriae* ernannte[127]. Mit Cornelius Nigrinus war demnach auch der Legat dieser Legion abgelöst worden, ebenso mit großer Wahrscheinlichkeit der Legat der Legio VI Ferrata, der durch den bisherigen Legaten der in Kappadokien stehenden Legio XVI Flavia Firma, wohl einen Vertrauensmann des T. Pomponius Bassus, ersetzt wurde[128]. Weitere Schritte hat Trajan gegen Cornelius Nigrinus offenbar nicht unternommen; allerdings hat man die Nennung seines Namens offensichtlich vermieden[129] und seine Erfolge im Kampf gegen die Daker in der Überlieferung, soweit deren klägliche Reste ein Urteil erlauben, weitgehend unterdrückt.[130] Die politische

Auseinandersetzung mit dem Gegenspieler aber bildete sicher wesentlich mit den Hintergrund der heftigen Entdomitianisierungskampagne in den ersten Regierungsjahren Trajans.

Was Casperius Aelianus betrifft, so erfolgte eine Bestrafung der rebellierenden Prätorianer nicht mehr zu Lebzeiten Nervas. Casperius blieb im Amt, wahrscheinlich bis zum Tode Nervas sogar als alleiniger Praefectus Praetorio, zumindest wohl als alleiniger Gardepräfekt in Rom[131]. Man wird vermuten dürfen, daß es zwischen der protrajanischen Partei und dem zwar politisch ausmanoeuvrierten, aber militärisch in Rom noch mächtigen und zu einer Reaktion fähigen Präfekten zu einem gewissen Arrangement gekommen ist. Trajan ließ Casperius Aelianus dann nach dem Antritt seiner Alleinherrschaft zusammen mit den Prätorianern, die an der Meuterei gegen Nerva beteiligt waren - wahrscheinlich die Führer des Aufruhrs -, unter dem Vorwand, er benötige sie, zu sich kommen und dann hinrichten.[132] Vermutlich war der vorgeschobene Grund gerade Trajans Antritt seiner Alleinherrschaft, da sich selbstverständlich einer der amtierenden Gardepräfekten mit einem Teil der Prätorianerkohorten in der Umgebung des regierenden Princeps zu befinden hatte. Die Strafaktion ist somit wohl in das Frühjahr 98 n. Chr. zu datieren, also noch während Trajans Aufenthalt am Rhein, wo von Casperius Aelianus angesichts der loyalen Legionen keine Gefahr ausgehen konnte. Daß der Gardepräfekt der Weisung Trajans Folge leistete, dürfte wahrscheinlich in seinem Bemühen begründet gewesen sein, für sich einen *modus vivendi* unter dem neuen Machthaber zu erreichen; seine bisherige Belassung im Amt könnte ihn diesbezüglich in einer gewissen Sicherheit gewiegt haben.

Gehen wir aber nochmals einen Schritt in der Rekonstruktion der Ereignisse zurück. Die wichtigste Entscheidung, die 97 n. Chr. im Bereich der Armeekommanden fiel, war die Neubesetzung der obergermanischen Statthalterschaft mit dem Patrizier und Sohn eines *vir triumphalis* M. Ulpius Traianus, dem *consul ordinarius* des Jahres 91 n. Chr., dessen Amtszeit aller Wahrscheinlichkeit nach am 1. 7. 97 n. Chr. begann[133]. Dieses Kommando über ein Heer von drei Legionen und zahlreichen Auxilien bot, strategisch gesehen, ohne Zweifel eine ungleich günstige Ausgangssituation, "sei es zur Niederwerfung einer Usurpation anderswo, sei es zur Realisierung eigener Herrschaftspläne"[134]; seine Truppen konnten, sofern sie nicht wie Anfang 89 n. Chr. durch das benachbarte untergermanische Heer gehindert wurden, jederzeit in Italien eingreifen. Gerade in der Phase einer offenen Nachfolgekrise in Rom mußte diese Ernennung von größter politischer Bedeutung sein und in dieser Bedeutung auch von den Beteiligten erkannt werden. Durch Plinius[135] wissen wir, daß sich die Frage der Nachfolge Nervas bereits vor dem 1. 7. 97 n. Chr. durch die mehr oder minder offene Anwartschaft zumindest des syrischen Statthalters mit seiner Hausmacht von drei Legionen zu einem akuten Problem mit wesentlichen Auswirkungen auf das innenpolitische Geschehen entwickelt hatte. Wenn nun in dieser Situation ein Mann die obergermanische Legatio erhielt, der auf Grund seines gesellschaftlichen Ranges, insbesondere in einer Periode ohne das Wirken einer dynastischen Tradition, als *capax imperii* zu gelten hatte[136] und der außerdem auch real auf Grund eines Geflechtes von *amicitiae* und Verbindungen mit wichtigen Männern der Generation seines Vaters[137], seiner eigenen sowie der etwas jüngeren Generation als solcher zu betrachten war, so mußte dies auf die offene Entscheidung über die Nachfolge im Prinzipat wohl unmittelbare Auswirkungen haben. Man darf mit einigem Recht vermuten, daß diejenigen Gruppierungen innerhalb der römischen Führungsschicht, die mit einer Übernahme der Herrschaft durch Cornelius Nigrinus nicht einverstanden waren oder sich prinzipiell gegen jede mögliche Anknüpfung an Domitian wandten, ihrerseits nach einem Kandidaten für die Nachfolge Nervas suchten und dabei wohl teilweise, nicht zuletzt aus den eben genannten Gründen, Trajan ins Auge faßten. Überblickt man jedoch die wichtigsten Parteigänger Trajans, so tritt bei ihnen ein anderes verbindendes Merkmal eindeutig in den Vordergrund, nämlich die Existenz persönlicher Beziehungen zu Trajan und seiner Familie[138]. Die Kandidatur für die Nachfolge Nervas ist also schwerlich nur von Dritten an Trajan herangetragen worden.[139] Die Ausbildung jener Gruppierung, die dem Anspruch Trajans auf die Nachfolge im Prinzipat den notwendigen Nachdruck verlieh und ihn in der entscheidenden Phase politisch und militärisch abstützte, kann in ihrem Kern bezeichnenderweise eben auf den Ulpier selbst und seinen Verwandten- und Bekanntenkreis zurückgeführt werden.[140] Die führenden Männer dieser Fraktion waren nach unseren Informationen der Spanier L. Licinius Sura, mit dem Trajan eine äußerst enge Freundschaft verband, L. Iulius Ursus und Sex. Iulius Frontinus. Die beiden letztgenannten sind durch ihre iterierten Konsulate im Jahre 98 n. Chr. unter den wichtigsten Mitarbeitern und Beratern Nervas ausgewiesen. Beide dürften sowohl untereinander als auch mit dem älteren Trajan Beziehungen unterhalten haben. Zudem war der wohl wie die Ulpier aus Spanien stammende Verwandte und Adoptivsohn des L. Iulius Ursus, nämlich L. Iulius Ursus Servianus, mit der Schwester Hadrians, also des nächsten männlichen Verwandten Trajans, verheiratet. Frontin wiederum muß über seinen

Schwiegersohn Q. Sosius Senecio, der vor der Mitte des Jahres 97 n. Chr. Legat der in Bonn stehenden Legio I Minervia gewesen war, Kontakte zu dem damaligen untergermanischen Statthalter L. Licinius Sura besessen haben. Eine nicht unwesentliche Gruppe innerhalb der Parteigänger Trajans bildeten die Neratier, die ihren Aufstieg im wesentlichen M. Hirrius Fronto Neratius Pansa verdankten, für den mehrfach Verbindungen zu dem älteren Trajan aufzuzeigen sind. Für den älteren L. Neratius Priscus, sehr wahrscheinlich der Bruder des eben genannten, dürfte Hadrians Legionstribunat bei der in Aquincum liegenden Legio II Adiutrix darüber hinaus die Existenz engerer Beziehungen unmittelbar belegen. Sein Sohn, der jüngere L. Neratius Priscus, *consul suffectus* Mai - Juni 97 n. Chr., gehörte zu den vertrauten Parteigängern Trajans, ebenso sein zweiter Sohn L. Neratius Marcellus, der von M. Hirrius Fronto Neratius Pansa adoptiert und mit diesem wie die Ulpier 73/74 n. Chr. in das Patriziat erhoben worden war. Durch seine Heirat mit der Tochter des Q. Corellius Rufus hatte wahrscheinlich ersterer zudem eine unmittelbare Verbindung zu den älteren Senatoren um Nerva und wohl gerade auch zu Frontin, da dieser mit Corellius offensichtlich in einem guten Einvernehmen stand, wie die gemeinsame Förderung des jüngeren Plinius zeigen dürfte[141]. Sowohl C. Antius A. Iulius Quadratus als auch Ti. Iulius Candidus Marius Celsus besaßen sicherlich persönliche Beziehungen zu den Ulpiern. P. Metilius (Sabinus) Nepos wiederum war 91 n. Chr. Suffektkonsul, also im Jahre von Trajans ordentlichem Konsulat. Der ältere C. Cilnius Proculus war als Suffektkonsul der Kollege des älteren L. Neratius Priscus, sein Sohn etwa gleichaltrig wie die jüngere Generation der Neratier. Q. Pomponius Rufus stammte selbst aus Spanien, T. Pomponius Bassus war Legat des älteren Trajan während dessen Prokonsulat in Asia gewesen und T. Avidius Quietus unterhielt engere Beziehungen zu Sosius Senecio. Q. Glitius Atilius Agricola wiederum hatte offensichtlich gute Beziehungen sowohl zu Trajan als auch zu L. Licinius Sura und war Suffektkonsul genau in der entscheidenden Phase September - Oktober 97 n. Chr. Sex. Attius Suburanus Aemilianus war ein Gefolgsmann des L. Iulius Ursus und M'. Laberius Maximus schließlich dürfte durch seinen Vater Beziehungen zu den genannten Männern der flavischen Führungsschicht besessen haben. Nicht näher zu präzisieren sind bisher die Verbindungen von A. Cornelius Palma Frontonianus und C. Octavius Tidius Tossianus Iavolenus Priscus zu Trajan. L. Fabius Iustus könnte u.a. durch seine literarischen und rhetorischen Interessen[142] in Kontakt zu L. Licinius Sura gestanden haben. Gemeinsam ist allen diesen Männern aber, daß sie sich unter Domitian - und zwar auch in dessen letzten Regierungsjahren - entweder der kaiserlichen Gunst und Förderung erfreuten bzw. das Vertrauen des Flaviers genossen oder zumindest in keine erkennbare Ungnade gefallen oder gar gefährdet waren. In der Regel haben wir es hier mit hervorragenden Vertretern der unter den drei flavischen Kaisern gebildeten Führungselite des Reiches zu tun.[143] Die Existenz und die Aktivität dieser Gruppierung werden auch in der Neubesetzung der Statthalterschaft der Belgica zur Jahresmitte 97 n. Chr. deutlich, eines Postens von großer politischer und strategischer Bedeutung für die Stellung eines Thronprätendenten mit Stütze in den Rheinheeren. Diese Legatio wurde nun Q. Sosius Senecio, dem Schwiegersohn des Sex. Iulius Frontinus und bisherigen Legaten der Legio I Minervia in Bonn, übertragen. Ein Zufall ist hier wohl zu Recht auszuschließen. Die Fraktion um den Ulpier war ganz offensichtlich bemüht, für die Zeitspanne 97/98 - 98/99 n. Chr., in der man wahrscheinlich eine Entscheidung der Nachfolgefrage erwartete, in Germanien und Gallien einen geschlossenen Machtkomplex aufzubauen, der als innenpolitischer Faktor nicht mehr zu übergehen war. Hier müssen wir auch nochmals auf die von Plinius geschilderte erste, "unbeabsichtigte" bzw. "unbewußte" Akklamation Trajans als Imperator auf dem Capitol bei seinem Aufbruch als *legatus pro praetore* in die Provinz Germania Superior zurückkommen.[144] Sie ist nach den innenpolitischen Vorgängen der 1. Hälfte des Jahres 97 mit großer Wahrscheinlichkeit eben doch als ein ganz bewußter Ausdruck des Ringens um die Nachfolge Nervas und die hierfür beste Ausgangsposition zu werten, als eine politische Demonstration, organisiert von dem Kreise um Trajan und dessen Anhängerschaft nach einer ersten erfolgreichen Durchsetzung ihrer Interessen in dem verdeckten Machtkampf bei der Neubesetzung der Statthalterpositionen.

Unabhängig von diesen Überlegungen dürfte es außer Zweifel stehen, daß sich auch Cornelius Nigrinus und die Sachwalter seines Anspruches in Rom zur Stärkung ihrer Position bei der Neubesetzung der 97 n. Chr. freiwerdenden Provinzlegationen engagierten, was insbesondere für das wichtige Germania Superior zugetroffen haben muß. Denn Nigrinus' Position im Osten war keineswegs so günstig wie die Vespasians und Mucians im Jahre 69 n. Chr.[145] So ist wohl, wie schon angedeutet, mit der Entscheidung über diese beiden Statthalterschaften bereits eine wichtige Vorentscheidung hinsichtlich der Machtverhältnisse und Einflußmöglichkeiten der verschiedenen Gruppierungen gefallen gewesen, als Cornelius Nigrinus und seine Parteigänger ihre Vorstellungen bei Nerva und dem Kreise seiner Berater nicht durchsetzen konnten. Dies wiederum könnte nun sehr wohl der konkrete Anlaß für die Aktionen des Casperius Aelianus gewesen sein, dessen Erhebung sicher erst nach dem Weggang Trajans in die Provinz erfolgt ist. Wenn Cornelius Nigrinus in der Frage der Provinzlegationen erkannt hatte, daß sein Einfluß zur Durchsetzung seiner Ziele ohne direkten Druck auf Nerva nicht ausreichte, so war die Auslösung einer unmittelbaren massiven Pression auf die Entscheidungsfindung in Rom für ihn wohl das einzige Mittel zur Verwirklichung seiner Pläne, ohne zu einer offenen Usurpation schreiten zu müssen, die ihn in aller Augen ins Unrecht gesetzt und sicher wesentliche Unterstützung gekostet hätte. Zudem ist unsicher, ob er als erfahrener Militär jemals ernsthaft an eine militärische Erhebung gedacht hatte. Außerhalb Syriens konnte Cornelius Nigrinus selbst nur auf einen Anschluß der moesischen, insbesondere der untermoesischen Legionen hoffen, die er siegreich gegen die Daker geführt hatte.[146] An der moesischen Donau war es auch unmittelbar nach dem Tode Domitians zu Unruhen gekommen.[147] Allerdings stand gerade das untermoesische Heer im Jahre 97 n. Chr. offensichtlich unter der Führung eines Legaten, der über gute Beziehungen zu den Ulpiern verfügte, wie Hadrians Legionstribunat bei der V Macedonica in Oescus zeigt; die prompte Entsendung Hadrians mit den Glückwünschen des Heeres anläßlich der Adoption Trajans spricht ebenfalls eine deutliche Sprache.[148]

Auch von der zeitlichen Abfolge der Ereignisse des Jahres 97 n. Chr. her ergibt sich kein Widerspruch gegen eine Deutung der Meuterei des Casperius Aelianus als eine Reaktion auf die Niederlage des Cornelius Nigrinus in der Frage der Neubesetzung der Statthalterposten. So ist sicher mit einer gewissen Frist zwischen der Prätorianerrebellion und der Adoption Trajans zu rechnen[149], in der die entscheidenden Beratungen, Konsultationen und Einflußnahmen stattfanden; auch mußte die Zustimmung Trajans noch eingeholt werden. Außerdem wird sich Nerva mit seinen engsten Vertrauten wohl der Haltung der wichtigsten amtierenden Legaten, soweit diese nicht schon erkennbar geworden war, versichert haben, ehe er sich zu dem endgültigen Schritt entschloß. Setzen wir ferner in Rechnung, daß eine bevorstehende Wiederkehr des Tages der Ermordung Domitians sicher die günstigste Gelegenheit zur Entfesselung eines "Rachezuges" der Prätorianer gegen dessen Mörder war, so läßt sich die Erhebung des Casperius Aelianus wahrscheinlich in die erste Septemberhälfte 97 n. Chr. datieren, was auch Cornelius Nigrinus genügend Zeit zur Initiierung der Aktion als Antwort auf die Entscheidungen für die Provinzverwaltung zu Mitte des Jahres gegeben hätte.

Daß sich Trajan und die ihn favorisierenden Kräfte in der Nachfolgefrage trotz des von der anderen Seite in Rom ausgeübten massiven Druckes durchsetzen konnten, kann letztlich seine Ursache nur in den überlegenen Machtmitteln gehabt haben, auf die sie gegenüber Nerva in der innenpolitischen Auseinandersetzung verweisen konnten[150]. So erscheint die Adoption Trajans als das Ergebnis eines Machtkampfes, der sich in seiner Endphase gefährlich einem Bürgerkrieg genähert haben dürfte, als das Ergebnis eines Ringens, "bei dem Nerva die am wenigsten aktive Rolle gespielt hat"[151]. Trajans Parteigänger jedenfalls haben aus ihrer Entschlossenheit, eine Entscheidung gegen ihre Interessen nicht hinnehmen zu wollen, offenkundig keinen Hehl gemacht. Die zentrale Machtposition Trajans zuerst als Thronprätendent und dann als Caesar und Mitregent bildeten die Heere der germanischen Provinzen, insbesondere natürlich die drei obergermanischen Legionen, und so übernahm er auch nach seiner Adoption persönlich das Oberkommando über diese Streitkräfte, während die beiden germanischen Statthalterschaften selbst zuverlässigen Gefolgsmännern anvertraut waren[152]. Nichts kennzeichnet die Bedeutung der militärischen Position am Rhein für die Stellung und Sicherheit Trajans wohl besser als eben die Tatsache, daß er, ohne durch eine übergeordnete Aufgabe gebunden zu sein, diesen Soldaten nach seiner Ernennung zum Caesar und Mitregenten den Vorzug vor der Hauptstadt und dem Senat gab. Betrachten wir andererseits die Haltung der in der 2. Hälfte des Jahres 97 amtierenden Legaten in den wichtigen Militärprovinzen, soweit diese erkennbar ist[153], so wird einmal deutlich, welchen Rückhalt die protrajanische Fraktion über diese zentrale Position hinaus hatte, und zugleich die Tatsache verständlich, warum eine Auflehnung gegen die Entscheidung der Nachfolge zugunsten Trajans offenkundig als aussichtslos gelten mußte. Auf der Seite des Ulpiers standen der Legat von Moesia Inferior, wahrscheinlich Ti. Iulius Candidus Marius Celsus, mit zwei Legionen, T. Pomponius Bassus in Cappadocia-Galatia mit zwei Legionen, der jüngere C. Cilnius Proculus in Dalmatien und möglicherweise A. Cornelius Palma Frontonianus in Iudaea mit einer Legion. P. Metilius (Sabinus) Nepos, der Legat Britanniens mit drei Legionen, war einer Nachfolgeregelung im Sinne Trajans gegenüber zumindest nicht abgeneigt, und Pompeius Longinus, der Kommandeur der fünf pannonischen Legionen gehörte nicht zu Trajans Widersachern. Außerdem waren zwei dieser Legionen, die I Adiutrix und die XIV Gemina, erst 86 bzw. 92 n. Chr. von Mainz an die Donau verlegt worden[154] und hatten sicher noch Beziehungen zum obergermanischen Heere. Zu den spanischen Provinzen und zur Legio VII Gemina dürfte der Ulpier ein gutes Verhältnis besessen haben. Der wichtige Prokurator der Belgica war mit einiger Sicherheit Sex. Attius Suburanus Aemilianus, ein Gefolgsmann des L. Iulius Ursus. Die Schlüsselposition aber, die Trajans machtpolitischen Rückhalt am Rhein erst handlungsfähig machen konnte, war ohne Frage die Statthalterschaft der Germania Inferior mit ihren drei Legionen und zahlreichen Auxilien[155], die etwa 94/95 - Oktober 97 oder Januar 98 n. Chr. mit an Sicherheit grenzender Wahrscheinlichkeit L. Licinius Sura innehatte[156]. Er ist die einzige Persönlichkeit, deren aktive, und zwar zentrale Rolle bei der Machtergreifung Trajans Eingang in die historische Überlieferung gefunden hat: *cuius* (sc. Suras) *studio imperium arripuerat*[157]. Licinius Sura stammte wie Trajan aus Spanien; als Angehöriger der Tribus Sergia[158] kann seine Familie nicht unmittelbar aus Tarraco oder Barcino stammen, Orte zu denen er wie zur Hispania Tarraconensis eine direkte Beziehung besessen hat[159]. Die Tribus weist Suras Familie ursprünglich wohl eher den frühen Kolonien der Hispania Ulterior zu, so daß für sie ein früher Kontakt mit dem Familienkreis der Ulpier nicht ausgeschlossen ist. Das Suffektkonsulat bekleidete Sura mit einiger Sicherheit im Jahre 93 n. Chr.[160]; seine Geburt ist also etwa um 53 n. Chr. anzusetzen[161], so daß er ein ungefährer Altersgenosse Trajans gewesen sein dürfte[162]. Licinius Sura war der engste Freund, der uneingeschränkte Vertraute und der erste politische und militärische Berater des Kaisers - so schrieb er etwa dessen Reden[163] -, ja er war der zweite Mann im Staate, vielleicht nicht nur die "rechte Hand" des Herrschers, sondern sogar der im Hintergrund agierende Kopf in der Führung des Reiches bis zu seinem Tode nach 108 n. Chr.[164] Nicht zu Unrecht vergleicht ihn R. Syme nicht nur mit C. Licinius Mucianus, sondern auch mit M. Vipsanius Agrippa.[165] Sura muß ein Mann gewesen sein, der als ebenbürtiger, militärisch und politisch erfahrener Partner die Machtmittel, über die er verfügte, für die Durchsetzung des Freundes in der Nachfolgefrage zur Verfügung gestellt und bei Aufbau und Organisation von dessen Gefolgschaft in dem innenpolitischen Ringen von Anfang an eine maßgebende Funktion gehabt hatte. Trajan ehrte ihn mit einem zweiten und dritten ordentlichen Konsulat 102 und 107 n. Chr.[166], wobei als besondere Auszeichnung gelten muß, daß Sura jeweils einen persönlichen Suffektkonsul erhalten hat, was sonst nur dem Kaiser vorbehalten blieb[167]. Schon vor 85/86 n. Chr. war Sura ein nicht mehr unbekannter Redner und Anwalt[168]; etwa 90 n. Chr. stellt ihn Martial unter die *proceres urbis forique* und in die Umgebung des Kaisers[169] und stilisiert ihn 92 n. Chr. als *doctorum Licini celeberrime Sura virorum, cuius prisca gravis lingua reduxit avos*[170]. Als Antwort auf die Frage, was Trajan für die Wahl zum Nachfolger Nervas empohlen, was seine Stellung bewirkt habe, verwies die Forschung bisher im wesentlichen darauf, daß Trajan "a wellknown soldier in the very prime of life"[171], "the candidate of the generals"[172], ein Mann mit dem loyalen Anhang der Armee bzw. der Kandidat der Soldaten gewesen sei[173], oder daß er der kleinen Gruppe der eigentlichen *viri militares* angehört habe[174]. Alle diese Einschätzungen halten einer realistischen Betrachtung der Laufbahn Trajans und der Vorgänge um seine Thronbesteigung nicht stand. Schon R. F. ROSSI hatte sich gegen eine Einstufung als Kandidat des Heeres oder der Generäle gewandt, aber seinerseits den Hintergrund des Jahres 97 n. Chr. allein in vermuteten Gruppierungen der domitianischen Zeit und in ihrem Verhältnis zu dem Flavier gesucht, was zu keiner überzeugenden Lösung führte.[175] Was die immer wieder betonte Rolle der *Generäle* an sich betrifft, so ist mit Nachdruck darauf zu verweisen, daß es an der Wende 1./2. Jhd. n. Chr. eine Generalität im eigentlichen Sinne, also eine geschlossene Gruppe höchster Militärführer, nicht gegeben hat.[176] Eine Lösung der traditionellen Verbindung von Heereskommando und vorrangig zivilen Aufgaben der Reichsadministration setzte erst in den Markomannenkriegen Marc Aurels ein. Die Beurteilung der Adoption Trajans, wie sie etwa R. ETIENNE gibt: "Affolé et désolé, Nerva ne pouvait pour échapper aux extrémistes" (Casperius Aelianus und seine Prätorianer) "que se jeter dans les bras de l'armée, et il se décida... à adopter Trajan, candidat des généraux et d'un clan espagnol bien en place"[177] muß wohl künftig der Wissenschaftsgeschichte angehören.

Anhang I: Zu CIL XVI 41

1907 wurde am Südrand des Donaudeltas in der Gegend von Mahmudia, Kreis Tulcea, das Fragment der *tabella II* eines Militärdiploms gefunden[1], das ohne Zweifel für die Priviligierung eines Soldaten einer Auxiliareinheit ausgestellt worden war. Das Diplom, das in den Januar 97 n. Chr. datiert ist, weist drei ungewöhnliche Merkmale auf, die es in eine Ausnahmestellung innerhalb der uns überlieferten Militärdiplome rücken. Während *tabella II extrinsecus* den Rest der Signatorenliste enthält, ist der Text der *tabella II intus* wie folgt zu rekonstruieren:
[--- et sunt in ---]ẹ sub Iulio Mar[.[2]*] / [---*[3] *quorum nomina su]bscripta sunt ipsis/ [liberis posterisque eoru]m civitatem dedit et /* [5] *[conubium cum uxoribus] quas tunc habuissent / [cum est civitas is data a]ut siqui caelibes essent / [cum is quas postea duxi]ssent dumtaxat sin-/[guli singulas ---] Ianuar / [Imp(eratore) Nerva Caes(are) Aug(usto) II]/ L(ucio) Verginio Rufo III co(n)s(ulibus) / [---]ḷorum cui prae[st] /* [10] *[---]p̣ (aut ṛ aut ḅ) [---]*
Die Besonderheiten, die der Text aufweist, sind: 1. das Erscheinen des Legatennamen erst auf der *tabella II intus,* das nur in CIL XVI 35 eine Parallele hat, 2. das überraschende Fehlen des Pränomens des Legaten in Z. 1, 3. die Auslassung der nach dem Legatennamen zu erwartenden Formel etwa folgenden Wortlautes[4]: *qui quina et*

vicena plurave stipendia meruerant (Alföldy-Mann-Typ I) oder *quinis et vicenis pluribusve stipendiis emeritis dimissis honesta missione* (Alföldy-Mann-Typ II A) oder *qui quina et vicena plurave stipendia meruerunt item dimissis honesta missione* (bzw. die entsprechende Variante Alföldy-Mann-Typ II B - E).
H. NESSELHAUF führte diese Auslassung auf den Graveur des Diploms zurück, da er andere Erklärungsmöglichkeiten als zu unsicher ansah[5]. Die zu ergänzende Provinz setzte auch er nach dem Fundort mit Moesia Inferior gleich; eine Bestimmung der Provinz, für deren Truppen ein Diplom erlassen wurde, allein aus dessen Fundort heraus bietet aber keine Gewähr und bleibt eine hypothetische, wenn auch naheliegende Vermutung[6]. Die möglichen Ursachen, weshalb der Legatenname erst in der *tabella II intus* erscheint, sind: a) Der Schreiber hat das Formular völlig verfälscht und die Angaben über die Dienstzeit und die etwaige Entlassung vor die Nennung der Provinz und des Statthalters gesetzt, was jedoch relativ unwahrscheinlich sein dürfte; oder b) der Grund für diese Erscheinung liegt entweder in der Länge oder in der Struktur der Truppenliste oder in einer Kombination von beidem. Die unproblematischste Lösung ist ohne Zweifel die Annahme einer Überlänge der Truppenliste wie in CIL XVI 35 vom 7.9.88 für die Provinz Syria, wo der Legatenname erst in Z. 2 der *tabella II intus* erscheint, ohne jedoch die Angaben über die Dienstzeit im folgenden zu unterdrücken. Diese Privilegierung umfaßte 3 Alen und 17 Kohorten; allerdings war die Verschiebung nach unten hier nicht zuletzt auch durch die vierzeilige Titulatur Domitians bedingt. Bei CIL XVI 41 ist nach dem Beispiel von CIL XVI 40 jedoch wohl nur mit einer zweizeiligen Titulatur zu rechnen, was die Zahl der Truppen gegenüber CIL XVI 35 bei gleicher Ausführlichkeit der Namensangaben noch verlängern müßte[7]. Verschiebungen des Legatennamens können auch durch das Formular bedingt gewesen sein, wie etwa CIL XVI 159 vom 9.1.88 für Mauretania Tingitana (vier Zeilen für Domitians Titulatur) zeigt: *...qui militant in alis quinque quae appellantur ... item dimissis honesta missione ex isdem alis et cohortibus quinque ... quae sunt in Mauretania Tingitana sub L. Vallio Tran-* (Ende *tabella I intus*) - *quillo qui quina et vicena plurave stipendia meruerunt quorum nomina subscripta sunt ...*[9]. Eine derartige Formulierung würde auch eine relativ schlüssige Erklärung für die Auslassung der Dienstzeitangabe sein, die der Schreiber nach der Nennung der *honesta missio* in Anlehnung an entsprechende Formeln übersehen haben könnte, zumal die oben genannte Formulierung in CIL XVI 41 zeitlich näherstehenden Diplomen nicht erscheint. Allerdings spricht das eher gegen diese Erklärungsmöglichkeit, ohne sie aber völlig auszuschließen. Im Falle von CIL XVI 41 müßte aber wohl auch eine längere Truppenliste hinzukommen. Eine weitere Erklärung böte eine kombinierte Privilegierung für Truppen aus zwei Provinzheeren wie in CIL XVI 28 vom 20.9.82 für Germania (Superior) und Moesia[10]; den Ausfall der Dienstalterangaben etc. kann sie allerdings allein nicht erklären. Jedoch wäre es denkbar, daß das entsprechende Formular bereits nach der Nennung des ersten Provinzlegaten in der *tabella I intus* eingetragen und nicht mehr wiederholt wurde. Der Schreiber hätte in diesem Falle nach der ersten Truppenliste mit Provinz- und Legatennennung das gewohnte Formular (Dienstalter mit und ohne Hinweis auf die *honesta missio*) begonnen und wäre dann etwa *item in alis --- et cohortibus --- et sunt in* fortgefahren. Was den Ausfall des Pränomens des Statthalters und die anderen Auslassungen auch erklären könnte, das wäre eine Raumnot für den Schreiber, der mit der Provinz- und Legatennennung auf die *tabella II intus* kommend sich u.U. zu Kürzungen veranlaßt gesehen hat. Diese

Kürzung hätte sich, wenn sie wirklich erfolgt sein sollte, drastisch ausgewirkt, da Datum, Konsulnamen und Einheit wie bei wesentlich kürzeren Diplomtexten bereits in Z. 7 - 9 der *tabella II intus* erscheinen. Hat es sich bei dem Legaten um einen Polynomen gehandelt, so wäre die Kürzung seines Namens etwa durch das Weglassen des Pränomens durchaus denkbar. Hingegen wäre das bewußte Auslassen eines ganz wesentlichen Teiles des Diplomformulares ein schwerer Regelverstoß und ist nicht so ohne weiteres anzunehmen. Während nun die beiden germanischen Provinzen und wohl auch Mauretania Caesariensis für die Ergänzung des Provinznamens ausscheiden müssen, bleiben die noch möglichen beiden moesischen Provinzen als gleichgewichtige Alternativen übrig. Wenn das Diplom für die gesamten Auxilien der Moesia Inferior einschließlich der Classis Moesica ausgestellt worden wäre, die CIL XVI 44.45 vom 14.8.99 getrennt aufführen, so hätte die Truppenliste 6 Alen und 13 Kohorten sowie die Classici enthalten und könnte bei einer ausführlichen Namensschreibung die Verschiebungen in die *tabella II intus* bewirkt haben, zumal noch mindestens 2 Alen und 5 Kohorten hinzukommen konnten[10]. Für Moesia Superior würde eine Gesamtliste der Auxilien zumindest 3 Alen und 14 Kohorten umfaßt haben, wozu noch weitere 6 bis 7 Kohorten kommen konnten; es gilt also Entsprechendes.[11] Sollte es sich um eine kombinierte Liste gehandelt haben, so könnte sie vom Datum her in den Rahmen der Vorbereitungen für das *bellum Suebicum* fallen, einer Musterung der Auxilien, unter denen es zu gewissen Verschiebungen zwischen Ober- und Untermoesien gekommen sein müßte, ohne daß die zur Privilegierung anstehenden Veteranen ihren Einheiten in die neue Provinz gefolgt wären[12]. Für die Erklärung der Abnormitäten von CIL XVI 41 erscheint die Annahme einer kombinierten Konstitution für Truppen zweier Provinzen bei gleichzeitig größerer Länge der Truppenliste letztlich am naheliegendsten zu sein.

Es muß nach diesen Darlegungen zunächst offenbleiben, welcher der beiden amtierenden moesischen Statthalter vom Januar 97 hier mit seinem fragmentarischen Namen überliefert ist. Wenn allerdings die folgenden Überlegungen zur Identifikation des Legaten zutreffen, so ist das Diplom (zumindest im möglichen zweiten Teil seiner Truppenauflistung) auf die Provinz Moesia Inferior zu beziehen. Traditionell wird der in CIL XVI 41 genannte Legat *Iulius Maṛ* [*?*] mit dem Vater des L. Iulius Marinus Caecilius Simplex identifiziert[13] und zu *(L.) Iulius Mar*[*inus ...*[14]] rekonstruiert. Von dessen Leben ist uns durch die Inschrift seines Sohnes (CIL IX 4965 = ILS 1026) nur die Tatsache bekannt, daß er erst in relativ hohem Alter das Prokonsulat in Pontus et Bithynia bekleidet hat, das etwa 89/90 datiert wird[15]. Das Amt läßt an sich keine sonderliche senatorische Karriere erwarten.[16] L. Iulius Marinus, über den sonst keinerlei Informationen vorliegen, wurde nur auf Grund seiner Identifizierung als untermoesischer Statthalter im Januar 97 in die Konsularfasten des Jahres 93 eingefügt.[17] Genauer sind wir über die Laufbahn seines Sohnes unterrichtet, der das Suffektkonsulat mit einiger Sicherheit Oktober - Dezember 101 bekleidete[18]. Er war *IVvir viarum curandarum, tribunus militum legionis IV Scythicae, quaestor provinciae Macedoniae, aedilis plebis, praetor, legatus pro praetore provinciae Cypri, legatus pro praetore provinciae Ponti et Bithyniae* (89/90 ?[19]), *curator viae Tiburtinae* (etwa 91 - 92[20]), *legatus legionis XI Claudiae piae fidelis* in Vindonissa etwa 93 - 96[21], *legatus pro praetore provinciae Lyciae et Pamphyliae* 96/97 - 98/99[22] und vor dem Konsulat noch Prokonsul in Achaia 99/100[23]. Seit 91 war er Frater Arvalis; außerdem war er der Gatte wahrscheinlich der Tochter des C. Iulius Cornutus Tertullus. Die

Laufbahn des Caecilius Simplex zeigt mit Sicherheit keine sonderliche Förderung durch einen der jeweiligen Herrscher, wie insbesondere die zyprische Legatio belegen dürfte, aber auch keine unnatürliche Verzögerung seiner Karriere[24]. Allerdings scheint er kaum zu den Männern gehört zu haben, für die eine über das Suffektkonsulat hinausführende Laufbahn vorgesehen waren.[25] Daß sein Vater bis zum Konsulat und zu einer der beiden moesischen Statthalterschaften aufgestiegen sei, ist damit wenig wahrscheinlich. Als Statthalter der Moesia Inferior hätte er zudem nach dem Zeugnis des Legionstribunates Hadrians bei der V Macedonica in Oescus über engere Beziehungen zu den Ulpiern verfügt, die an der Karriere seines Sohnes sicher nicht spurlos vorbeigegangen wären. Das Fortschreiten von dessen Karriere könnte hingegen auf eine Förderung durch Ti. Iulius Candidus Marius Celsus zurückgeführt werden, zu dem er über verwandtschaftliche Bindungen verfügte[26]. Der aus Kleinasien stammende Iulius Candidus[27], *consul suffectus* Mai - August 86[28], erlangte von Trajan 105 die besondere Ehre eines zweiten Konsulates als *consul ordinarius*[29]; außerdem bekleidete er wahrscheinlich als Amtsvorgänger des Q. Glitius Atilius Agricola in den Jahren 103 - 105 die Stadtpräfektur[30]. An weiteren Ämtern ist bisher nur seine Statthalterschaft in Cappadocia-Galatia bezeugt, die wahrscheinlich 89/90 - 91/92 anzusetzen ist[31]. Ohne Zweifel gehörte er, wie sein zweites Konsulat und die Stadtpräfektur beweisen, zu den wichtigsten *amici* Trajans im ersten Jahrzehnt seiner Regierung und ist wohl ohne Frage zu den Männern zu rechnen, die Trajans Durchsetzung in der Nachfolgefrage entscheidend unterstützt hatten; eine entsprechende Position im Jahre 97 im Senat oder in einer Provinz ist für ihn zu fordern. Iulius Candidus war wohl schon 74 Frater Arvalis; in den Akten der Priesterschaft erscheint er 75, 80 - 81; 87 wird er für das folgende Jahr zum Flamen gewählt und läßt sich 89 von C. Antius A. Iulius Quadratus vertreten, war aber im Mai in Rom; unter Trajan erscheint er in den Akten 101 - 105 und letztmals 109.[32] Prätorischer Legionslegat kann Iulius Candidus 75 - 80, prätorischer Statthalter 81 - 86 gewesen sein[33].

Wir wissen nun, daß Hadrian während seiner drei aufeinanderfolgenden Legionstribunate *extremis iam Domitiani temporibus* von der in Aquincum stehenden II Adiutrix zu der in Untermoesien in Oescus liegenden V Macedonica versetzt wurde.[34] Der Statthalter dieser Provinz dürfte demnach offenkundig bis in die Zeit der Adoption Trajans ein Mann gewesen sein, der über gewisse Verbindungen zu den Ulpiern verfügte und so die Versetzung Hadrians veranlaßte.[35] Noch der gleiche Statthalter muß Hadrian dann nach der Erhebung Trajans zum Caesar und Mitregenten Ende Oktober 97 n. Chr. nach Germania Superior *ad gratulationem exercitus* entsandt haben[36]; auf ihn kann sicher auch die Akklamation des untermoesischen Heeres für Trajan zurückgeführt werden. Iulius Candidus würde dem eigentlich genau entsprechen. Eine Parallele für die Bekleidung der untermoesischen Legatio, die bei Iulius Candidus dann 95/96 - 97/98 zu datieren wäre, nach der Führung der Provinz Cappadocia-Galatia stellt C. Bruttius Praesens L. Fulvius Rusticus dar[37], der 121/122 - 123/124 in Kappadokien und 124/125 (?) - 127/128 (?) in Moesia Inferior amtierte[38]. Beziehungen zwischen den Ulpiern und Iulius Candidus sind mit großer Wahrscheinlichkeit auf den Vater des Kaisers zurückzuführen, für den mit gewichtigen Gründen Anfang der 70er Jahre eine Statthalterschaft in Kappadokien vermutet wird, und der 73/74 - 77/78 Legat Syriens und 79/80 Prokonsul von Asia war[39]. Zudem sind engere Verbindungen zu C. Antius A. Iulius Quadratus, ebenfalls im Jahre 105 *consul II ordinarius,* anzunehmen; beide sind Belege für die Existenz von persönlichen und politischen Beziehungen der Ulpier zu Mitgliedern der großen Adelsfamilien Kleinasiens[40].

Wenn wir uns nun den Legatennamen in CIL XVI 41 ansehen, so läßt sich aus dem Fehlen des Pränomens mit Sicherheit ableiten, daß hier keine exakte Nennung des Namens des amtierenden Statthalters erfolgt ist. Entweder liegt eine fehlerhafte Schreibung durch den Graveur vor oder aber eine Kürzung des Namens, möglicherweise aus Platzgründen. Wie eine Übersicht über die Namensbezeugungen des Ti. Iulius Candidus Marius Celsus ergibt, waren die wesentlichen Namensbestandteile Ti. Iulius Candidus.[41] Außerdem belegen die Arvalakten die Möglichkeit einer Inversion der Nomina zu Celsus Marius Candidus![42] Es wäre nun durchaus denkbar, daß der Graveur den Namen des Legaten nach der Auslassung des Pränomens auf zwei Cognomina beschränkte - die Verkürzung könnte, wie schon gesagt, auch nur das Ergebnis eines Fehlers sein - und dabei die Form Iulius Marius Celsus wählte. Da aber eine Ergänzung zu *sub Iulio Mar[i/o Celso* die zu erwartenden Spatia in Z. 2 nicht ganz ausfüllen dürfte - allerdings ist das Schriftbild nicht mit Sicherheit zu rekonstruieren, und damit das Vorgeschlagene durchaus möglich -, könnte der Graveur, nachdem er mit der Namensform Iulius Marius Celsus, sei es absichtlich oder in fehlerhafter Auslassung des Cognomens Candidus, begonnen hatte, die notwendige Nennung dieses Cognomens noch erkannt und an Stelle von Celsus nachgeholt haben. Dann müßte die Ergänzung *sub Iulio Mar[i/o Candido* lauten[43].

Anhang II: Prosopographie

Es kann hier nur ein beschränkter Personenkreis erfaßt werden, der durch Ämter und Funktionen in den ersten Regierungsjahren Trajans unter dessen Parteigängern herausragt[1]. Außerdem werden die Legaten der wichtigen Militärprovinzen im Jahre 97 n. Chr., soweit bekannt, untersucht.

1. SEX. ATTIUS SUBURANUS AEMILIANUS[2] stammte vermutlich aus Gallia Narbonensis[3]. Sehr wahrscheinlich etwa 68 - 69 Praefectus fabrum, erlangte er dann in einem überraschenden Anvancement als nächste Funktion bereits das Kommando über die Ala Tauriana torquata, das ca. 70 - 72 zu datieren sein dürfte. Dieser rasche Aufstieg kann wohl nur mit einem Engagement für die flavische Partei und mit Beziehungen zu führenden Männern dieser Gruppe zusammenhängen. Entsprechend war Suburanus anschließend Adiutor des einflußreichen Konsulars L. Iunius Q. Vibius Crispus, während dieser zwischen seinem Prokonsulat in Africa etwa 71/72[4] und seinem zweiten Konsulat März - April 74[5], genauer wohl 72/73 - Anfang 74[6] als *legatus pro praetore censibus accipiendis Hispaniae citerioris* amtierte.[7] Daraufhin war Suburanus Adiutor des L. Iulius Ursus während dessen Praefectura annonae ca. 74/75 (?) - 77/78 und Praefectura Aegypti 79 - 80.[8] Nach diesen Tätigkeiten stieg er über die Posten des Procurator (Alexandriae) ad Mercurium und des Procurator Alpium Cottiarum et Pedatium Tyriorum et Cammuntiorum et Lepontiorum zum Procurator Iudaeae und schließlich zum Procurator provinciarum Galliae Belgicae et duarum Germaniarum auf, ein Amt, das mit größter Wahrscheinlichkeit etwa 96 - 97 anzusetzen ist[9]. Denn in der Krise des Jahres 97 muß sich Suburanus als ein wichtiger loyaler Parteigänger Trajans erwiesen haben, wie seine Ernennung zu dessen ersten Prätorianerpräfekten und damit zum Kollegen des Casperius Aelianus beweist. Der Prokurator der Belgica hatte durch die Zuständigkeit für die Besoldung der beiden germanischen Armeen in einer innenpolitischen Krise große politische und militärische Be-

deutung. Die Einsetzung zum Praefectus Praetorio wurde von Trajan persönlich vorgenommen[10] und erfolgte wohl in Köln, wo sich dieser beim Tode Nervas aufhielt, und zwar wohl gerade anläßlich des Beginnes seiner Alleinherrschaft, wenn auch die Möglichkeit offenbleiben muß, daß dieser Akt bereits nach der Erhebung Trajans zum Caesar und Mitregenten erfolgte. Allerdings spricht die in den Quellen geschilderte Einsetzungsszene eher dagegen. Außerdem hat Trajan wahrscheinlich Ende 97 als Gegengewicht zu den unzuverlässigen Prätorianern die Elitetruppe der Equites Singulares Augusti geschaffen.[11] Auch konnte die Abkommandierung des Casperius Aelianus und eines Teiles seiner Prätorianerkohorten aus Rom nach dem Tode Nervas am ehesten dann unverfänglich und zwingend erscheinen, wenn Trajan zu diesem Zeitpunkt noch über keine Prätorianertruppe verfügte. Im Gegenzug wird Suburanus das Kommando in Rom übernommen haben, wo Casperius Aelianus als möglicher Gegenspieler nun ausgeschaltet war. Den zweiten, von Trajan als Nachfolger des Casperius Aelianus eingesetzten Gardepräfekten kennen wir nicht; jedoch war auch er nach dem Zeugnis des Plinius ein enger Freund des Ulpiers, der aber sein Amt vor dem September 100 niederlegte und Rom zu Schiff verließ.[12] Wohl bei der nun notwendigen Neuordnung der Prätorianerpräfektur wurde Suburanus für seine Dienste *inter praetorios* in den Senat adlegiert und bekleidete das Suffektkonsulat Februar - März 101[13]. Schon im Jahre 104 wurde er *consul II ordinarius*[14], was ihn als einen der maßgebendsten und engsten *amici* Trajans ausweist. Seine Kooptation in das Kollegium der Pontifices muß nach der Aufnahme in den Senat im Winter 100/101 erfolgt sein.

2. T. AVIDIUS QUIETUS[16], noch ein *familiaris* des 66 zum Selbstmord gezwungenen Thrasea Paetus und eng mit dessen Gattin Arria und dessen Tochter und Gemahlin des älteren Helvidius Priscus, Fannia, verbunden[17], war nach bisheriger Kenntnis etwa 81 - 84 - also auch während des Chattenkrieges Domitians - Legat der Legio VIII Augusta[18], dann 91/92 prätorischer Prokonsul von Achaia[19] und erreichte schließlich 93 das Konsulat mit erheblicher Verzögerung, das er mit L. Dasumius Hadrianus als erstes Suffektpaar dieses Jahres bekleidete[20]. Quietus, der offensichtlich weder von Vespasian noch von Titus gefördert wurde, erhielt das Konsulat, das er eigentlich nicht mehr erwarten konnte, wahrscheinlich im Rahmen der Bemühungen Domitians um einen gewissen Ausgleich mit der stoisch ausgerichteten oppositionellen Senatorengruppe.[21] Trotz seine engen Verbindung zu ihr war er aber nicht in die Prozesse des Jahres 93 verwickelt. Er dürfte vielmehr etwa 93/94 - 95/96 eine erste konsularische Statthalterschaft verwaltet haben.[22] In der 1. Hälfte des Jahres 97 war er in Rom, wo er in der von Plinius geschilderten Senatssitzung gegen Publicius Certus sprach (epist. IX 13, 15). Er hat mit Sicherheit zu den entschiedenen Gegnern eines an den letzten Flavier anknüpfenden Nachfolgers für Nerva gehört; durch seine Beziehungen zu Sosius Senecio[23] stand er wohl mit der protrajanischen Gruppe in Verbindung. Die Annahme, Nerva habe ihm bereits 97 die britannische Statthalterschaft übertragen[24], kann durch nichts gesichert werden. Diese Legatio ist vielmehr mit ziemlicher Wahrscheinlichkeit 98/99 - 100/101 anzusetzen.[25] Sie dürfte eine Folge seiner 97 erwiesenen Loyalität gegenüber Trajan gewesen sein. Sein Neffe C. Avidius Nigrinus wurde 110, sein Sohn T. Avidius Quietus 111 Suffektkonsul[25].

3. Von den beiden C. CILNII PROCULI war der ältere *consul suffectus* September - Dezember 87 zusammen mit dem älteren L. Neratius Priscus[27], der jüngere, mit an Sicherheit grenzender Wahrscheinlichkeit sein Sohn, war Suffektkonsul wohl März -

April 100[28]. Es ist nun die Frage, welcher von beiden am 8.5.100 an der Spitze der Provinz Moesia Superior stand[29], und wem die beiden fragmentarischen Inschriften CIL XI 1833 und AE 1926, 123 zuzuweisen sind[30]; C. Cilnius C. f(ilius) Pom(ptina tribu) Ferox, dessen fragmentarische Inschrift nur das Pontifikat und ein (senatorisches) Militärtribunat belegt[31], ist wohl der Sohn des Konsuls von 100. Bei den Konsulaten der beiden C. Cilnii Proculi fällt der außerordentlich kurze Abstand von nur 13 Jahren zwischen Vater und Sohn gegenüber einer zu erwartenden Differenz von ca. 25 - 30 Jahren[32] auf. Der Konsul von 87 muß also sein Amt erst im erheblich fortgeschrittenen Alter von etwa 50 Jahren erreicht haben[33]. Es ist demnach wenig wahrscheinlich, daß er noch im Jahre 100 Legat von Obermoesien war, wo damals die Heeresverbände für den Angriff auf Dakien zusammengezogen wurden. Eine gewisse Parallele bietet die Laufbahn des älteren Neratius Priscus[34], der von Vespasian *inter praetorios* adlegiert vielleicht nicht zufällig zusammen mit Proculus das Suffektkonsulat erhielt. Auch letzterer könnte von Vespasian in den Senat adlegiert worden sein und seine Karriere als *homo novus* unter Domitian mit einer konsularischen Statthalterschaft abgeschlossen haben[35]. Von den genannten Inschriften ist CIL XI 1833 mit großer Sicherheit nur auf den jüngeren Proculus zu beziehen[36]; aus ihrem aufsteigenden Cursus ergeben sich die Bekleidung von zwei Provinzlegationen und der Erhalt der konsularischen *dona militaria* im Rahmen der zweiten, eine weitere konsularische Aufgabe[37] und schließlich eine von Hadrian übertragene Funktion. Für die konsularischen *dona* ist ein Ansatz erst im Partherkrieg nicht wahrscheinlich (zumal um 115 regulär sein Prokonsulat zu erwarten ist) und mit der Stellung im Cursus kaum zu vereinbaren. Auch die Inschrift AE 1926, 123[38] läßt sich mit großer Wahrscheinlichkeit auf den jüngeren Proculus beziehen, wenn sie, wie zu Recht angenommen werden darf, einem der Cilnii Proculi zuzuordnen ist; in der Namenszeile findet sich nur mehr --- *Po]m(ptina tribu) Procul[o* ---. Ihr aufsteigender Cursus läßt sich noch wie folgt rekonstruieren: Statthalter Dalmatiens, Nennung des Konsulates oder einer konsularischen Cura[39], konsularische Funktion, die mit dem Erhalt der *dona militaria* verbunden war, konsularische Legatio unter dem gleichen Kaiser und schließlich eine weitere konsularische Statthalterschaft[40]. Die beiden letzteren wären für den älteren Proculus nach einer obermoesischen Statthalterschaft im 1. Dakerkrieg auszuschließen. Der jüngere Proculus brach offensichtlich noch während seines Konsulates nach Moesia Superior auf, um die sich dort konzentrierenden Heeresverbände zu übernehmen. Die Konstitution des Diploms vom 8.5.100 hat er wohl unmittelbar nach seiner Ankunft in der Provinz für die Weiterleitung an die kaiserliche Zentrale autorisiert. Es ist zu Recht anzunehmen, daß der jüngere Proculus im Jahre 97 seine Loyalität als Parteigänger Trajans erwiesen hatte, wahrscheinlich als Legat einer nicht unbedeutenden prätorischen Provinz. Nach AE 1926, 123 ist diese mit Dalmatien zu identifizieren[41], und Proculus dort etwa 95/96 - 97/98 als Vorgänger des Macer anzusetzen[42]. Proculus' zweite konsularische Statthalterschaft, die sich bereits aus CIL XI 1833 folgern läßt, ist wohl in einer der großen Militärprovinzen zu lokalisieren, entweder in Britannien[43] oder auch ab 106/107 in der eben neu geschaffenen Provinz Pannonia Superior. Weniger wahrscheinlich ist es dagegen, daß dieser jüngere verdiente Heerführer nur mehr ein Prokonsulat unter Trajan bekleidet hätte.[44] Letzteres dürfte er dann wohl in Africa als Vorgänger des Cornutus Tertullus und des L. Roscius Aelianus 116/117 innegehabt haben.[45] Zu Beginn der Regierung Hadrians stand er dann nochmals im Dienste des Kaisers, wobei am ehesten an die Stellung eines *comes Augusti* während der Kämpfe von 118 an der Donaufront zu denken sein wird.[46] Da nichts gegen die vorgeschlagene Zuordnung der beiden Inschriften zu sprechen scheint, läßt sich die Laufbahn des jüngeren C. Cilnius Proculus in etwa wie folgt rekonstruieren: Geboren kurz vor oder nach 60, Prätur um 90, anschließend *legatus legionis* in der 1. Hälfte der 90er Jahre, Legat Dalmatiens 95/96 - 97/98[47], *consul suffectus* März - April 100, Legat Obermoesiens Anfang Mai 100 - Ende 102, im 1. Dakerkrieg Führung der Aufgebote seines Provinzheeres, soweit dessen Truppen nicht in andere Heeresgruppen einbezogen wurden, und Erhalt der *dona militaria*[48], dann *legatus pro praetore provinciae* etwa zwischen 103 und 110, *proconsul provinciae Africae* wohl 116/117, *comes imperatoris Hadriani* um 118, zu dessen Parteigängern er gezählt haben dürfte. Als Priesteramt kann bei richtiger Einordnung des C. Cilnius Ferox wohl das Pontifikat erschlossen werden. Für CIL XI 1833 ergibt sich demnach folgender Ergänzungsvorschlag: *C. Cilnio C. f(ilio) [Pom(ptina tribu) Proculo co(n)s(uli) pont(ifici) --- pr(aetori) leg(ato) leg(ionis) --- leg(ato) Aug(usti) pro pr(aetore) provinc(iae) Dalmatiae] / item provin[c(iae) Moesiae superioris donis militaribus donato a divo Traiano Aug(usto)*[49] *corona murali vallari classica aurea hastis puris IIII vexillis] / IIII argente[is leg(ato) eiusd(em) pro pr(aetore) provinc(iae) --- proconsuli Africae comiti imp(eratoris) Caes(aris) Traiani] / Hadriani Au[g(usti) ---].*

4. Nur unzureichend sind wir über einen der wichtigsten jüngeren Parteigänger Trajans unterrichtet, nämlich über den *consul ordinarius* des Jahres 99 A. CORNELIUS PALMA FRONTONIANUS, zusammen mit Sosius Senecio die beiden ersten ordentlichen Konsuln, die Trajan einsetzen konnte.[50] Es ist deshalb davon auszugehen, daß Palma in der Krise um die Nachfolge Nervas eine wichtige Funktion für die Durchsetzung des Ulpiers gespielt hatte. Da ihm Trajan später die Eroberung des Nabatäerreiches übertrug, dürfte er über militärische Erfahrung im Osten des Reiches verfügt haben. Vielleicht ist Palma der unbekannte Legat von Iudaea im Jahre 97[51], der als Befehlshaber der Legio X Fretensis eine große strategische Bedeutung für eine mögliche Trennung der ägyptischen und syrischen Heere haben mußte und zusammen mit Pomponius Bassus in Kappadokien die syrische Armee neutralisieren konnte. Unmittelbar nach dem Konsulat war Palma etwa 99/100 - 101/102 Statthalter von Hispania Citerior[52], ein in der Regel nur älteren erfahrenen Konsularen vorbehaltenes Amt[53]. 104/105 - 107/108 war er Legat Syriens[54] und dort im Winter 105/106 mit der Annexion des Nabatäerreiches betraut[55]. Für seine Verdienste erhielt er 109 ein zweites ordentliches Konsulat und die *ornamenta triumphalia* sowie eine Ehrenstatue auf dem Augustusforum.[56] In das Kollegium der Pontifices war er wahrscheinlich im Winter 100 kooptiert worden.[57] Zu Beginn der Regierung Hadrians wurde Palma zusammen mit C. Avidius Nigrinus, L. Publilius Celsus und Lusius Quietus liquidiert.[58]

5. Der im Jahre 97 belegte Legat der Legio III Augusta und des numidischen Militärbezirkes[59] Q. FABIUS BARBARUS VALERIUS MAGNUS IULIANUS[59] hatte dieses Amt wahrscheinlich 96/97 - 97/98 inne. Wie sein (zu erwartendes) Suffektkonsulat wahrscheinlich Juli - August 99[60] zeigen dürfte, hatte er sich in der Nachfolgekrise nicht kompromittiert. Eine mögliche weitere Laufbahn ist bisher nicht bekannt.

6. Der Cursus des L. FABIUS IUSTUS[61], eines jüngeren bedeutenden *amicus* Trajans, ist nur in Einzelheiten bekannt. Er bekleidete das Suffektkonsulat als *suffectus* des L. Licinius Sura und Kollege des L. Iulius Ursus Servianus März - April (?) 102.[62] Im Rahmen des 2. Dakerkrieges war er vom Sommer 105 bis 107/108 Statthalter der

Moesia Inferior[63] und anschließend 108/109 - 111/112 Legat Syriens[64]. Seine Stellung während der Nachfolgekrise ist nicht bekannt; Ende 96/ Anfang 97 war er jedenfalls in Rom[65]. Anschließend stand er wahrscheinlich an der Spitze einer prätorischen Provinz.[66]

7. Der aus Turin stammende Q. GLITIUS ATILIUS AGRICOLA [67], sehr wahrscheinlich Ende der Regierung Vespasians *quaestor imperatoris* und damit in etwa ein Altersgenosse Trajans, war nach seiner spätestens 84 anzusetzenden Prätur ca. 85 - 88 Iuridicus der Hispania Citerior[68], ein Amt, das sich mit dem Kommando Trajans über die Legio VII Gemina überschnitten haben dürfte[69]. Anschließend war Glitius etwa 89/90 - 92/93 Legionslegat der VI Ferrata und wohl 94/95 - 96/97 prätorischer Statthalter der Belgica[70], wobei er ohne Zweifel in engerem Kontakt mit dem untergermanischen Legaten L. Licinius Sura stand. In der akuten Krise des Jahres 97 hatte Glitius als Suffektkonsul September - Oktober[71] eine wichtige Stellung in Rom inne; hier muß er sich als aktiver Parteigänger Trajans bewährt haben. Entsprechend folgte die Aufnahme in das Kollegium der *VIIviri epulonum*[72] und spätestens kurz nach der Mitte des Jahres 100 die Statthalterschaft von Pannonien[73]. Nachdem er das Expeditionsheer seine Provinz im 1. Dakerkrieg erfolgreich geführt hatte, wofür er die konsularischen *dona militaria* erhielt, legte er seine Statthalterschaft gegen Ende 102 nieder, um 103 für seine Verdienste mit einem zweiten Konsulat geehrt zu werden, das er als *suffectus* Trajans von den Iden des Januar wohl bis Ende März bekleidete[74]. Außerdem wurde er in das Kollegium der Sodales Augustales Claudiales aufgenommen und schließlich wohl als Nachfolger des Ti. Iulius Candidus Marius Celsus in den Jahren vor 114 mit der *praefectura urbi* betraut[75], was ihn als einen der engsten *amici* Trajans ausweist.

8. C. OCTAVIUS TIDIUS TOSSIANUS L. IAVOLENUS PRISCUS[76], nach seiner juristischen Ausbildung bei Cn. Arulenus Caelius Sabinus von Vespasian wahrscheinlich 73/74 *inter praetorios* adlegiert, wurde wohl Ende der 70er Jahre Legionslegat der IV Flavia in Dalmatien[77] und anschließend 82/83 - 83/84 Legat der Legio III Augusta und des numidischen Militärbezirkes[78]. 84-86 war er Iuridicus in Britannien, wohin er wohl zur Organisation der neu eroberten Gebiete entsandt wurde[79]; September - Dezember 86 bekleidete er zusammen mit A. Bucius Lappius Maximus das Suffektkonsulat[80]. Nach der Niederschlagung des Saturninus-Aufstandes Anfang 89 übernahm der nicht nur als Jurist, sondern auch als *vir militaris* ausgewiesene Senator[81] die Statthalterschaft von Germania Superior, wo er am 27.10.90 belegt ist[82]; ihre Dauer hängt von dem Ansatz seiner syrischen Statthalterschaft ab. Da Iavolenus Priscus in keinem Falle mit dem in Plin. epist. IX 13, 11 angesprochenen syrischen Legaten und Thronaspiranten identisch sein kann[83], ist ein Ansatz nur möglich zwischen A. Bucius Lappius Maximus und Cornelius Nigrinus[84], wobei wesentliche Argumente hierfür fehlen, oder aber nach der Absetzung des Cornelius Nigrinus bzw. der kommissarischen Verwaltung der Provinz durch A. Larcius Priscus[85] und vor C. Antius A. Iulius Quadratus[86]. Während Plin. epist. II 13 heute als Beleg für eine Datierung auf 98-99/100 ausscheidet, können hierfür andere gewichtige Argumente vorgebracht werden. So wurde Priscus erst unter Trajan in das Kollegium der Pontifices kooptiert, und zwar noch vor L. Iulius Ursus Servianus im Jahre 98[87]; an seiner loyalen Haltung gegenüber dem Ulpier kann somit kein Zweifel bestehen. Außerdem wäre es anstößig, daß mit Lappius Maximus und Iavolenus Priscus zwei Konsuln von 86 vor Cornelius Nigrinus, dem Konsul von 83, Syrien erhalten hätten.

Während für den Sieger über Antonius Saturninus eine vorzeitige Übertragung dieser Legatio angesichts seiner überragenden Verdienste um den Thron nicht überrascht, hätte Priscus etwas Entsprechendes nicht aufzuweisen. Er wurde von Domitian sicher als loyal eingeschätzt, zudem als fähiger Administrator und Militär, als der er sich bei der Wiederherstellung der Chattengrenze bewähren konnte, aber mit Cornelius Nigrinus, Domitians erfolgreichstem General im Kampf gegen äußere Feinde, ist er nicht zu vergleichen. Außerdem dürfte die obergermanische Statthalterschaft auch dem Juristen Iavolenus Priscus gegolten haben, der für das Vorgehen gegen die Parteigänger des Usurpators eingesetzt werden konnte. Hinsichtlich ihrer Verdienste ist nur bei Lappius Maximus und Cornelius Nigrinus eine rasche Berufung nach Syrien naheliegend. Zudem scheint bei mehreren *adlecti* Vespasians der Cursus unter Domitian mit dem Konsulat und einer folgenden großen Statthalterschaft geendet zu haben[88], wobei gerade Lappius Maximus und Cornelius Nigrinus auf Grund ihrer Leistungen Ausnahmen sind. Priscus' obergermanische Statthalterschaft ist demnach Anfang 89-91/92 (?) anzusetzen, seine syrische Frühjahr 98 bis 99/100; sie entspricht damit seiner Stellung als Parteigänger Trajans. Sein Prokonsulat von Africa ist etwa 101/102 zu datieren.[89] Ein unmittelbarer Kontakt mit Trajan vor 97 ist für Iavolenus Priscus zumindest im Jahre 89 vorauszusetzen. Er gehörte zum *consilium* Trajans und zu dessen bevorzugten *amici.*[90] Seine bis weit in hadrianische Zeit reichende Tätigkeit als hochangesehener Jurist und Schulhaupt der Sabinianischen Rechtsschule[91] muß sich insbesondere in den späten Jahren Domitians und unter Trajan entfaltet haben.

9. SEX. IULIUS FRONTINUS[92], *consul suffectus* 72 oder wahrscheinlicher 73[93], *consul II suffectus* im Februar 98 als Kollege Trajans und *consul III ordinarius* mit demselben im Jahre 100[94], kann als eine der herausragendsten Perönlichkeiten und als hervorragender *vir militaris* der flavisch-trajanischen Epoche[95] gewertet werden, von seiner Bedeutung als Fachschriftsteller[96] ganz abgesehen. Der wahrscheinlich aus Südgallien stammende, wohl spätestens Mitte der 30er Jahre geborene Frontin wurde nach einer zu vermutenden Karriere als ritterlicher Offizier und Prokurator spätestens kurz vor dem Jahre 70 in den Senat aufgenommen.[97] Am 1.1.70 Praetor urbanus, gab er dieses Amt bald an Domitian ab und nahm als Kommandeur vermutlich einer Heeresgruppe erfolgreich an dem Kampf gegen den Bataveraufstand teil, wobei er die Kapitulation der Lingonen entgegennehmen konnte.[98] Nach dem ersten Konsulat übernahm er für 73/74 die Statthalterschaft der Provinz Britannien als Nachfolger des Q. Petillius Cerealis Caesius Rufus[99]. Sein fast beispielloser Aufstieg kann nur auf seine erwiesene Loyalität und große militärische Verdienste für die flavische Sache zurückgeführt werden.[100] Frontin führte die Eroberung der Insel mit Tatkraft und großem Erfolg fort[101] und wurde dann im Hochsommer 77 oder 78 von Cn. Iulius Agricola abgelöst, wobei aber dem Jahre 78 mit größter Wahrscheinlichkeit der Vorzug zu geben ist.[102] Frontin nahm 83 am Chattenkrieg Domitians teil, am wahrscheinlichsten als ein maßgebender *comes*, sei es im Stabe des Kaisers oder als Kommandeur einer Heeresgruppe.[103] Wohl bereits 84/85 erhielt er als vorläufigen Abschluß seiner Karriere das Prokonsulat von Asia.[104] In den späteren Jahren hat er sich von der Politik zurückgezogen[105], ohne aber seinen öffentlichen Einfluß zu verlieren[106]. Nach der Ermordung Domitians trat er in den engsten Beraterkreis Nervas ein, wurde 97 Curator aquarum[107] und zusammen mit Iulius Ursus vom Senat zum Vorsitzenden der Kommission zur Senkung der Staatsausgaben gewählt[108]. Entsprechend seiner Bedeutung wurde er von Nerva 98 für ein zweites Konsulat vorge-

sehen.[109] Das dritte, ordentliche Konsulat im Jahre 100 ist schließlich der Beweis, daß eben Frontin 97 der ranghöchste maßgebende Mann in der protrajanischen Fraktion in Rom gewesen war.[110] Verstorben ist Frontin wahrscheinlich 102.[111] Gesichert sind seine familiären Beziehungen zu Sosius Senecio, der mit einer Tochter Frontins verheiratet war[112]. Das Eintreten für Trajan ist wohl mit einiger Berechtigung auf Beziehungen zu Trajan d. Ä., einen anderen wichtigen *vir militaris* Vespasians, und zu dem späteren Kaiser selbst zurückzuführen.[113] Verbindungen bestanden wohl auch zu Iulius Ursus und anderen.[114]

10. Der aus Pergamon stammende C. ANTIUS A. IULIUS QUADRATUS [115] war nach seiner *adlectio inter praetorios* 73/74[116] insgesamt dreimal Legat eines Prokonsuls, zuerst in Pontus-Bithynia und dann zweimal in Asia[117]; möglicherweise war einer dieser beiden Prokonsuln der ältere Trajan 79/80[118]. Wahrscheinlich 81-83/84 wurde er dann Iuridicus in Cappadocia-Galatia[119], wohl 84/85 Prokonsul von Creta et Cyrenae[120] und schließlich 89/90 - (?) 92/93 Statthalter von Lycia-Pamphylia[121]; Mai - August 94 bekleidete er das Suffektkonsulat[122]. Seine erste konsularische Funktion erhielt er aber erst unter Trajan 100/101 - 103/104 als Legat der wichtigen Militärprovinz Syria[123], obwohl er zuvor weder eine Legion noch eine prätorische Provinz mit einem größeren Heere geführt hatte. Man wird diese Ausnahmeerscheinung zu Recht auf das Engagement der älteren *viri militares* im 1. Dakerkrieg zurückführen[124], als Trajan in Syrien vordringlich einen diplomatisch und administrativ geeigneten Mann von zweifelsfreier Loyalität benötigte. Iulius Quadratus muß sich 97 als zuverlässiger Parteigänger des Ulpiers profiliert haben, zu dessen engsten *amici* er gehörte[125], wie insbesondere sein zweites Konsulat 105 als *consul ordinarius* zusammen mit Ti. Iulius Candidus Marius Celsus zeigt[126], einem ebenfalls aus Kleinasien stammenden *amicus* Trajans, mit dem Iulius Quadratus in engerer Verbindung stand[127]. Prokonsul von Asia war er dann 109/110.[128]

11. L. IULIUS URSUS [129], Suffektkonsul Mai bzw. eher Juli - August 84[130], als *consul II suffectus* im März 98 Kollege Trajans und *consul III* von den Iden des Januar - Ende Februar (?) 100 als *suffectus* Frontins und Kollege des Kaisers[131], begann seinen Aufstieg wohl 69 im Bürgerkrieg, war dann Praefectus annonae etwa 74/75 (?) - 77/78[132], Praefectus Aegypti wahrscheinlich 79 - 80[133] und anschließend Prätorianerpräfekt 80/81 - 83[134]. In dieser Stellung konnte er Domitians Vorgehen gegen seine Gattin Domitia Longina wegen ihres Ehebruches verhindern, geriet dann aber nach dem Chattenkrieg 83 selbst in die Gefahr, hingerichtet zu werden, und wurde nun seinerseits von Iulia, der Tochter des Titus gerettet, worauf er auf das Konsulat abgeschoben, also von seinem Posten entfernt und in den Senatorenstand "befördert" wurde.[135] Beide Ereignisse zeigen seine engen Beziehungen zu den Angehörigen des flavischen Kaiserhauses[136]; er muß als ein einflußreicher ritterlicher *amicus* Vespasians, des Titus und - zumindest zeitweise - auch des Domitian gewertet werden[137]. Nach der Ermordung des letzten Flaviers gehörte Iulius Ursus, wie sein zweites Konsulat im Jahre 98 zeigt, zu den engsten Beratern Nervas.[138] So wurde er neben Frontin auch Vorsitzender der Sparkommission.[139] An der Entscheidung der Nachfolgefrage im Sinne Trajans hatte er als einer der führenden Politiker in Rom neben Frontin entscheidenden Anteil, wofür ihm Trajan 100 mit dem dritten Konsulat dankte[140]. Iulius Ursus war ohne Zweifel eine herausragende Gestalt der unter Vespasian formierten Führungsschicht und hatte sicherlich zu Männern wie Frontin oder Trajan d. Ä. vielfältige Beziehungen. Es ist vielleicht nicht abwegig, ihn auch in

dem in die Ermordung Domitians eingeweihten Personenkreis zu vermuten. Einige der wichtigsten Parteigänger Trajans weisen enge Verbindungen zu ihm auf, so Sex. Attius Suburanus Aemilianus und insbesondere L. Iulius Ursus Servianus, durch den eine direkte familiäre Beziehung zu den Ulpiern bestand.

12. Ein aktiver Gefolgsmann Trajans in der Krise des Jahres 97 war ohne Zweifel L. IULIUS URSUS SERVIANUS [141], der noch unter dem Namen Ser. Iulius Servianus März - April 90 das Suffektkonsulat bekleidete[142]. Der wahrscheinlich mit Iulius Ursus verwandte Senator wurde von diesem nach dem Jahre 90 adoptiert.[143] 102 war Servianus *consul II ordinarius* zusammen mit Trajans engstem Vertrauten L. Licinius Sura.[144] Schon vor dem Jahre 98 hatte Servianus die Schwester Hadrians, Domitia Paulina, geheiratet.[145] Diese sicher erheblich vor das Jahr 97 zurückgehende Verbindung[146] ist das unmittelbare Glied zwischen Iulius Ursus und seinem Kreise und den Ulpiern. Servianus' Laufbahn ist wenig bekannt; man kann wohl für diesen Mann mit dem Ruf eines *vir militaris* ein Legionskommando und eine prätorische Statthalterschaft vermuten, ebenso eine konsularische in der 1. Hälfte der 90er Jahre.[147] Servianus hat sehr wahrscheinlich 97 eine wesentliche Rolle an der Seite seines Adoptivvaters gespielt, um dann Rom unmittelbar nach der Designierung Trajans zu verlassen und sich zu dem neuen Caesar nach Mainz zu begeben; er ist wohl unter den Überbringern des Handschreibens Nervas zu vermuten[148]. Trajan übergab ihm unmittelbar nach seiner Erhebung die Provinz Germania Superior[149], ein deutlicher Beweis für sein Vertrauen. Servianus wurde zudem 98 in das Pontifikalkollegium kooptiert[150] und sehr wahrscheinlich nach der Mitte noch dieses Jahres aus Obergermanien abberufen und zum Nachfolger des Pompeius Longinus in Pannonien ernannt, wo er wohl bis Mitte 100 amtierte.[151] Nach einer Teilnahme am 1. Dakerkrieg vermutlich als *comes* im Stabe des Kaisers[152] bekleidete er 102 bis etwa Mai sein zweites Konsulat. In seiner politischen Bedeutung aber wurde dieser *amicus* Trajans[153] rasch von anderen Persönlichkeiten übertroffen.[154] 134 erhielt er von Hadrian zwar noch ein drittes Konsulat, doch ließ dieser nach der Adoption des Aelius Caesar 136 den rüstigen 90jährigen mit seinem Enkel Pedanius Fuscus töten.[155] Servianus stammte mit größter Wahrscheinlichkeit wie Trajan und Hadrian aus Spanien.[156]

13. M. IUNIUS RUFUS [157] amtierte als Praefectus Aegypti Anfang 94 - Mitte 98 und wurde dann von C. Pompeius Planta, einem *amicus* Trajans[158], abgelöst. Daß Rufus mit Cornelius Nigrinus enger zusammengearbeitet hätte, ist somit wohl nicht wahrscheinlich. Er dürfte zu den Männern gehört haben, die sich zu einer möglichen Entscheidung der Nachfolgefrage durch Nerva loyal erklärten.

14. Der Cursus des M'. LABERIUS MAXIMUS (MARCIUS CRISPINUS?) [159], *consul suffectus* September - Dezember 89[160], ist nur in der untermoesischen Statthalterschaft 100/101 - Ende 102[161] bekannt. In dieser Position war er offensichtlich der bedeutendste Heerführer im 1. Dakerkrieg und erhielt entsprechend die höchste Ehrung, nämlich ein zweites Konsulat 103 als *consul ordinarius* und Kollege des Kaiser und dessen *suffectus* Q. Glitius Atilius Agricola.[162] Mit großer Sicherheit war Laberius Maximus der Sohn des L. Laberius Maximus, seit 83/84 Nachfolger des Iulius Ursus in der Prätorianerpräfektur[163]. In dieser Zeit muß sein Sohn von Domitian entscheidend gefördert worden sein; möglicherweise wurde er *inter praetorios* adlegiert und mit einem Minimum von prätorischen Ämtern - wohl ein Legionskom-

mando und eine Statthalterschaft, wie es einem *vir militaris* entsprechen würde[164] - zum Konsulat zugelassen. Für die folgenden Jahre ist wohl mit der Bekleidung konsularischer Ämter zu rechnen. Die Ernennung zum untermoesischen Legaten für den 1. Dakerkrieg kann als Beleg für die Wertschätzung und das Vertrauen des Ulpiers gewertet werden. Auch Laberius Maximus dürfte der Kandidatur Trajans für die Nachfolge Nervas positiv gegenübergestanden sein. Durch seinen Vater und seine eigene Laufbahn wird er vielfältige Verbindungen mit den Köpfen der flavischen Führungsschicht besessen haben; gerade die Beziehungen zu Iulius Ursus, dem Vorgänger seines Vaters in mehreren Ämtern, brauchen keineswegs getrübt gewesen zu sein. In den Jahren nach 103 muß es dann zu einem Zerwürfnis mit Trajan gekommen sein, vielleicht anläßlich des 2. Dakerkrieges, in dem Laberius Maximus wahrscheinlich auf eine maßgebende Position in der römischen Führung gehofft hatte. Jedenfalls wurde er von Trajan auf eine Insel verbannt, wo er sich beim Tode des Kaisers noch befand[165]; er verfiel zugleich der *abolitio memoriae*[166]. Eine Hinrichtung, die 117 der Gardepräfekt Hadrians P. Acilius Attianus forderte[167], verhinderte vermutlich sein Schwiegersohn C. Bruttius Praesens L. Fulvius Rusticus[168], der sich offensichtlich als Legat der Provinz Kilikien um die Thronbesteigung Hadrians Verdienste erworben hatte.

15. Der als Frater Arvalis 105, 110 - 111 bezeugte und kurz vor dem 26.2.118 verstorbene[169] P. METILIUS (SABINUS) NEPOS [170], *consul suffectus* September - Dezember 91[171], ist durch CIL XVI 43, das zwischen den 28.1. und Ende Oktober 98 zu datieren ist[172], als unmittelbarer Vorgänger des damals amtierenden britannischen Statthalters T. Avidius Quietus belegt[173]. Für die beiden Legaten sind als Amtsperioden 94/95 - 96/97 oder 95/96 - 97/98 sowie 97/98 - 99/100 oder 98/99 - 100/101 möglich. Da L. Neratius Marcellus, der Nachfolger des Avidius Quietus, im Jahre 101 noch in Italien weilte[174] und Nepos vor Britannien noch eine andere konsularische Legatio bekleidet haben dürfte[175], ist für ihn 95/96 - 97/98 der Vorzug zu geben; Avidius Quietus amtierte dann 98/99 - 100/101[176]. Daß Nepos 97 der Nachfolge Trajans nicht ablehnend gegenüberstand[177], ist aus dem Suffektkonsulat seines jüngeren Verwandten P. Metilius Nepos, sehr wahrscheinlich seines Bruders, März - Mai(?) 103[178] und dessen weiterer Laufbahn zu erschließen. Letzterer war für 128 als *consul II ordinarius* vorgesehen, starb aber schon vor dem 1.1.128. Nach Plin. epist. IV 26, 2 war er im Jahre 105 *maximae provinciae praefuturus,* wobei W. Eck an das noch ungeteilte Pannonien und die 106 neu errichtete Pannonia Superior (105/106 - 107/108) denkt[179], ohne aber eine andere Möglichkeit ausschließen zu wollen. Er stützt sich hierbei auf das nicht genauer datierbare Legionstribunat des P. Metilius Secundus Pon[tianus ?], seines Sohnes oder Neffen, bei der in Aquincum stehenden Legio [x] Gemina p(ia) f(idelis).[180] IIIvir monetalis, das angesehenste Amt der *magistratus minores*, Quaestor Imperatoris Trajans, Volkstribun, Prätor und Legat der Legio XI Claudia wurde dieser wohl nach dem Januar 118 Legat der Legio III Augusta und des numidischen Militärbezirkes; anschließend bekleidete er wahrscheinlich noch Ende 123 das Suffektkonsulat. Sein Legionstribunat würde demnach wohl um die Mitte des 1. Jahrzehnts des 2. Jh. liegen, könnte aber schon vor 105 begonnen haben oder auch erst nach 105/106 anzusetzen sein.[181] Es läßt sich somit kein sicherer Anhaltspunkt für eine pannonische Statthalterschaft des jüngeren Metilius Nepos gewinnen, die wohl schon wegen des geringen Abstandes von seinem Konsulat abzulehnen ist. Beide Metilii Nepotes haben offensichtlich über gute Beziehungen zu Trajan verfügt.

16. M. HIRRIUS FRONTO NERATIUS PANSA [182] war mit einiger Sicherheit 68/69 Legat einer in Syrien oder Iudaea stehenden Legion, sehr wahrscheinlich der XII Fulminata, die er dann wohl bis zur Eroberung Jerusalems führte und dafür die *dona militaria* erhielt.[183] Pansa gehörte zweifellos zu der in den ersten Jahren Vespasians besonders geförderten Gruppe von Senatoren, die ihren raschen Aufstieg ihrer Haltung im Jahre 69 verdankten. Nach der Statthalterschaft von Lycia etwa 70/71 - 71/72[184] erreichte er wahrscheinlich noch vor seiner *adlectio inter patricios* 73/74 wohl im Jahre 73 das Konsulat[185]. Anschließend 73/74 Curator aedium sacrarum et operum locorumque publicorum[186] wurde er wohl während dieses Amtes zum Patrizier erhoben. Etwa 74/75 Censitor der Regio Decima in Italien[187], hatte er anschließend ein selbständiges konsularisches Heereskommando im armenisch-kaukasischen Raum inne[188], das wohl 75 - 76 zu datieren und mit dem großen Alaneneinbruch von 75 in Verbindung zu bringen ist[189]. Danach wurde er unter die XVviri sacris faciundis aufgenommen[190] und zum Statthalter der Provinz Cappadocia-Galatia bestellt, die er 77/78 - 79/80 verwaltete[191]. Pansa, der schon 68/69 sowie während seiner lykischen Legatio Kontakt zu dem älteren Trajan besessen haben dürfte[192], hat mit diesem wohl gerade bei seiner Sondermission im armenisch-kaukasischen Raume zusammengearbeitet, denn sehr wahrscheinlich bestand ein Zusammenhang zwischen den damaligen Operationen an der Ostgrenze des Reiches, die ja in der einen oder anderen Weise Folgen des Alaneneinfalles waren. Als kappadokischer Legat dürfte Pansa dann nochmals für kurze Zeit zusammen mit dem älteren Trajan für die Sicherheit der Euphratgrenze gesorgt haben. Auch mit dessen Sohn können sich in diesen Jahren Kontakte ergeben haben; alle drei waren zudem durch die gemeinsame Aufnahme in das Patriziat verbunden. Ob Pansa, der den Aufstieg seiner Familie ohne Zweifel begründete, im Jahre 97 noch lebte, ist unbekannt; allerdings kann die 95 von seinem Adoptivsohn L. Neratius Marcellus getragene Namensform (s. u. Anm. 225) auf seinen vorherigen Tod hinweisen. Die Inschrift AE 1968, 145, die von den *dona militaria* abgesehen nur Pansas konsularische Laufbahn in exakter aufsteigender Reihenfolge nennt[193], ist in etwa wie folgt zu ergänzen: *M. Hirr[ius ... F]ron[to Neratius Pansa co(n)s(ul)]/ curator a[edium sacraru]m et oper[um locorumq(ue) publicorum adlectus ab]/ imp(eratore) Caesare Ves[pasiano Aug(usto) inter pa]tricios ab [eodem donatus hastis puris III vexillis III coronis III]/ murali vallari [aurea bello quo T. Caesar Aug(usti) f(ilius)] ịm[p(erator) de Iudaeis triumphavit*[194] *---]/5 censendo reg(ionem) (decimam) leg(atus) pṛ(o) [pr(aetore) imp(eratoris) Caes(aris) Vespasiani Aug(usti) exercit]us qui in A[rmeniam et Iberiam in expeditionem missus est?* oder *qui in A[rmeniam maiorem in expeditionem missus est?]/ XVvir s(acris) f(aciundis) leg(atus) pr(o) pr(aetore) im[p(eratoris) Caesaris Vespasiani Aug(usti) pro]vinciae Ca[ppadociae Galatiae Armeniae minoris ---]*.

17. Der ältere L. NERATIUS PRISCUS [195], Suffektkonsul zusammen mit dem älteren C. Cilnius Proculus September - Dezember 87[196], wurde sehr wahrscheinlich wohl 73/74 von Vespasian *inter praetorios* adlegiert[197]. Sein einziges prätorisches Amt war ca. 84 - 86 die Praefectura aerarii Saturni, deren Inhaber meist unmittelbar zum Konsulat aufstiegen.[198] Priscus' einzige konsularische Position war die Statthalterschaft von Pannonien, das nicht selten von älteren Konsularen als einzige kaiserliche Provinz verwaltet wurde[199]. Diese Legatio muß in die späten Jahre Domitians fallen[200], dürfte jedoch kaum in die beiden pannonischen Kriege Domitians 89 und 92 involviert gewesen sein, die beide nicht gerade strahlende römische Erfolge waren. Während die Jahre um 89 schon wegen ihrer Nähe zum Konsulat ausscheiden dürften[201], wäre Priscus 92 als amtierender Statthalter durch den Verlust der Legio XXI Rapax kompromittiert gewesen; seine pannonische Statthalterschaft ist somit wohl

etwa Anfang 93 - 95/96 zu datieren[202]. Unter Berücksichtigung des engen Verhältnisses der Neratier zu den Ulpiern ist Hadrians Militärtribunat um das Jahr 95 bei der in Aquincum stehenden Legio II Adiutrix mit großer Wahrscheinlichkeit auf den älteren Priscus, und Hadrians Wechsel zu der untermoesischen Legio V Macedonica auf das Ende von dessen pannonischer Statthalterschaft zurückzuführen.[203] Zum Zeitpunkt seines Konsulates hatte Priscus das hierfür durchschnittliche Alter von ca. 40 Jahren mit Sicherheit erheblich überschritten, wie sich aus dem selbst im Vergleich mit ähnlichen Fällen überaus kurzen Abstand zu den Konsulaten seiner Söhne L. Neratius Marcellus 95 und L. Neratius Priscus d. J. 97 ergibt[204], auch wenn diese eine rasche Karriere durchlaufen haben. Er verdankte seinen Aufstieg sicher zumindest teilweise dem Einfluß des Neratius Pansa, sehr wahrscheinlich seines älteren Bruders, auf den wohl auch die Beziehungen zu den Ulpiern zurückgehen dürften.

18. Der jüngere L. NERATIUS PRISCUS [205], *consul suffectus* Mai - Juni 97[206] und einer der führenden Juristen der trajanisch-hadrianischen Zeit[207], war der Sohn des gleichnamigen Konsuls von 87 und der Bruder des von Neratius Pansa adoptierten und mit diesem in das Patriziat aufgenommenen L. Neratius Marcellus. Geboren um 60[208] war er Ende der 70er Jahre Militärtribun bei der in Vetera stehenden Legio XXII Primigenia[209], ca. 85 Quästor und etwa 88 Volkstribun[210] sowie wohl um 90 Prätor[211]. Prätorische Ämter nannte keine seiner Inschriften; da jedoch solche für einen Prätorier mit späterer Laufbahn als konsularischer Statthalter eigentlich zu erwarten wären[212], stellt sich die Frage, ob sie nicht aus unbekannten Gründen später unterdrückt wurden. Während oder unmittelbar nach dem Konsulat wurde Priscus in das Kollegium der VIIviri epulonum kooptiert.[213] Entweder schon nach der Erhebung Trajans zum Caesar Ende Oktober 97 oder spätestens nach dem Tode Nervas löste er L. Licinius Sura in der so entscheidenden untergermanischen Statthalterschaft ab, die er dann bis zum Herbst 100 innehatte[214], als ihn Q. Acutius Nerva, *consul suffectus* wahrscheinlich Juli - August 100[215], unmittelbar nach seinem Konsulat ablöste[216]. Wahrscheinlich zwischen Ende 102 und dem Ende des 2. Dakerkrieges im August 106 und der folgenden Teilung der Provinz war Priscus als Nachfolger des Q. Glitius Atilius Agricola Statthalter Pannoniens.[217] Ein Prokonsulat in Africa ist möglich, aber bisher nicht belegt.[218] Priscus war nach dem Zeugnis seiner untergermanischen Statthalterschaft ein in seiner Loyalität über jeden Zweifel erhabener Parteigänger Trajans. Er muß 97 eine wichtige Stellung unter dessen Gefolgsmännern eingenommen haben. Die Beziehungen zu Trajan dürften im wesentlichen auf die beiden Neupatrizier Neratius Pansa und Neratius Marcellus, seinen Onkel und seinen Bruder, und auf seinen Vater zurückgehen; durch die mit einiger Wahrscheinlichkeit ihm zuzuweisende Ehe mit Corellia Hispulla, der Tochter des Q. Corellius Rufus, stand er mit dem Kreise um Nerva in unmittelbarer Verbindung[219]. Nur eine Anekdote, die sich um ein Gerücht rankte, dürfte HA Hadr. 4, 8 sein, daß nämlich Trajan den jüngeren Priscus als möglichen Nachfolger ins Auge gefaßt haben soll.[220]

19. Der Neupatrizier L. NERATIUS MARCELLUS [221], der das Konsulat herausgehoben als *suffectus* Domitians und Kollege des T. Flavius Clemens sowie als Vorgänger des *consul II* A. Bucius Lappius Maximus vom 13.1. bis 1.4.95 bekleidete[222], ein untrügliches Zeichen für die besondere Gunst Domitians, amtierte als Statthalter Britanniens wahrscheinlich 101/102 - 103/104[223]. Er war der Sohn des älteren und Bruder des jüngeren L. Neratius Priscus[224], der wie der Vater nicht dem Patriziat angehörte. Marcellus wurde von Neratius Pansa, sehr wahrscheinlich seinem Onkel, schon

vor dessen Statthalterschaft in Lycia 70/71 - 71/72 adoptiert[225] und mit diesem 73/74 unter die Patrizier aufgenommen[226]. Dieser Status ließ den Jüngeren, kurz nach 60 geborenen, vor seinem Bruder zum Konsulat kommen.[227] Marcellus wurde nach seiner *adlectio* Salius Palatinus, dann IIIvir monetalis, etwa 79/80 Tribunus militum der Legio XII Fulminata, unter Domitian Quaestor Augusti, *ab actis senatus*[228] und nach dem Jahre 90 Prätor[229]. Obwohl Marcellus keine vor wichtigen Provinzkommanden zu erwartende Karriere durchlaufen hatte[230], wurde er als zuverlässiger Gefolgsmann Trajans während des 1. Dakerkrieges, als alle bedeutenderen Militärs an der Donau benötigt wurden, zum Legaten Britanniens ernannt[231]. Später übernahm Marcellus die Cura aquarum[232] und erreichte 129 ein zweites, ordentliches Konsulat[233]. Er dürfte demnach in einer engeren Verbindung mit Hadrian gestanden sein, wurde dann aber von diesem gegen Ende seiner Regierung zum Selbstmord gezwungen[234]. Ein Prokonsulat in Africa ist anzunehmen, aber bisher nicht belegt.[235] Seine Beziehungen zu Trajan hatten ihren Ursprung wohl in Neratius Pansa und in der gemeinsamen Aufnahme in das Patriziat und wurden dann durch die Position seines Bruders sicher noch verstärkt.

20. CN. PINARIUS AEMILIUS CICATRICULA POMPEIUS LONGINUS[236], *consul suffectus* September - Oktober 90[237], führte 85/86 - 88/89 (?) die wichtige prätorische Provinz Iudaea[238], was ihn als *vir militaris* ausweist[239]. Als erste konsularische Provinz verwaltete er Moesia Superior 93/94 (?) - Mitte 96[240] und übernahm unmittelbar danach die pannonische Statthalterschaft kurz nach der Mitte des Jahres 96[241]. Seine dortige Aufgabe war die Vorbereitung und die Durchführung der von Domitian geplanten Wiederaufnahme des Kampfes gegen die germanischen Völkerschaften an der mittleren Donau. In der 2. Hälfte des Jahres 98 wurde er dann wahrscheinlich nicht allzu lange nach der Jahresmitte von dem Vertrauten Trajans L. Iulius Ursus Servianus abgelöst[242] und begleitete den Kaiser vermutlich als erfahrener Kenner der Verhältnisse für die Einleitung der Maßnahmen zu dem geplanten Dakerkrieg nach Moesien[243]. Er dürfte wohl an der Planung des Feldzuges von 101 im Stabe Trajans teilgenommen haben, ebenso wahrscheinlich am 1. Dakerkrieg selbst. 105 hatte Pompeius Longinus ein konsularisches Kommando über die in Südwestdakien und um den Brückenkopf von Drobeta stationierten Truppenverbände inne, ein Kommando, das er wohl als Nachfolger des Q. Sosius Senecio seit 103/104 führte. Bei Beginn des 2. Dakerkrieges schlug er die Offensive des Decebalus gegen die römischen Stellungen in Südwestsiebenbürgen zurück, wurde jedoch durch eine List gefangengenommen und beging Selbstmord. Es liegen keine Hinweise vor, daß Pompeius Longinus 97 in der Nachfolgefrage eine Haltung zuungunsten Trajans eingenommen hätte. Er kann zu den Provinzlegaten gehört haben, die sich loyal hinter eine mögliche Entscheidung Nervas stellten; zu den eigentlichen Parteigängern Trajans ist er aber kaum zu rechnen.

21. T. POMPONIUS BASSUS[244], ein älterer Freund des Plinius[245] und *consul suffectus* im fortgeschrittenen Alter von vielleicht 50 Jahren[246] September - Dezember 94[247], war Legat des älteren Trajan während dessen Prokonsulat in Asia 79/80 gewesen[248], was seine enge Beziehung zu den Ulpiern dokumentiert. Daß er von Domitian in seiner Laufbahn behindert worden sei, ist nicht ersichtlich[249], ebensowenig eine Abneigung seinerseits gegen den Flavier. Noch Ende 94 übernahm er die Statthalterschaft von Cappadocia-Galatia, wo er dann als Vertrauensmann Trajans im Osten bis 99/100 verblieb.[250] 101/102 war er kaiserlicher Beauftragter für die Ali-

mentarstiftung.[251] Er hat 97 mit Sicherheit die Interessen Trajans im Osten des Reiches vertreten und hätte notfalls Cornelius Nigrinus in Syrien blockieren können.

22. Der aus Spanien stammende Q. POMPONIUS RUFUS[252], Suffektkonsul September - Dezember 95[253], wurde als ritterlicher Offizier 68 von Galba zum *praefectus orae maritimae Hispaniae citerioris et Galliae Narbonensis* ernannt und von Vespasian wahrscheinlich 73/74 *inter praetorios* adlegiert[254]. Anschließend war er vor 85, wahrscheinlich aber noch unter Vespasian Iuridicus von Hispania Citerior[255] und später Legat der Legio V (Macedonica)[256] in Oescus. Etwa 92/93 - 94/95 war er prätorischer Statthalter von Dalmatien[257] und nach seinem Konsulat ca. 96 - 97 Curator aedium sacrarum et operum locorumque publicorum[258]. Er hat nach dem Zeugnis seiner lange verzögerten Karriere seit dem Beginn der 90er Jahre die Förderung Domitians erfahren[259], die sich auch in der Aufnahme in das Kollegium der Sodales Flaviales wiederspiegelt[260]. Auch unter die Pontifices könnte er noch am Ende der Regierung des Flaviers kooptiert worden sein.[261] In fortgeschrittenem Alter verwaltete er dann 98/99 - 99/100 die Provinz Moesia Inferior[262] und wurde 110/111 Prokonsul von Africa[263]. C. Pomponius Rufus Acilius [?Pri]scus Coelius Sparsus[264], vermutlich sein jüngerer Bruder, dessen Karriere bereits wesentlich schneller verlaufen sein muß, erhielt wohl von Nerva das Suffektkonsulat, das er dann September - Oktober 98 bekleidete[265]. Etwa 100/101 folgte sein Kooptation unter die Pontifices[266] und schließlich 112/113 das Prokonsulat von Africa[267]. C. Pomponius Rufus gehörte zu den ehemaligen Parteigängern Galbas und dürfte entsprechende Beziehungen u.a. wahrscheinlich auch zu Iulius Frontinus besessen haben; außerdem wird der gebürtige Spanier Verbindungen zu den Ulpiern oder zu Licinius Sura unterhalten haben. Nach der Ermordung Domitians fanden die beiden Pomponii ihren Weg zu Nerva und können dann 97 zu den Parteigängern Trajans in der Nachfolgefrage gerechnet werden.

23. Q. SOSIUS SENECIO[268], *consul ordinarius* 99 zusammen mit A. Cornelius Palma Frontonianus[269], war etwa 80/82 IVvir viarum curandarum[270], um 88 Quästor in Achaia, wo er mit Plutarch Freundschaft schloß[271], um 91 Volkstribun und um 93 Prätor, beides als *candidatus Caesaris*, also mit eindeutiger Förderung Domitians, und schließlich etwa 95 - Mitte 97 Legat der in Bonn stehenden Legio I Minervia[272], d. h. genau in den Jahren der wohl gesicherten Statthalterschaft des Licinius Sura in Germania Inferior. Seine engen persönlichen Beziehungen zu diesem belegt ILS 7854. Als Nachfolger des Q. Glitius Atilius Agricola übernahm Senecio Mitte 97 die Statthalterschaft der Belgica, eine Berufung, die kaum zufällig erfolgte und den Machtkomplex der protrajanischen Fraktion am Rhein abrundete.[273] Für seine Verdienste in der Nachfolgekrise des Jahres 97 erhielt er eines der beiden ersten ordentlichen Konsulate, die Trajan vergeben konnte, eine Auszeichnung von außergewöhnlicher Qualität[274]. In den beiden Dakerkriegen Trajans hatte Senecio höchste Kommandofunktionen inne[275] und wurde nach der Eroberung des Reiches des Decebalus 107 mit einem zweiten ordentlichen Konsulat[276] und mit den *ornamenta triumphalia* geehrt. Senecio war zumindest in der Anfangsphase des Partherkrieges Trajans noch am Leben, starb aber offenbar schon vor Trajan.[277] Senecio gehörte ohne Zweifel zu dem engsten Führungskreis um Trajan.[278] Als Schwiegersohn Frontins[279] stellt er ein entscheidendes Bindeglied innerhalb der protrajanischen Fraktion des Jahres 97 dar.

Anmerkungen:

Zur Auflösung der gebrauchten Siglen siehe *Index des périodiques et index de leur sigles,* hg. v. P. Rosumek, Suppl. à L'Année Philologique, Paris 1982, sowie *Siglenschlüssel der archäologischen Literatur (SAL),* Acta Praehistorica et Archaeologica 9-10, 1978-1979, 167-383. Weitere gebrauchte Abkürzungen:

Adam = T. ADAM, Clementia Principis, Kieler Historische Studien 11, Stuttgart 1970.

Alföldy, FH = G. ALFÖLDY, Fasti Hispanienses, Wiesbaden 1969.

Alföldy, Leg. = G. ALFÖLDY, Die Legionslegaten der römischen Rheinarmeen, ES 3, Köln - Graz 1967.

AMN = Acta Musei Napocensis.

Balland = A. BALLAND, Fouilles de Xanthos VII. Inscriptions d' époque impériale du Létôon, Paris 1981.

Beaujeu = J. BEAUJEU, La religion romaine à l'apogée de l'Empire I. La politique religieuse des Antonins (96-192), Paris 1955.

Birley = A. R. BIRLEY, The Fasti of Roman Britain, Oxford 1981.

BMC Emp. = British Museum Catalogues. Coins of the Roman Empire, 1923 ff.

Cizek = E. CIZEK, L'époque de Trajan, Bukarest - Paris 1983.

Crook = J. CROOK, Consilium Principis, Cambridge 1955 (ND. New York 1975).

Devijver = H. DEVIJVER, Prosopographia militiarum equestrium quae fuerunt ab Augusto ad Gallienum, 3 Bde., Leuven 1976 - 1980.

Dierauer = J. DIERAUER, Beiträge zu einer kritischen Geschichte Trajans, in: Untersuchungen zur römischen Kaisergeschichte, hg. v. M. BÜDINGER, Bd. I, Leipzig 1868 (ND. Graz 1973), 1-219.

Durry = M. DURRY, Pline le Jeune, Panégyrique de Trajan, Paris 1938.

Eck = W. ECK, Senatoren von Vespasian bis Hadrian, Vestigia 13, München 1970.

Eck^{2} = W. ECK, Jahres- und Provinzialfasten der senatorischen Statthalter von 69/70 - 138/139, Chiron 12, 1982, 281-362 (I); 13, 1983, 147-237 (II).

Eck, Bef. = W. ECK, Beförderungskriterien innerhalb der senatorischen Laufbahn, dargestellt an der Zeit von 69 - 138 n. Chr., ANRW II 1, 1974, 158-228.

ES = Epigraphische Studien.

FO^{2} = Fasti Ostienses, hg. v. L. VIDMAN, Prag^{2} 1982.

Fears, Princ. = J. FEARS, Princeps a diis electus: The Divine Election of the Emperor as a Political Concept at Rome, Papers and Monographs of the American Academy in Rome 36, Rom 1977.

Fears, Jup. = J. FEARS, The Cult of Jupiter and Roman Imperial Ideology, ANRW II 17, 1, 1981, 3-141.

Fears, Vict. = J. FEARS, The Theology of Victory at Rome, ANRW II 17, 2, 1981, 736 - 826.

Fears, Virt. = J. FEARS, The Cult of Virtues and Roman Imperial Ideology, ANRW II 2, 1981, 827 - 948.

Gallivan = P. GALLIVAN, The Fasti for A. D. 70-96, CQ 31, 1981, 186-220.

Garzetti = A. GARZETTI, Nerva, Rom 1950.

Häfele = U. (SCHILLINGER-) HÄFELE, Historische Interpretationen zum Panegyricus des jüngeren Plinius, Diss. Freiburg 1958 (MS.).

Halfmann = H. HALFMANN, Die Senatoren aus dem östlichen Teil des Imperium Romanum bis zum Ende des 2. Jahrhunderts n. Chr., Hypomnemata 58, Göttingen 1979.

Houston = G.W. HOUSTON, Roman Imperial Administrative Personnel during the Principates of Vespasian and Titus (A. D. 69-81), Diss. Chapel Hill 1971 (MF.).

ISM = Inscriptiones Scythiae Minoris V, hg. v. E. DORUTIU-BOILĂ, Bukarest 1980.

Kienast = D. KIENAST, Nerva und das Kaisertum Trajans, Historia 17, 1968, 51-71.

Kreiler = B. KREILER, Die Statthalter Kleinasiens unter den Flaviern, Diss. München 1975.

Malcovati = E. MALCOVATI, Plinio il Giovane, Il Panegirico di Traiano, Florenz 1952.

Paribeni = R. PARIBENI, Optimus Princeps. Saggio sulla storia e sui tempi dell'imperatore Traiano, 2 Bde., Messina 1926 - 1927 (ND. New York 1975).

Pflaum, Carr. = H.-G. PFLAUM, Les carrières procuratoriennes équestres sous le Haut-Empire romain, 3 Bde., Paris 1960 - 1961, Supplément, Paris 1982.

Pflaum, FN = H.-G. PFLAUM, Les fastes de la province de Narbonnaise, Gallia Suppl. 30, Paris 1978.

PIR^{2} = Prosopographia Imperii Romani Saec. I.II.III iteratis curis ed., 1933 ff.

RIC = H. MATTINGLY - E.A. SYDENHAM, The Roman Imperial Coinage, 1923 ff.

RMD = Roman Military Diplomas 1954 - 1977, hg. v. M.M. ROXAN, London 1978.

Schumacher = L. SCHUMACHER, Prosopographische Untersuchungen zur Besetzung der vier hohen römischen Priesterkollegien im Zeitalter der Antonine und der Severer (96 - 235 n. Chr.), Diss. Mainz 1973.

Schwarte = K.-H. SCHWARTE, Trajans Regierungsbeginn und der Agricola des Tacitus, BJ 179, 1979, 139-175.

Sherwin-White = A.N. SHERWIN-WHITE, The Letters of Pliny. A Historical and Social Commentary, Oxford 1966.

Stein, Präf. = A. STEIN, Die Präfekten von Ägypten in der römischen Kaiserzeit, Diss. Bernenses I 1, Bern 1950.

Strack = P. STRACK, Untersuchungen zur römischen Reichsprägung des zweiten Jahrhunderts I. Die Reichsprägung zur Zeit des Trajan, Stuttgart 1931.

Straub = J. STRAUB, Regeneratio Imperii, Darmstadt 1972.

Strobel, Plin. = K. STROBEL, Laufbahn und Vermächtnis des jüngeren Plinius. Zu CIL V 5262, in: Beiträge zur (Alten) Geschichte, Bamberger Hochschulschriften 9, Bamberg 1983, 37-56.

Strobel, Dak. = K. STROBEL, Untersuchungen zu den Dakerkriegen Trajans, Antiquitas I 33, Bonn 1984.

Strobel, Don. = K. STROBEL, Untersuchungen zu den Donaukriegen Domitians (voraussichtl. 1985).

Syme, Tac. = R. SYME, Tacitus, 2 Bde., Oxford 1958.

Syme, DP = R. SYME, Danubian Papers, Bukarest 1971.

Syme, RP = R. SYME, Roman Papers, 2 Bde., hg. v. E. Badian, Oxford 1979.

Syme, ABr. = R. SYME, Some Arval Brethren, Oxford 1980.

TAM = Tituli Asiae Minoris.

Thomasson = B. THOMASSON, Senatores procuratoresque Romani nonulli, Göteborg 1975.

Trisoglio = F. TRISOGLIO, La personalità di Plinio il Giovane nei suoi rapporti con la politica, la società e la letteratura, Mem. dell'Accad. delle Scienze di Torino, Cl. di Scienze Morali, Storiche e Filologiche IV 25, Turin 1972.

Waters = K.H. WATERS, The Reign of Trajan and its Place in Contemporary Scholarship (1960 - 1972), ANRW II 2, 1975, 381 - 431.

Zaranka = J. ZARANKA, De Plinii epistularum novem libris quaestiones chronologicae, 2 Bde., Diss. Leuven 1949 (MS.).

Einführung:

1 Zitiert nach R.A.B. MYNORS, XII Panegyrici Latini, Oxford 1964.

2 Vgl. STROBEL, Plin. 44.

3 Vgl. epist. III 18, 1-3 *(spatiosius et uberius volumine amplecti)*; zur Überarbeitung seiner Reden allgemein epist. II 5, 1-4.9-12; IV 9, 23; V 8, 6-7; VII 17, 5; IX 13, 24 f.; 28, 5; Versuche, die hinzugefügten Partien herauszuarbeiten, bei DIERAUER 187-209; J. MESK, WS 32, 1910, 238-260 (der S. 260 die erreichbare Sicherheit selbst relativiert). Eine Festlegung der nachträglichen Änderungen ist jedoch nicht möglich; vgl. DURRY 8; MALCOVATI 3 f. Verfehlt ist z.B. die Annahme bei J. MESK ebd. 252 f., 258 f., die Angriffe gegen Domitian seien im wesentlichen Teil der Umarbeitung (dagegen schon DURRY 8; MALCOVATI 31), da sie zu Plinius' zentraler Konzeption gehören (vgl. etwa HÄFELE 4 f., 7, 16 f.).

4 Vgl. DURRY 9-15; SYME, RP 76-87, bes. 76-78, der zu Recht betont, daß zur Erklärung der Zeitbezüge ein Ansatz über das Jahr 100 n. Chr. hinaus nicht notwendig ist; MALCOVATI 4; A. D'ORS, Plinio el Joven, Panegirico de Trajano, Madrid 1955, XVII f.; L. RUSCA, Plinio il Giovane, Carteggio con Traiano e Panegirico di Traiano, Mailand 1963, 17-25. Der These von J. CARCOPINO, Rencontres de l'histoire et de la littérature romaines, Paris 1963, 171-231, bes. 201-231 (gefolgt von M. DURRY, in: Histoire et historiens dans l'Antiquité. Entretiens sur l'Antiquité classique IV, Vandoeuvres - Genf 1956, 231 f.), Plinius sei von seiner pontisch-bithynischen Statthalterschaft lebend zurückgekehrt und habe den Panegyricus nach 113 n. Chr., vielleicht sogar zu Beginn der Regierung Hadrians ein letztes Mal umgearbeitet, hat sich die Forschung zu Recht nicht angeschlossen; seine 'Anachronismen' (bes. S. 206-211) haben sich in keinem Falle als stichhaltig erwiesen (vgl. etwa R. HANSLIK, AAHG 17, 1964, 3 f., 8 f., 16; STROBEL, Plin. 48 A. 14). Auch ZARANKA 89-92 (85-94 zu epist. III 13.18) argumentiert für 103 n. Chr., ohne Belege aufzeigen zu können; die *vaticinatio* eines Triumphes über die Daker ist eben nicht *"nimis audax"*.

5 Nach Plinius' Darlegungen zur Überarbeitung seiner Reden [o.A. 3] ist mit der völligen Neufassung bereits vorhandener Gedankengänge ebenso wie mit erweiternden Ausführungen zu rechnen (s. bes. epist. IX 13, 24; 28, 5), wobei gerade jene Teile mit Bezug auf die Legitimierung der Herrschaft Trajans zum ursprünglichen Bestand gehören dürften. Nicht zustimmen kann ich deshalb DIERAUER 191-197; J. MESK ebd. 244-249, wenn sie etwa paneg. 7, 1-3/6 als Ergänzung werten. DURRY 6 - 8 setzt die ursprüngliche Rede mit nur einem Drittel oder Viertel des heutigen Umfanges an. Jedoch belegt epist. II 1, 5 die Möglichkeit einer größeren Länge solcher Reden; in epist. III 18, 6 findet sich hingegen kein Beweis für ihre Kürze. Plinius' Streben nach einer geradezu übertriebenen Ausführlichkeit in seinen gehaltenen Reden ist mehrfach zu belegen (epist. I 20, bes. 5; II 5, 3; IV 16; VI 2, bes. 5-9); vgl. auch epist.

II 11, 14 f., ein vielleicht doch ironisch zu verstehender Einwurf Trajans. Passagen von wesentlicher ideologischer und politischer Bedeutung sind zwar wohl in Breite und Form das Ergebnis der Überarbeitung, können aber an sich kaum aus der ursprünglichen Konzeption herausgenommen werden. Zutreffender dürfte deshalb die ursprüngliche Rede auf nicht weniger als die Hälfte ihres heutigen Umfanges zu schätzen sein. In seiner jetzigen Gestalt ist der Panegyricus nur als ein in sich geschlossen konzipiertes Ganzes zu betrachten (vgl. auch epist. III 13, 1-4; 18, 1-3).

6 Vgl. STRAUB 51; ders., Vom Herrscherideal in der Spätantike, Stuttgart 1939 (ND. 1964), 146-159, bes. 149 f.; L. WICKERT, RE XXII 2, 1954, 2213; ders., ANRW II 1, 1974, 57 f. (zu paneg. 7, 4-7 : 94, 5); R. HANSLIK, AAHG 17, 1964, 14; KIENAST, 55-57; ADAM 108-118; K. FITTSCHEN, AA 1972, 787, bes. A. 193; WATERS 385, 392, 394 (mit weiterer Lit.); S. MacCORMACK, in: Empire and Aftermath. Siver Latin II, hg. v. T.A. DOREY, London - Boston 1975, 143-151; FEARS, Princ. 151-153; ders., Jup. 81-84 (A. 405 mit weiterer Lit.); ders., Virt. 913-924; SCHWARTE 155-162; allgemein auch K. ZIEGLER, RE XVIII 3, [2]1983, 559-581, bes. 570 f.; Th. PAYR, RAC V, 1962, 332-343, bes. 335 ff.; H. GÄRTNER, Einige Überlegungen zur kaiserlichen Panegyrik und zu Ammians Charakteristik des Kaisers Julian, Abh. Mainz, Geistes- und sozialwiss. Kl. 1968, 10, Wiesbaden 1969, 499-507; P. HADOT, RAC VIII, 1972, 555-632. Zu weit geht die These eines unmittelbaren offiziellen Charakters bei J. CARCOPINO o.A.4; ders., REA 51, 1949, 272-276; M. DURRY ebd. 231-234; vgl. a.a.O. 237-244, wo R. SYME S. 238 treffend bemerkt: "Come écrit sénatorial, évidemment c'est le discours du bon sénateur, et d'autre part ce sénateur savait ce qui plairait au gouvernement... Pline savait ce qu'il fallait dire". Vgl. epist. III 13, 2 *(in hac nota, vulgata, dicta sunt omnia)*.

7 Aufbau und Argumentation im Plinianischen Panegyricus. Untersuchungen zur Intention der Überarbeitung, Diss. Innsbruck 1979 (MS.).

8 Vgl. zusammenfassend S. 104, 112. Das "Grundprinzip der plinianischen Argumentation auf enkomiastischer Basis": Faktum plus Gesinnung = Effekt (S. 67) hat bereits, allerdings treffender historisch-politisch, HÄFELE 28-30 erschlossen.

9 Vgl. bes. H. OFFERMANN, in: Apophoreta. Festschrift U. Hölscher, Bonn 1975, 122-144; zu seiner gezielten Selbsthervorhebung und zum bewußtberechnenden Aufbau seiner Panegyrik auch E. AUBRION, Latomus 34, 1975, 90-130, bes. 96 ff., 108 ff., 118 ff., 123 f.; zur 'Korrektur' seiner Laufbahn unter Domitian STROBEL, Plin. 40-44.

10 Epist. III 18, 2-3. Überzogen ist die Einschätzung des Panegyricus bezüglich des paränetischen Elementes bis hin zur *institutio imperatoria* bei TRISOGLIO, bes. 22-27, 33-49; Ideologie, Propaganda und Adulatio werden hier möglichst abgeschwächt bzw. negiert, kritische Vergleiche mit neuen Erkenntnissen, etwa zum Domitianbild (S. 50-96), fehlen.

11 Vgl. etwa HÄFELE 6 f.

12 Vgl. bes. M.P. CHARLESWORTH, in: Ideologie und Herrschaft in der Antike, WdF 528, Darmstadt 1979, 361-387; L. WICKERT a.a.O. 339-360; WATERS 393; FEARS, Virt. 827-948; auch P. HADOT, RAC VIII, 1972, 573-610.

13 Paneg. 45, 5 f., 69, 3.

14 Paneg. 74, 5. Vgl. ADAM 113.

15 Vgl. epist. X 1, 1.

16 Paneg. 1, 3; 2, 7; 52, 6; auch 4, 4; 7, 5; epist. X 83. Eine gedankliche Nähe zur Ideologie Domitians ist deutlich, s. Stat. silv. IV 3, 128 f., allerdings mit dem

entscheidenden Unterschied in der Formel *hic est deus*. Vgl. W. ENSSLIN, Gottkaiser und Kaiser von Gottes Gnaden, SB München, Phil.-hist. Kl. 1943, 6, München 1943, 31-34; BEAUJEU 71-80; F. TAEGER, Charisma, II, Stuttgart 1960, 359-370; WATERS 394, 399 f.; ders., AJPh 90, 1969, 397 f.; FEARS, Princ. 144-154. Zu schwach bewertet bei J. BÉRANGER, MH 27, 1970, 245 f.

17 Paneg. 1, 4-5; 5, 1-2; 8, 1-2; 10, 4-5; 56, 3; 80, 4-5; 94, 4; epist. X 1 zeigt diese Thematik bereits bei Beginn der Alleinherrschaft Trajans. Zur letztlich hierfür wegweisenden Iupiter-Ideologie Domitians s. u. S. 22 A. 92. Ihre unverhüllte Ausformung fand die göttliche Einsetzung des Princeps in der Münzprägung Hadrians 119 n. Chr. (vgl. FEARS, Princ. 243-249, 251 f.). Vgl. BEAUJEU ebd., bes. 73-76; KIENAST 66-69; WATERS, 394, 399 f. (mit weiterer Lit.); FEARS, Princ. 226-237, 249-252; ders., Jup. 73, 80-85; ders., Virt. 913-922, bes. 917 ff.

18 Vgl. Plin. epist. III 18, 2-3; auch M. HAMMOND, HSPh 49, 1938, 115-140, bes. 116 f., 120 f. (nicht immer kritisch gegenüber Plinius' Emphasen).

19 Charakteristisch ist die positive Neubewertung von Verhalten und Handlungen bei Trajan, die bei seinen Vorgängern und insbesondere bei Domitian verurteilt werden (vgl. bes. paneg. 66, 3), so die mehrfache Übernahme des ordentlichen Konsulates (paneg. 58, 1.4; 61, 6; 78, 3; auch 92, 2) oder die Divinisierung des verstorbenen Vorgängers (paneg. 11, 1-4), denen eine andere, nun eben positive persönliche Gesinnung bzw. Motivation zugrunde gelegt wird; vgl. auch HÄFELE 57. S. ferner paneg. 46, 1-3 zum Pantomimenverbot mit einer maßlosen Schwarz-Weiß-Malerei gegen Domitian und durchsichtigen Winkelzügen, um gleichzeitig die Aufhebung des Verbotes durch Nerva und dessen Wiedereinführung durch Trajan zu rechtfertigen (vgl. auch DIERAUER 210 f.; SYME, RP 85).

20 Vgl. BEAUJEU 71-87; F. TRISOGLIO, PPol 5, 1972, 3-43 (der 42 f. Plinius' Orientierung an der praktischen Politik betont); C.P. Jones, The Roman World of Dio Chrysostom, Cambridge (Mass.) - London 1978, 118 f.; zu Dion, der auch als Emissär und Propagandist des Kaisers auftrat, D. KIENAST, Historia 20, 1971, 62-83; auch K.H. WATERS, AJPh 90, 1969, 398 f. Zur übereinstimmenden Hercules-Thematik s. etwa paneg. 14, 5; Dion Chrys. or I 49-84; BMC Emp. III 56-59 (Münzen genau des 3. Konsulates); vgl. STRACK 95-99, 103 f.; BEAUJEU 81-87, bes. 84 ff.; G.G. BELLONI, ANRW II 1, 1974, 1093 f.; FEARS, Vict. 821; zur Hercules-Programmatik Domitians K. SCOTT, The Imperial Cult under the Flavians, Stuttgart - Berlin 1936 (ND. New York 1975), 141-146.

21 Vgl. K.-H. SCHWARTE, in: Bonner Festgabe J. Straub, Bonn 1977, 225-246.

22 Vgl. K.-H. SCHWARTE ebd.

23 Ebd. 232.

24 Vgl. ebd. 232 ff.; FEARS, Virt. 912-924; allgemein H.U. INSTINSKY, Die alte Kirche und das Heil des Staates, München 1963, 21-39.

25 Paneg. 23, 5; 67-68; 72, 1; 94, 1-3; auch 8, 1; vgl. FEARS, Virt. 916 f., 919.

26 Vgl. etwa S. MacCORMACK [o. A. 6] 149.

27 S. u. S. 17 ff.

28 Eindeutig positiv überzeichnet ist die Persönlichkeit des Plinius bei TRISOGLIO, Turin 1972; vgl. F. RÖMER, AAHG 28, 1975, 156-158. Charakteristisch sind Überbewertungen zahlreicher eindeutig adulatorischer Passagen. Zu positiv auch H.-P. BÜTLER, Die geistige Welt des jüngeren Plinius. Studien zur Thematik seiner Briefe, Heidelberg 1970, etwa 26, 63.

29 S. epist. I 23, 5 *sed tu (iterum dicam) plurimum interest quid esse tribunatum putes, quam personam tibi imponas; quae sapienti viro ita aptanda est, ut perferatur;* vgl. auch VI 27, 2-3; SYME, Tac. 82 f.

30 Vgl. STROBEL, Plin. 39-45, bes. 42 f.

31 Vgl. neben der *dominus*-Anrede im allgemeinen insbes. etwa X 1; 2, 1; 3a, 3; 12; 13 für die Zeit vor der pontisch-bithynischen Legatio. R. HANSLIK, AAWW 102, 1965, 53 spricht von Plinius' "geschmeidiger Mittelmäßigkeit".

32 S. nur epist. III 20, 12; IV 17, 8; 22, 1; VI 31, 1.13 f.; auch II 11, 15.

33 S. etwa epist. II 11, 11-14; 18, 1; IV 5; 16; V 1; VII 33, 9-10; IX 23, 1-2.

34 Vgl. H. OFFERMANN [o. A. 9] 122-144; auch M. SCHUSTER, RE XXI 1, 1951, 447 (trotz des überpositiven Gesamtbildes); zu positiv H.-P. BÜTLER ebd. 26 ("mit jener charmant-naiven Offenheit, die er in der Selbstgefälligkeit bewahrt").

35 S. etwa nur paneg. 2, 5; 4, 3-7; 10, 6; 11, 3; 21, 4; 35, 4; 55; 56, 1-2; 66, 1-5; 72, 2-5 oder 92, 4; ferner epist. III 20, 12; X 1.

36 Vgl. hierzu L. WICKERT, RE XXII 2, 1954, 2084 f., 2096-2098; ders., in: Prinzipat und Freiheit, WdF 135, Darmstadt 1969, 101, 130-135; ders., ANRW II 1, 1974, 28-30; HÄFELE 40-60, bes. 47 f., 51 ff., 55; CH. WIRSZUBSKI, Libertas als politische Idee im Rom der späten Republik und des frühen Prinzipats, Darmstadt 1967 (= Cambridge ^{2}1960), 121-124, 150-154, 196-198; 207-211. Etwas zu positiv gegenüber Plinius, aber im *securitas*-Gedanken treffend H.U. INSTINSKY, Sicherheit als politisches Problem des römischen Kaisertums, Dt. Beitr. z. Altertumswissenschaft 3, Baden-Baden 1952, 34-39.

37 S. paneg. 4, 4; 7, 5; 24, 4; 27, 4; 32, 1-2; 50, 7; 55, 9; 56, 3; 59, 2; 61, 2-3; 63, 2; 65, 1; 66, 4-5; 67, 2-3; 72, 1; 77, 7-8; vgl. epist. III 20, 12; auch F. TRISOGLIO, PPol 5, 1972, 36 f.

38 S. bes. paneg 22-24 sowie 48, 1-2; 49, 2-8; 50, 7; 53, 1; 54, 5-6; 55, 9; 61, 1; 63, bes. 1-2; 64-65; 66, 2; 67; 71, 1-4; 76, 1-2.5-9;77, 1.3-4; 79, 5. Vgl. allgemein A. WALLACE-HADRILL, JRS 72, 1982, 32-48.

Kapitel I:

1 QC 3, 1981, 63-76.

2 S. o. S. 9 A. 4.

3 Bes. S. 68 f., 74-76.

4 Vgl. nur paneg. 11, 4,2-5; 16, 3; auch HÄFELE 5, 7, 16 f.

5 Das *nec iam nobiscum de sua libertate sed de nostra servitute certabant* ist wahrscheinlich eine gewollte Weiterführung und Überspitzung von Tac. Agric. 41, 2 (vgl. auch DURRY 103). Der Gedankengang bleibt am Schluß von paneg. 11, 5 nicht völlig widerspruchsfrei.

6 So CIZEK ebd. 69 f., s. u. S. 15f., 23.

7 So CIZEK ebd. 71 f.

8 S. nur paneg. 16, 4 (vgl. DURRY 111).

9 S. auch Iuv. VI 292 f.; Flor. epit., praef. 7 f.; vgl. etwa J.C. MANN, JRS 69, 1979, 176-178.

10 Die Kampagne fiel außerdem bereits in den Herbst 101 n. Chr. (vgl. STROBEL, Dak. 177-186).

11 Ähnlich schon J. CARCOPINO (o. S. 9 A. 4) 209.

12 Paneg. 11, 4,2; 16, 3; 17, 1; vgl. Tac. Agric. 39, 1; Cass. Dio LXVII 7, 4; Oros. hist. VII 10, 4.

13 Paneg. 12, 2; vgl. Kriton FGrHist 200, frg. 2 (vgl. Kommentar p. 626 f.) *οἱ δὲ Γέται ... Ῥωμαίων κατεξαναστὰν καὶ μέχρι φόρου ἀπαγωγῆς ταπεινῶσαν*; Cass. Dio LXVII 7, 2-4; LXVIII 6, 1. Fälschlich zieht E. CIZEK ebd. 62 A. 19 das mögliche Kriton-Fragment 9 bei I.I. RUSSU, StudClas 14, 1972, 123 f. als vermutete Überlieferung heran.

14 Dieser Frieden spielt in der Überlieferung zu Domitian als einziger Vertrag dieser Art eine Rolle; der Bezug auf ihn wird zu Recht übereinstimmend angenommen (vgl. DURRY 103; MALCOVATI 38; F. TRISOGLIO, Opere di Plinio Cecilio Secondo, Turin 1973, 1170 f.).

15 Vgl. STROBEL, Dak. 155; ders., Don., Kap. II.

16 Cass. Dio LXVII 7, 2-4 (= Exc. U^R 14) bezeichnet ihn neutral als *σπονδαί* allerdings in deutlichem Unterschied zum Frieden von 102 n. Chr. (LXVIII 9, 7 = Exc. U^G 47).

17 Vgl. Kriton frg. 2.

18 Vgl. auch STROBEL, Dak. 155 f.

19 Vgl. den Vertrag des Konsuls C. Hostilius Mancinus vor Numantia (App. Iber. 80; Plut. Tib. Gracch. 5 . 7; Oros. hist. V 4, 20 f.; vgl. H. BENGTSON, Grundriß der Römischen Geschichte I, HdA III 5, 1, München ^{3}1982, 160).

20 Vgl. STROBEL, Dak. 155-161.

21 Vgl. hierzu J. GAGÉ, RH 58, 1933, 9-34; BEAUJEU 59-67; FEARS, Vict. 804-824 (813: "Victory was a consistent and inextricable aspect of the imperial personality").

22 Paneg. 8, 2; 9, 2-3.

23 DURRY 110.

24 S. paneg. 16, 1-2 und 17, 4 als der Kaiser, der sich des *ex occasione omni triumphos quaerere* und des *bella provocare* schuldig gemacht hat; vgl. auch DURRY 113; MALCOVATI 47 f. In *nec decertare cupere cum recusantibus* darf man wohl eine Anspielung auf Domitians Strafaktion gegen Markomannen und Quaden 89 n. Chr. (Cass. Dio LXVII 7, 1) sehen; vgl. SYME, RP 82 f.; MALCOVATI 45.

25 Vgl. HÄFELE 35 f.

26 S. auch paneg. 56, 7-8.

27 Epit. de Caes. 48, 10; vgl. J. SCHLUMBERGER, Die Epitome de Caesaribus, Vestigia 18, München 1974, 85 f. Vgl. auch Cass. Dio LXVIII 17, 1.

28 Zur ideologischen Koppelung von *victoria Augusti* und *pax* vgl. etwa FEARS, Vict. 806-814, bes. 807, 812 f.

29 Vgl. DIERAUER 194-196; J. MESK, WS 32, 1910, 248 (auch 17, 4 als Ergänzung gewertet); DURRY 13 f., 110 f. Fehl geht D. FEURSTEIN [o. S. 9 A. 7] 74-80, gerade hierin das Ziel der ursprünglichen Argumentation des Plinius zu sehen.

30 So bes. J. CARCOPINO [o. S. 9 A. 4] 206-209; ders., REA 51, 1949, 276 f.

31 Vgl. STROBEL, Dak. 202.

32 Vgl. Cass. Dio LXVIII 6, 1 (verweist auf *τὰ φρονήματα* des Gegners); auch STROBEL ebd. 156.

33 Vgl. STROBEL ebd. 162.

34 Vgl. DIERAUER 195 f.; DURRY 13 f.; MALCOVATI 45-47; SYME, RP 77 f.; auch A. D'ORS [o. S. 9 A. 4] XVII f.

35 Vgl. hierzu STROBEL ebd. 198-200.

36 Vgl. bereits o. S. 15; zu dynastischem Gedanken und Leistungsprinzip L. WICKERT, RE XXII 2, 1954, 2157-2178, 2200-2222.

37 So zu Unrecht DIERAUER 192 f.; J. MESK ebd. 246-248; DURRY 104 (allerdings paneg. 13 noch zum originalen Bestand gezählt).

38 Rhetorisch-panegyrische Erweiterungen in 14, 4; 15, 4-5, ausgenommen der *commilito*-Gedanke, s. 19, 3; durch die Erweiterung schlechter gedanklicher Übergang zu 16, 1.

39 Vgl. u.a. Stat. silv. I 4, 72 ff.; V 2, 30-60; Tac. Agric. 5. 22, 4; Dion Crys. or. I 27-29; zur Topik J. MESK, WS 33, 1911, 71-100, bes. 77 ff.; auch F. TRISOGLIO, PPol 5, 1972, 31-34.

40 Vgl. SYME, Tac. 31; ders., RP 82; ECK, Bef. 176; auch DURRY 108 f.; R. HANSLIK, RE Suppl. X, 1965, 1036; F. TRISOGLIO [o. A. 14] 1178. Geradezu panegyrisch überzogen PARIBENI I 51 f., 78; auch MALCOVATI 41.

41 ECK^{2} I 293-299. Eine neu veröffentlichte Inschrift aus Küçük Dalyan Köyü oberhalb von Antiochia am Orontes (D. VAN BERCHEM, MH 40, 1983, 185-196) belegt für das 2. Viertel des Jahres 75 den Abschluß einer Flußregulierung mit dazugehörenden Brückenbauten in der Orontes-Ebene oberhalb von Antiochia durch den älteren Trajan; beteiligt waren Arbeitsabteilungen von 4 Legionen (III Gallica, IV Scythica, VI Ferrata, XVI Flavia) sowie 21 Auxilien. Das Projekt ist wahrscheinlich zu den vorbereitenden militärischen und infrastrukturellen Maßnahmen in der Phase wachsender Spannungen an der Parthergrenze zu rechnen (anders D. VAN BERCHEM ebd. 189 ff., dem ich auch in der Annahme nicht folgen kann, der Anlaß für Trajans Erhalt der *ornamenta triumphalia* falle bereits in den Beginn seiner syrischen Statthalterschaft). Der Baubeginn dürfte spätestens 74, noch im 1. Amtsjahr Trajans, erfolgt sein.

42 Epit. de Caes. 9, 12 *(Rex Parthorum Vologeses metu solo in pacem coactus est)* ist gegenüber Aur. Vict. Caes. 9, 10 der Vorzug zu geben; vgl. auch J. SCHLUMBERGER [o. A. 27] 45, 50 f., 56.

43 Vgl. R. SYME, CAH XI, 1936, 143; ders., Tac. 30 f.; R. HANSLIK ebd. 1033; ders., RE Suppl. IX, 1962, 1846; K.-H. ZIEGLER, Die Beziehungen zwischen Rom und dem Partherreich, Wiesbaden 1964, 80 f.; KREILER, 32-38; B.H. ISAAC - I. ROLL, JRS 66, 1976, 18 f.; E. DABROWA, Syria 58, 1981, 187-204, bes. 202 ff.; ders., La politique de l'état parthe à l'égard de Rome - D'Artabane II à Vologèse I (ca 11 - ca 79 de n. è.) et les facteurs qui la conditionnaient, Krakau 1983, 166 f.; auch G.W. BOWERSOCK, JRS 63, 1973, 135, 138-140 (mit D. VAN BERCHEM ebd. 189 A. 24); sowie u. S. 64.

44 Paneg. 14, 1; auch 89, 3. Zu sehr Plinius vertrauend (mit 'Beförderung' Trajans zum Legionslegaten) R. HANSLIK ebd. 1036. Nichtssagend ist Plinius' Versuch, dies mit dem *iam tum merere Germanici nomen* in Zusammenhang zu setzen, ebenso der Hinweis *Rhenumque et Euphraten admirationis tuae societate coniungeres.* Vgl. bezeichnenderweise Mart. II 2, 4.

45 Trajan war Legat der Legion etwa 86 oder eher 87 bis 89 n. Chr.; vgl. ALFÖLDY, FH 118; ECK, Bef. 219. Einen erschreckenden Rückstand zeigt CIZEK 115, der noch immer die Legio I Adiutrix annimmt.

46 Vgl. E. RITTERLING, WDZ 12, 1893, 203-234; R. SYME, CAH XI, 1936, 172-175; ders., JRS 68, 1978, 12-21; ders., Chiron 13, 1983, 122; H. NESSELHAUF, JRGZ 7, 1960, 164-166; J. ASSA, in: Akte d. IV. Internat. Kongr. f. Griech. u. Latein. Epigraphik (Wien 1962), Graz - Wien - Köln 1964, 31-39; G. WALSER, in: Provincialia. Festschrift R. Laur-Belart, Basel - Stuttgart 1968, 497-507; G. WINKLER, in: Akten d. VI. Internat. Kongr. f. Griech. u. Latein. Epigraphik (München 1972), Vestigia 17, München 1973, 495-498; B.W. JONES, Latomus 33, 1974, 529-535; ders., Domitian and the Senatorial Order, Philadelphia 1979, 30-45; H. BENGTSON, Die Flavier, München 1979, 206-208; K. CHRIST, in: Aus Geschichte und ihren Hilfs-

wissenschaften. Festschrift W. Heinemeyer, Marburg 1979, 536, 540-542; auch J. SCHLUMBERGER [o. A. 27] 53 f.; verfehlt P. Le Roux, L'armée romaine et l'organisation des provinces ibériques d'Auguste à l'invasion de 409, Paris 1982, 158 f., 195. Zu Saturninus' Suffektkonsulat etwa Juli - August 82 n. Chr. vgl. W. ECK, ZPE 37, 1980, 51-55; FO^2 43, 77. Zu Recht betonen etwa R. Syme und B.W. Jones, daß über einen Anhang des Saturninus in den führenden Kreisen Roms keine Hinweise vorliegen.

47 Vgl. zu ihm auch ALFÖLDY, Leg. 11-13; PIR^2 V 1, 15 Nr. 84; W. ECK, RE Suppl. XIV, 1974, 219-221.

48 So erklärt sich die Berührung des Alpenraumes am wahrscheinlichsten; eine Alpenüberschreitung ist nicht zu erschließen. Vgl. auch F. TRISOGLIO [o. A. 14] 1178. Domitians Lehre aus den Ereignissen des Jahres 69 n. Chr. mußte es sein, Norditalien umgehend zu sichern; die Masse der Donauheere stand aber an der dakischen Front. Vgl. paneg. 14, 5 ab *Hispania usque ut validissimum praesidium exciverat.*

49 Vgl. SYME, Tac. 33; R. HANSLIK, RE Suppl. X, 1965, 1037; GALLIVAN 191, 217.

50 Auch paneg. 14, 5 zeichnet Domitian mit den bekannten negativen Zügen als *iners ipse alienisque virtutibus tunc quoque invidus imperator cum ope earum indigeret*. Vgl. Tac. Agric. 41, 1.

51 Vgl. CIL VI 1347 (37049); etwa H. NESSELHAUF ebd. 165 f.; K. CHRIST ebd. 541 f.

52 Vgl. E. RITTERLING, RE XII 2, 1925, 1789 f.

53 Vgl. H. SCHÖNBERGER, JRS 59, 1969, 159; D. BAATZ, in: Die Römer in Hessen, Stuttgart 1982, 81 f.; Befunde: Frankfurt - Heddernheim, Alenlager (a.a.O. 279 f.); Okarben, Alenkastell (a.a.O. 367 f.); Hofheim am Taunus (a.a.O. 354, 356); Wachtürme verschiedener Limesstrecken (a.a.O. 374 ff.).

54 So etwa E. RITTERLING ebd. 1635; R. HANSLIK ebd. 1037; H.B. MATTINGLY, RSA 2, 1972, 179 ("but saw no province as commander until Nerva"); vgl. auch SYME, Tac. 32.

55 Gescheitert ist der Versuch, aus den aufeinanderfolgenden Militärtribunaten Hadrians bei den Legionen II Adiutrix, V Macedonica und XXII Primigenia, letzteres erst nach der Adoption Trajans, (HA Hadr. 2, 2-5; CIL III 550) eine Statthalterschaft in einer der moesischen Provinzen zu erschließen; so bes. SYME, DP 204-212; ders., Chiron 13, 1983, 140 f. (jetzt als möglicher kurzfristiger Nachfolger des noch am 12.7. 96 n. Chr. bezeugten Pompeius Longinus (RMD 6) in Moesia Superior, was sich jedoch u.a. kaum mit dem belegten Aufbruch Trajans von Rom nach Germania Superior [paneg. 5, 2-4; 23, 1] vereinbaren ließe). Während des gesamten Militärtribunates Hadrians bei der untermoesischen V Macedonica in Oescus ca. kurz nach der Mitte 96 bis Oktober 97 n. Chr. (HA Hadr. 2, 2-3.5; vgl. u. S. 66) kann Trajan nicht Statthalter dieser Provinz gewesen sein (s. auch u. S. 54). Hadrians Tribunat bei der II Adiutrix, die seit 89 n. Chr. in Aquincum in Pannonien und nicht in Moesia Superior stand (vgl. STROBEL, Dak. 88), fällt in die Zeit 95 bis Mitte 96 n. Chr.; es ist wahrscheinlich mit der pannonischen Statthalterschaft des älteren L. Neratius Priscus zu verbinden (s. u. S. 65).

56 Vgl. zur Laufbahn Trajans bes. ECK, Bef. 219. ALFÖLDY, FH 254-259 erläutert, daß die Legaten der VII Gemina nicht regelmäßig für eine Kommandolaufbahn im Dienste des Kaisers vorgesehen waren, und es für sie in der Regel keine raschen Beförderungsaussichten gab. Für dieses nicht sonderlich angesehene Legionskommando wurden seit flavischer Zeit in der Hauptsache militärisch wenig oder kaum erfahrene Senatoren gewählt, die nicht einmal ein

Legionstribunat vorzuweisen brauchten. Obwohl sie das (Suffekt)konsulat meist relativ rasch erreichen konnten, wurden sie kaum zu höheren prätorischen oder konsularischen Legationen zugelassen. Vgl. auch H. GALSTERER, Beitr. z. Namensforschung N.F.6, 1971, 87.

57 Zum Ausschluß jüngerer Angehöriger patrizischer Familien unter Domitian von der Führung kaiserlicher Provinzen und Militärkommanden aus praktischen - sie konnten ohne prätorische Ämter mit 32 Jahren das Konsulat erreichen - und allgemeinen politischen Gründen vgl. ECK, Bef. 217 f., bes. A. 307; B.W. JONES 1979 [o. A. 46] 50-55, 85.

58 Vgl. ECK, Bef. 206-209; zu den lückenhaften Fasten dieser Ämter 75-101 bzw. 69 - 109 n. Chr. ferner J. LE GALL, Le Tibre. Fleuve de Rome dans l'antiquité, Paris 1952, 140 f.; A.E. GORDON, Quintus Veranius. Consul A. D. 49, UCPA II 5, 1952, 284 f. Zu Plinius' Verschweigen der eigenen *praefectura aerarii militaris* (94 - 96 n. Chr.) vgl. STROBEL, Plin. 41 f.

59 Vgl. auch DIERAUER 15; SYME, Tac. 34.

60 Vgl. SYME, Tac. 33; auch L. SCHUMACHER, ANRW II 16, 1, 1978, 714.

61 Vgl. auch SYME, Tac. 34 f. Es findet sich auch kein Anhaltspunkt dafür, daß Trajan in den letzten Regierungsjahren Domitians oppositionellen Senatskreisen nähergestanden hätte; auch eine Zusammenschau wichtiger ulpischer Parteigänger des Jahres 97 n. Chr. zeigt eher das Gegenteil. Vielleicht können wir in HA Alex. Sev. 65, 5 noch die Tradition einer gewissen Selbstapologie Trajans fassen (nicht überzeugend W. McDERMOTT, Historia 29, 1980, 114-119).

62 Paneg. 95, 3-4; vgl. STROBEL, Plin. 42-44.

63 Vgl. zu den Acilii Glabriones PIR^2 I, 9-13.

64 Vgl. auch SCHWARTE 161 f.

65 Vgl. den Rückgriff auf Domitians eigene propagandistische Bemäntelung des Geschehens, ebenso die Verdunkelung des Verhältnisses zwischen dem Ulpier und dem Flavier. Vgl. auch SCHWARTE 139-175, bes. 154 ff., 161 f.

66 13, 1-3; 15, 5; 19, 3-4; auch 20, 1.

67 13, 4-5.

68 Verbunden mit der 2. imperatorischen Akklamation Trajans; vgl. STROBEL, Dak. 176 f.

69 Vgl. Dion Chrys. or. III 5; ferner u. S. 22 f.

70 S. u. S. 41 ff.

71 Plin. epist. X 10, 2 kündigt die - sicher tatsächliche - Rückkehr Trajans nach Rom an; in epist. X 8 (vor dem 1.9.) ist eine bevorstehende Rückkehr des Kaisers noch nicht erwähnt, im September war Plinius beurlaubt. An den Iden des November war Trajan mit Sicherheit bereits in Rom. Eine Datierung der Briefserie X 1-10 allein in das Jahr 98 n. Chr. (so ZARANKA 266-269) ist nicht überzeugend. Vgl. R. HANSLIK ebd. 1050 f.; SHERWIN-WHITE 556, 566, 575 f. Die beide moesischen Armeen einschließlich der Donauflotte erfassenden Militärdiplome vom 14.8. 99 n. Chr. (CIL XVI 44, 45; RMD 7) gehen vermutlich noch auf eine Maßnahme Trajans im Rahmen seiner Musterung und der Aktivierung der moesischen Truppen zurück.

72 Vgl. STROBEL, Dak. 155-161. Nicht befriedigend ist die Annahme R. HANSLIKS ebd. 1045 f., Trajan hätte allein die Konsolidierung der Lage in Rom abwarten wollen.

73 Vgl. u. S. 23.

74 Paneg. 9, 2-3. Vgl. M. DURRY, in: Mémorial d'un voyage d'études de la Société Nationale des Antiquaires de France en Rhénanie, Paris 1953, 197-200; P. KNEISSL, Die Siegestitulatur der römischen Kaiser, Hypomnemata 23,

Göttingen 1969, 58-70. Nervas 2. imperatorische Akklamation ist zusammen mit dem Germanicus-Beinamen durch die Münzemission *imp. II cos. III des. IIII* für die letzten Monate des Jahres 97 n. Chr. gelegt (BMC Emp. III, p. 9).

Fehl geht J.J. HATT, CRAI 1949, 40-46, 132-136 mit der Annahme eines Aufstandes in Germania Superior und einer damit verbundenen Auflösung der Legio XXI Rapax; vgl. M. DURRY ebd.; P. KNEISSL ebd. 60-62. Die Frage nach der politischen Absicht Nervas bei der Annahme dieses Siegerbeinamens (vgl. hierzu P. KNEISSL ebd. 58-60, 64-67) ist durch die Bedeutung der Siegesideologie für den Prinzipat hinreichend beantwortet; ein Mittel zum Aufbau eines politischen Gegengewichtes gegenüber Trajan braucht man hierin nicht sehen. Der Siegerbeinamen und das nun propagierte Herrscherverständnis der gewandelten Münzlegenden (vgl. BMC Emp. III, p. 9-11, 27) sind wohl Teil des Versuches Nervas, seine durch die Prätorianermeuterei weitgehend verlorene Autorität wiederherzustellen, zumal der Sieg in Pannonien eben keineswegs nur von geringer Bedeutung (so P. KNEISSL ebd.; auch A. GARZETTI, From Tiberius to the Antonines, London 1974, 304) war und die Grundlage einer mehrere Jahrzehnte währenden Friedens- und Bündnisphase mit den suebischen Völkerschaften bildete.

75 Vgl. Domitians Intention für den Chattenkrieg (vgl. etwa K. CHRIST [o. A. 46] 535; R. MERKELBACH, ZPE 34, 1979, 62-64). Das Scheitern von Trajans erstem Anlauf zur Eroberung des Dakerreiches 101 - 102 n. Chr. könnte sehr wohl ein ideologisch motivierender Anstoß für die dann im Winter 105/106 n. Chr. erfolgte Annexion des Nabatäerreiches gewesen sein, die für die Zeit vor der geplanten Fortführung des Dakerkrieges vorgesehen gewesen sein muß. Der Ausbruch des 2. Dakerkrieges 105 n. Chr. kam für Trajan unerwartet. Vgl. STROBEL, Dak. 205 f.

76 CIL VI 1548 = ILS 1019.

77 Paneg. 6, 2; 18, 1-2; epist. X 29, 1.

78 Inhaltlich und zeitlich nicht zu präzisieren sind die Notizen bei Eutr. VIII 2, 2; Oros. hist. VII 12, 2; auch paneg. 10, 3 besagt hierfür nichts. Vgl. auch H. v. PETRIKOVITS, ES 4, 1967, 114-118, der S. 117 einen Aufenthalt Trajans sogar bis zum Herbst 98 n. Chr. annimmt; einzige Belege für Maßnahmen in den Jahren 97-98/99 n. Chr. sind Meilensteine an der Straße Mainz - Koblenz (CIL III 9146, 9147, 9162). Völlig verfehlt ist R. HANSLIK, RE Suppl. X, 1965, 1045; CIZEK 281 f. Vgl. auch u. S. 23.

79 Vgl. zum Bildprogramm des Bogens (geweiht 19.8./9.12. 114 n. Chr.) die sich vielfach ergänzenden Studien von K. FITTSCHEN, AA 1972, 742-788 und W. GAUER, JDAI 89, 1974, 308-335 (mit weiterer Lit.); zur Deutung der beiden unteren landseitigen Pfeilerreliefs, die eindeutig aufeinander komponiert sind, K. FITTSCHEN ebd. 751, 754, 781, 786; W. GAUER ebd. 318 f., 331; auch FEARS, Virt. 918.

80 Eine Konfrontation der beiden Gruppen (so W. GAUER ebd. 318 f.) ist nicht gegeben. Auch im kompositorischen Pendant des *Pactio-cum-barbaris*-Reliefs ist ein gespannten Gegenüber der zwei Gruppen nicht vorhanden (vgl. auch paneg. 12, 2!). Es kann sich deshalb nicht nur um die Thematik *disciplinam castrorum lapsam extinctam refovisti* (paneg. 18, 1) handeln, zumal die bezeugten Soldatenunruhen - der Prätorianeraufstand ist hier auszuschließen - schon auf die Ermordung Domitians (s. u. S. 37) folgten und gerade in Pannonien, auf das sich W. GAUER vor allem bezieht (ebd. 319; seine Behauptung "Offenbar mußte der Kaiser in den pannonischen Lagern so etwas wie eine Meuterei unterdrücken... Trajan muß alle seine persönliche Autorität aufbieten, um sie zu überzeugen und für sich zu gewinnen" ist nicht haltbar), 97 n. Chr.

ein Germanenkrieg siegreich abgeschlossen wurde. Daß die Soldaten Meuterer, Gemaßregelte seien, kann auch aus dem Fehlen des Feldzeichens des Signifers nicht zwingend erschlossen werden. Richtiger K. FITTSCHEN ebd. 754: "Die Soldaten nehmen offenbar Weisungen des Kaisers entgegen... Der Kaiser sorgt für die Wachsamkeit des Heeres in Friedenszeiten". Der Signifer bezeichnet hier das Legionsheer, der Soldat mit dem Pferd (das FEARS, Virt. 920 zu Unrecht auf Trajan bezieht und als Symbol des Aufbruches nach Rom deutet) die Reiterei und der Soldat mit dem Molosserhund die Truppen für die unmittelbare Bewachung der Grenze.

81 Weder *disciplina exercitus* (K. FITTSCHEN ebd. 754) noch *disciplina castrorum* (W. GAUER ebd. 319) treffen Inhalt und Symbolgehalt der Szene voll, eher die Formel *fides exercitus* bzw. *exercituum,* die eine kleine außerordentliche Sesterzenserie zeigt, für die eine Datierung auf 98 n. Chr. wohl am wahrscheinlichsten ist (RIC II 439; BMC Emp. III 742 B; vgl. STRACK 82 f.; M. DURRY, RH 57, 1932, 322; BMC Emp. III, p. XCVI; auch FEARS, Virt. 920. G.G. BELLONI, ANRW II 1, 1974, 1091 hält eine Datierung auf das 3. oder 4. Konsulat [100 - 102 n. Chr.] für möglich). Die Darstellung des Princeps beim Empfang des *sacramentum* einer Gruppe von Offizieren und Soldaten ist eine der seltenen eindeutigen Wiederaufnahmen einer Prägung Domitians (BMC Emp. II 301 u.a.m. (ohne erläuternde Legende), vgl. p. XCIII).

82 Vgl. hierzu S. WEINSTOCK, HThR 50, 1957, 211 - 247; ders., RE VIII A 2, 1958, 2488 - 2492 (bes. 2491 f.), 2519 f.; M. IMHOF, MH 14, 1957, 197 - 215, bes. 208 f.; BEAUJEU 64 - 66; WATERS 400. Der Beiname ἀνίκητος bzw. die Bezeichnung θεὸς ἀνίκητος sind im Osten inschriftlich belegt (IGRR IV 1333 (102/117 n. Chr.), 1738 (110/111 n. Chr.); IG V 380 (115 n. Chr.).

83 Stat. silv. IV 7, 49 f.; 8, 61.

84 Mart. VII 6, 8; IX 23, 6.

85 CIL VI 2074; vgl. S. WEINSTOCK, HThR 50, 1957, 241 f.

86 Vgl. STROBEL, Dak. 97 f.

87 BMC Emp. III, p. 152. Vgl. STRACK 89 f.; BEAUJEU 66. Man wird diese außerordentliche Prägung in die propagandistische Vorbereitung des 1. Dakerkrieges einreihen dürfen. In den Emissionen des 3. Konsulates wird ebenfalls ein neuer Victoria-Typ als deutlicher Hinweis auf den nun definitiv bevorstehenden Krieg eingeführt (vgl. BMC Emp. III, p. XCVI).

88 Vgl. STROBEL ebd. 32 - 34 (mit weiterer Lit).

89 S. o. S. 10; vgl. auch BEAUJEU 74 f.

90 Vgl. S. WEINSTOCK, RE VIII A 2, 1958, 2494; FEARS, Princ. 196 - 198; ders., Jup. 34 - 47, 61 f., 78 f., 89 f.

91 CIL VI 2074, Z. 40. G.G. BELLONI, ANRW II 1, 1974, 1087, 1111 f. betont, daß die Münzprägung dieses Motiv erst spät im 5. Konsulat aufgreift.

92 Vgl. etwa FEARS. Jup. 78 f.; zur ausgeprägten Iupiter-Ideologie Domitians K. SCOTT [o. S. 15 A. 20] 133 - 140, 168 f. Stat. silv. IV 3, 128 f. *en hic est deus, hunc iubet beatis / pro se Iuppiter imperare terris* zeigt Domitian als Iupiters Stellvertreter göttlichen Charakters, ein Anspruch, den Trajan nicht weiterführt.

93 S. ferner BMC Emp. III 825, 899. Vgl. W. GAUER, JDAI 89, 1974, 323 f.; FEARS, Princ. 228 - 233; ders., Jup. 83 - 85; ders., Vict. 817. Domitian ließ sich als erster mit dem Attribut des Blitzes darstellen (BMC Emp. II 381 u.a.m.); vgl. FEARS, Princ. 222 - 226; ders., Jup. 78 - 80.

94 Vgl. auch BEAUJEU 64. Kaum zufällig ist so die Stilisierung Trajans in paneg. 10, 3 als *imperator, dux et miles.* S. ferner den 2. Münzporträttyp Trajans (99 - 103/104 n. Chr.), der den Kaiser als abgehärteten und erfolgreichen

Soldaten zu charakterisieren sucht; vgl. P.V. HILL, NC VII 10, 1970, 59; auch W.H. GROSS, RE Suppl. X, 1965, 1112.

95 Mart. XII 8 (charakteristisch ist das Fehlen genau der Germanen!); auch 9, 1-2.

96 RIC II 10, 22-26, 41-44, 395, 402, 416 f., 425. Vgl. STRACK 67 f.; BMC Emp. III, p. LXVI, XCV f.

97 Der unmittelbare Anlaß für die ersten Emissionen war wohl noch der pannonische Sieg des Jahres 97, dessen Feier bereits in der Münzprägung Nervas begonnen hatte (vgl. D.C.A. SHOTTER, Historia 23, 1983, 224). Zu stark auf diesen und den Germanicus-Beinamen (einschließlich organisatorischer Maßnahmen an Rhein und Donau) bezogen bei P. KNEISSL [o. A. 74] 69.

98 RIC II 396, 410, 422 f. Vgl. STRACK 90-92; BMC Emp. III, p. LXVIII, LXXII, XCV f.

99 Militärische Thematik zeigen ferner zwei seltene Sesterzen des 2. Konsulates mit einem Decursio-Typus Trajans (RIC II 403 f.; BMC Emp. III, p. 149, vgl. p. XCV; STRACK 83 f. mit Datierung auf 98 n. Chr.), ebenso die seltenen, nicht datierten Adlocutio-Prägungen ohne beschreibende Legende aus dem Beginn der Regierung Trajans (BMC Emp. III, p. 155, vgl. p. XCVI; STRACK 80-82; auch FEARS, Virt. 920). Die Münze von Asia prägt 98/99 n. Chr. wie unter Nerva Tetradrachmen mit dem Bild eines Legionsadlers zwischen zwei Standarten (RIC II 115, 118 f., 124 [Nerva], 718 f. [Trajan]).

100 Vgl. auch DURRY 103 f., 110; MALCOVATI 39.

101 Eutr. VIII 2, 1; Epit. de Caes. 13, 3; Oros. hist. VII 12, 2.

102 S. u. S. 37 ff.

103 Vgl. zu ihm u. S. 62.

104 Vgl. auch A. GARZETTI [o. A. 74] 308 (hinsichtlich angeblicher konkreter Aktivitäten Trajans ohne Beleg, ebenso PARIBENI I, 130 f., 135).

105 Vgl. J. KLOSE, Roms Klientel-Randstaaten am Rhein und an der Donau, Breslau 1934, 75 f., 103; A. MÓCSY, RE Suppl. IX, 1962, 552; E. SWOBODA, in: Les empereurs romains d'Espagne, Paris 1965, 195-208. Zum Germanenkrieg Nervas selbst STROBEL, Don. III c.

106 Tac. Germ. 42; vgl. etwa C. PATSCH, Der Kampf um den Donauraum unter Domitian und Trajan, SB Wien 1937, 1, Wien - Leipzig 1937, 43 f. Nicht folgen kann ich R. URBAN, Chiron 12, 1982, 156.

107 Vgl. die vor 89 n. Chr. bestehenden Verpflichtungen (Cass. Dio LXVII 7, 1).

108 Vgl. STROBEL, Dak. 152.

109 Domitian feierte 93 n. Chr. eine Ovatio über die Sarmaten (Suet. Dom. 6).

110 Vgl. STROBEL, Dak. 152, 205, 211.

111 S. bereits o. S. 21. Vgl. K. FITTSCHEN ebd. 751, 754; W. GAUER ebd. 317 f. (allerdings zu Unrecht mit Bezugnahme auf den Germanicus-Beinamen); FEARS, Virt. 918. Unbegründet ist die Annahme von Verträgen mit Rheingermanen (s. K. FITTSCHEN ebd. A. 28), ebenso der Bezug auf Trajans germanische Statthalterschaft bei BEAUJEU 433.

112 Kennzeichnend für die Situationsbeschreibung des Reliefs ist das Auftreten Trajans als Togatus.

113 RIC II 5, 15, 35 f.; BMC Emp. III 8, 34, 67; vgl. Themist. or. VIII 131 (ed. Dind.). Vgl. STRACK 69-72; M. DURRY, RH 57, 1932, 322; BMC Emp. III, p. LXV f.; K. CHRIST, Gymnasium 64, 1957, 523; G.G. BELLONI, ANRW II 1, 1974, 1079 f., 1087 f. Ein ausschließlicher Bezug etwa auf die ober- und untergermanische Grenze ist nicht zu erkennen. Gerade auf mögliche dortige Vorgänge gibt der Panegyricus keinen Hinweis! Zur 'Germania' des Tacitus s. jetzt R. URBAN ebd. 145-162.

114 S. bereits o. A. 97. Auch die Roma-Victrix-Typen des 2. und 3. Konsulates sind wahrscheinlich durch den Sieg von 97 und den Frieden von 98 n. Chr. angeregt; vgl. STRACK 68 f.; M. DURRY ebd. 320; BMC Emp. III, p. LXV.

115 S. u. S. 66.

116 CIL XVI 42 (beide pannonische Bataverkohorten, beide Ituräereinheiten (1 *ala sagittariorum*, 1 *cohors sagittariorum*), die pannonische Cohors I Montanorum c. R. und die Ala Siliana); nichts spricht dafür, daß diese Einheiten 97 n. Chr. etwa eine Kampfgruppe gebildet hätten.

117 CIL III 4491 = E. VORBECK, Militärinschriften aus Carnuntum, Wien [2] 1980, 59 Nr. 149; vgl. B. LÖRINCZ, AErt 104, 1977, 169 f., 175; STROBEL, Dak. 97 A. 73. Selbst wenn die Grabinschrift für M. Ulpius Dasius aus Sirmium, der mit 20 Dienstjahren in der Legio XV Apollinaris in Carnuntum verstarb, nur gerundete Zahlen angeben sollte, lagen Teile der Legion noch während des Partherkrieges in Carnuntum; ihr völliger Abmarsch in den Osten fällt erst in frühhadrianische Zeit. Die Auffüllung der Legion ist wohl ein Hinweis auf ihre sowieso anzunehmende Teilnahme an den Kämpfen des Jahres 97 n. Chr. Außerdem ist die Rekrutierung eines peregrinen Sirmiers in diese pannonische Legion ein weiterer Beleg für die Zugehörigkeit der Srem-Region nach 86 n. Chr. zu Pannonien.

118 So Q. Geminius Sabinus, der während seiner 7 Legionszenturionate und seines Primipilates bereits als *hastatus prior* der Legio I Adiutrix von Trajan *bello Germanico* ausgezeichnet wurde (AE 1923, 28 = ILT 778 = B. DOBSON, Die Primipilares, BJ-Beiheft 37, Köln - Bonn 1978, 222 f. Nr. 103 (s. auch CIL VIII 825, 12232 = 23841; ILT 779); vgl. V.A. MAXFIELD, The Military Decorations of the Roman Army, London 1981, 187, 194.

119 So Q. Attius Priscus als *tribunus angusticlavius* der Legio I Adiutrix (CIL V 7425 = ILS 2720 = A. DOBÓ, Inscriptiones extra fines Pannoniae Daciaeque repertae ad res earundem provinciarum pertinentes, Amsterdam [4] 1975, 97 Nr. 511; verfehlt sind die Bemerkungen bei V.A. MAXFIELD ebd. 113).

120 Vgl. STROBEL, Dak. 159 - 161; ohne Belang CIZEK 283 f.

121 S. bes. PARIBENI I 45 - 52, 74 - 84, 90 f., 130 f., 142 - 144; CIZEK 112, 114 f., 119 f., 193 - 204, 280 - 283; J.B. CAMPELL, The Emperor and the Roman Army 31 BC-AD 235, Oxford 1984, 45, 67.

122 A. PIGANIOL, in: Les empereurs romains d'Espagne, Paris 1965, 52.

Kapitel II:

1 Vgl. (mit weiterer Lit.) L. WICKERT, Klio 36, 1944, 17 - 25; ders., RE XXII 2, 1954, 2157 - 2178, 2187 - 2190, 2200 - 2222 (bes. 2209 ff.); ders., ANRW II 1, 1974, 44 - 59; J. BÉRANGER, Recherches sur l'aspect idéologique du principat, Basel 1953, 144 f.; H. NESSELHAUF, Hermes 83, 1955, 477 - 495, bes. 487 ff.; A. HEUSS, in: Synteleia V. Arangio-Ruiz, I, Neapel 1964, 340 - 348; KIENAST 51 - 71, bes. 51 ff., 69 ff.; STRAUB 36 - 63, bes. 43 ff.; WATERS 386 - 388; K. CHRIST, Historia 27, 1978, 456 - 462; H. TEMPORINI, Die Frauen am Hofe Trajans, Berlin - New York 1978, 55 - 61, 138 - 140; auch F. HARTMANN, Herscherwechsel und Reichskrise, Frankfurt - Bern 1982, 21 - 40, bes. 26 f., 39. Im Grundsatz treffend J. CARCOPINO, REA 51, 1949, 262 - 321; noch zu ideelle Sicht etwa bei J. BÉRANGER, in: Les empereurs romains d'Espagne, Paris 1965, 24 - 40, bes. 29 (s. die Diskussion a.a.O. 41 - 44); D.C. SHOTTER, AncSoc 9, 1978, 252 - 255. Ohne Belang sind die in Forschungsstand und Quellenauswertung überholten Darlegungen bei CIZEK 96 - 121.

2 Vgl. bes. KIENAST 69; dazu L. WICKERT, ANRW II 1, 1974, 57 f.; ADAM 111 f.; FEARS, Princ. 148 - 150, 249 - 252, sowie o. S. 10.

3 STRAUB 54; vgl. etwa L. WICKERT ebd. 55 f.

4 K. CHRIST, Römische Geschichte, Darmstadt ^{3} 1980, 184.

5 Vgl. K. CHRIST ebd.; L. WICKERT ebd. 58; auch ders., RE XXII 2, 1954, 2169. STRAUB 51 betont zu Recht, daß die Ideologie des 'Wahlkaisertums' durch Adoption dem Bemühen entspringt, "der jeweils durch machtpolitische Ambitionen veränderten Herrschaftsform eine Rechtsgrundlage zu schaffen, die zugleich die Gewähr für Kontinuität bieten sollte".

6 L. WICKERT, ANRW II 1, 1974, 46. Vgl. auch J. BÉRANGER, Principatus, Genf 1975, 137 - 152.

7 Vgl. bes. FEARS, Princ. 243 - 248.

8 Der genaue Tag ist weder literarisch noch durch die Fasti Ostienses (FO^2 45, frg. Fi) gesichert. Der ungefähre Zeitpunkt ergibt sich aus Epit. de Caes. 12, 9; vgl. GARZETTI 85 f., zum Todestag Nervas (27. 1. 98 n. Chr.) 94 - 96. J. SCHLUMBERGER [o. S. 16 A. 27] 78 - 80 betont zu Recht, daß Epit. de Caes. 12 im Gegensatz zu Aurelius Victor auf eine wertvolle Kaiserbiographie zurückgehen muß und neben Cassius Dio - Xiphilinos LXVIII 1 - 4 die wertvollste literarische Quelle zu Nerva darstellt.

9 Paneg. 8, 1 - 3, auch 1, 5; Cass. Dio LXVIII 3, 4 (auch Leo p. 283, 6 - 9 Cram.); ferner Epit. de Caes. 12, 9. Zur institutionalisierten Adoption und Caesarproklamation vgl. STRAUB 36 - 63, bes. 43 ff.; auch L. WICKERT a.a.O. 53. Vgl. ferner GARZETTI 86 - 88; B. PARSI, Désignation et investiture de l'empereur romain (Ier et IIe siècles après J.-C.), Paris 1963, 46, 174 - 182.

10 Paneg. 8, 3 *advocata contione hominum deorumque;* Leo ebd.

11 Paneg. 8, 6; Cass. Dio LXVIII 3, 4, 1; vgl. bes. B. PARSI ebd. 46; STRAUB 45 f.

12 S. auch paneg. 10, 2; vgl. STRAUB 55 f. Zum Consensus-Gedanken s. ferner paneg. 54, 2; 58, 2; 95, 2; vgl. H.U. INSTINSKY, in: Römische Wertbegriffe, WdF 34, Darmstadt ^{3}1983, 209 - 228, bes. 218 - 221, 224 f.; J. BÉRANGER [o. A. 1] 154 - 156; L. WICKERT, RE XXII 2, 1954, 2264 - 2269; B. PARSI ebd. 175 betont seine Bedeutung gerade angesichts der Schwäche des Designierenden. STRAUB 56 nimmt wohl zu Recht an, daß die Prätorianer erst zusammen mit den Provinzheeren zur Akklamation aufgefordert wurden.

13 Cass. Dio LXVIII 3, 4, 2; vgl. STRAUB 45 f., 55 f.

14 Paneg. 8, 6; 9, 1; vgl. Epit. de Caes. 12, 9; STRAUB 55 f.; auch B. PARSI ebd. 46.

15 Cass. Dio LXVIII 3, 4, 2; vgl. paneg. 9, 3-4.

16 Mit Sicherheit ist davon auszugehen, daß Plinius Ablauf und Hintergrund der Designation Trajans kannte. Nicht zustimmen kann ich allerdings der Ansicht, daß Plinius zu loyal, um den idealen Charakter des trajanischen Prinzipates zu bezweifeln, und als ein guter Kenner der *arcana imperii* nur nicht geschickt genug gewesen sei, sein Wissen zu verbergen (so L. WICKERT, in: Prinzipat und Freiheit, WdF 135, Darmstadt 1969, 96. Auch sein Vorwurf der Naivität bzw. Ungeschicklichkeit bei der Thematisierung von *libertas* und *simulatio liberae civitatis* (ebd. 130 f.) kann so nicht aufrechterhalten werden; vgl. HÄFELE 41 - 55, bes. 47 f., 51 ff., 55). H. NESSELHAUF, Hermes 83, 1955, 492 urteilt skeptisch: "Was damals wirklich vorgegangen ist, bleibt im undurchdringlichen Dunkel, über das die Rhetorik einen Schleier der Allgemeinheiten ausbreitete". Wenn er allerdings hinzufügt, daß Plinius eine "zu loyale und zu unpolitische Natur" gewesen sei, um die geforderte Glorifizierung "mit schlechtem Gewissen oder mit versteckter Ironie" zu betreiben, so ist in Plinius doch eher gerade der geschickte, zielbewußte und wendige Politiker und Propagandist zu sehen.

17 Vgl. bes. KIENAST 51 f.; SCHWARTE 151 - 153, 155 - 162.

18 Paneg. 5, 6 - 7, 3.8; Cass. Dio LXVIII 3, 3-4; Epit. de Caes. 12, 8-9.

19 Paneg. 5, 6.7; 6; 8, 4; 34, 2; vgl. SCHWARTE 151 f.

20 S. zu ihm ausführlich u. S. 37 ff.

21 Zur Rebellion paneg. 5, 7; 6, 1-2; Cass. Dio LXVIII 3, 3 mit Joann. Antioch. frg. 110 M (v. 1-6); Epit. de Caes. 12, 6-8; auch Suet. Dom. 23, 1; vgl. SCHWARTE 143 f. Nicht folgen kann ich KIENAST 61 f. in der Analyse der Beseitigung der Mörder Domitians; zu hart erscheint sein Urteil über Petronius und Norbanus, wenn er sie als "Kreaturen Domitians" bezeichnet.

22 Suet. Dom. 23, 1; auch Aur. Vict. Caes. 11, 9-11. Zur Ermordung Domitians und dem Kreis der Verschwörer s. Suet. Dom. 14, 1; 17; Cass. Dio LXVII 15 . 17; Epit. de Caes. 11, 11; vgl. etwa ST. GSELL, Essai sur le règne de l'empereur Domitien, Paris 1894, 327 - 332; WEYNAND, RE VI 2, 1909, 2580; GARZETTI 31 - 34; KIENAST 58 (mit A. 34); H. BENGTSON [o. S. 18 A. 46] 244 - 246; R. SYME, Chiron 13, 1983, 137 f.

23 Vgl. A. STEIN, RE XIX 1, 1937, 1223 f.; ders., Präf. 46 f.; A. PASSERINI, Le coorti pretorie, Rom 1939 (ND. 1969), 290 f.

24 Vgl. PIR[2] II, XXI f. Nr. 951 a; R. HANSLIK, RE XVIII 4, 1949, 1901 f.

25 Cass. Dio LXVII 15, 4-5; Epit. de Caes. 12, 2.7; Eutr. VIII 1, 1 (vgl. Oros. hist. VII 11, 1); vgl. etwa A. STEIN, RE IV 1, 1900, 136 f.; R.P. LONGDEN, CAH XI, 1936, 188 - 190; GARZETTI 33 - 39; R. ENGEL, Latomus 36, 1977, 994.

26 Paneg. 6, 2 (nicht überinterpretiert werden darf *coactus princeps quos nolebat occidere*); Epit. de Caes. 12, 8. Vgl. KIENAST 61; SCHWARTE 144.

27 Paneg. 6, 1-4; 8, 5-6; 10, 1; vgl. auch Cass. Dio LXVIII 3, 4 (καταφρονούμενος); Epit. de Caes. 12, 8 *(neglecto principe)*. Vgl. etwa R.P. LONGDEN ebd. 196.

28 Paneg. 5, 6-7; 6, 1-3; 7, 1; 8, 1.3-6; auch 34, 2; s. epist. X 1 . 52; Cass. Dio LXVIII 4, 2 oder die Bezeichnung Trajans als σωτῆρ τοῦ παντὸς κόσμου in IG V 380. Vgl. etwa FEARS, Virt. 915 - 922.

29 Paneg. 6, 3 -5; 8, 4 -5.

30 Vgl. paneg. 7, 3; B. PARSI [o. A. 9] 176 ("dans l'esprit de Pline, si politiquement et non plus juridiquement l'un est la doublure de l'autre, c'est Nerva de Trajan"). Als Tatsache erscheint die Abdankung dann bei Lact. mort. pers. 18, 4; Aur. Vict. Caes. 12, 2.

31 Paneg. 6, 2 (Ende).

32 Ebd. 6, 5; 8, 3-4.6; 10, 6.

33 Paneg. 1, 4-5; 5, 1-2; 8, 1-2; 10, 4; 23, 5; 52, 6; 56, 3; 94, 3-4; auch epist. X 1, 1. Vgl. o. S. 10 bes. A. 17; auch B. SCARDIGLI, QUCC 18, 1974, 57 - 103, bes. 85 ff.

34 Paneg. 8, 2; auch 23, 5; vgl. ADAM 112. In der *Provid(entia)* - Prägung vom Beginn der Regierung Trajans (BMC Emp. III 53) stehen sich Trajan als Feldherr und Imperator (!) und der Genius Senatus als Togatus gegenüber und halten jeweils mit der Rechten den Globus; es wird hier weder die Adoption Trajans gefeiert, noch die Übergabe des Globus dargestellt; Nerva darf nicht mit dem Togatus identifiziert werden (so wieder G.G. BELLONI, ANRW II 1, 1974, 1081; R.T. SCOTT, Historia 31, 1982, 454 f.). Symbolisiert wird die gemeinsame Sorge für das Reich; die Legende ist weder als *providentia Augusti* noch als *providentia senatus* bestimmt und greift so nicht in die Gewichtung ein. Vgl. STRACK 45 - 48; auch J. BÉRANGER [o. A. 1] 180. In den Providentia-Senatus-Münzen Nervas (BMC Emp. III p. 21) erscheinen der Princeps und der Genius Senatus als Togati, wobei bezüglich des vom Princeps gehalte-

nen Globus der Genius Senatus nicht die Geste des Gebens zeigt, sondern die des Unterstützens oder gar des Empfanges; der Anteil des Senates wird allein durch die Legende betont. Vgl. STRACK 46; nicht treffend D.C.A. SHOTTER, Historia 32, 1983. 221.

35 S. o. S. 27, bes. A. 12.

36 Paneg. 7, 3; 8, 2; 9, 2-5; 10, 1.

37 Paneg. 9, 3-4. Dies ist mit Sicherheit eine Fiktion, da zumindest die Zustimmung zur Adoption bei Trajan eingeholt werden mußte.

38 Paneg. 5, 7-9; 6, 1-2. Zum Bezug auf die Prätorianerrebellion vgl. auch DURRY 39; MALCOVATI 25, 27.

39 Paneg. 5, 3-4; 23, 4; 94, 4.

40 Paneg. 6, 4; vgl. auch Cass. Dio LXVIII 3, 4 zum Handschreiben Nervas mit dem Zitat von Hom. Il. I 42.

41 Paneg. 5, 6; 6, 1-2; 10, 1.

42 Ebd. 6, 5; 7, 1-3.

43 S. bes. paneg. 7, 1.

44 Ebd. 5, 8-9; 6, 2-4.

45 Paneg. 9, 2. Daß Trajan schon vor seiner Adoption zumindest theoretisch zum Kreise der *capaces imperii* gezählt werden konnte, dürfen wir wohl der - in dieser Form allerdings eher *post eventum* konstruierten - Andeutung in Tac. Agric. 44, 5 entnehmen. Vgl. zur Bedeutung der Abstammung L. WICKERT, RE XXII 2, 1954, 2190 - 2200, bes. 2191 - 2194.

46 Vgl. auch HÄFELE 9 - 12, 133 f.; KIENAST 55 - 57.

47 Vgl. etwa KIENAST 65.

48 Vgl. B. GRENZHEUSER, Kaiser und Senat in der Zeit von Nero bis Nerva, Diss. Münster 1964 (MS.), 152; auch R.P. LONGDEN, CAH XI, 1936, 198; zur Münzprägung Nervas jetzt D.C.A. SHOTTER, Historia 32, 1983, 217 - 225.

49 Vgl. SYME, Tac. 7; G.G. BELLONI, ANRW II 1, 1974, 1071 f.; D.C.A. SHOTTER ebd. 217 f., 223 f.

50 Vgl. zusammenfassend HÄFELE 9 f., 12, 133 f.

51 Vgl. etwa R.P. LONGDEN ebd. 196.

52 KIENAST 51 - 71, bes. 62 - 65; ihm folgt etwa FEARS, Princ. 152 f., 226 f. Nicht folgen kann ich KIENASTS Behauptung, die Ausschaltung des Parthenius und des Petronius hätte Nerva freie Hand für die Adoption Trajans gegeben; daß beide sehr wahrscheinlich nicht ganz mit der Adoption Trajans einverstanden gewesen wären, ist eine ungesicherte Annahme, die zudem voraussetzt, daß sich Nerva bereits zuvor um diese Adoption bemüht hätte. Nicht erweisbar ist ferner, daß "gleich nach der Beseitigung der Mörder Domitians in Rom die Ruhe zurückgekehrt und damit die Voraussetzungen für die Adoption erst geschaffen waren" (S. 63). Warum dann die *adoptio in absentia* "als eine Notstandsmaßnahme mit der unsicheren Haltung des Ostheeres in Verbindung" zu bringen sein sollte (A. 58), bleibt unklar. Die Beseitigung des Casperius Aelianus durch Trajan, "selbst wenn er ihm zuvor möglicherweise recht gute Dienste geleistet" hatte, allein mit der Rücksichtnahme auf den Senat zu begründen (S. 62), befriedigt m. E. nicht. Eine "kritisch distanzierende Haltung gegenüber der Adoption als eines Mittels der Herrschaftsübertragung" (S. 65) sehe ich bei Plinius nicht ohne weiteres. Nicht haltbar scheint die Ausdeutung von paneg. 10, 4.6 (S. 63 f.); auch dürfte der Senat von KIENAST zu homogen gesehen (vgl. auch SCHWARTE 146 f., 149 f.) und in seiner Bedeutung gelegentlich überbetont sein.

53 KIENAST 63.

54 Ebd. 65 (nicht widerspruchsfrei zu den Darlegungen S. 69).

55 Ebd. 65.

56 Ebd. 63; sonst geht KIENAST allerdings immer von der Intention gerade einer Distanzierung von Nerva aus.

57 Eine betonte Zurückhaltung, ja eine gewisse Geringachtung Nervas durch seinen Nachfolger zeigt die Münzprägung, wo erst nach rund 10 Jahren der Divus Nerva erstmals auf einer Restitutionsmünze (!) und dann ca. 113/115 n. Chr. zusammen mit dem Divus Pater Traianus auf eigentlichen Münzen Trajans erscheint (BMC Emp. III 706 bzw. 498 f.; vgl. p. LXXXI; STRACK 199; P.V. HILL, The Undated Coins of Rome A.D. 98-148, London 1970, 146; G.G. BELLONI, ANRW II 1, 1974, 1115 - 1119). Zum Verhalten gegenüber Nerva s. ferner paneg. 26-28; 37-38; 61, 7; mehrere positive Leistungen Nervas werden unterdrückt. Vgl. R.P. LONGDEN ebd. 196 f.; HÄFELE 12; SYME, Tac. 12; KIENAST 64 f.

58 Vgl. etwa auch R.P. LONGDEN ebd.; L. WICKERT, RE XXII 2, 1954, 2210; SYME, Tac. 9 ff., 35 f.

59 Vgl. auch SCHWARTE 153.

60 Vgl. L. WICKERT ebd. 2190, 2212; ders., Klio 36, 1944, 23 f.

61 Vgl. paneg. 7, 4. Zu *regius* s. TRISOGLIO 234 A. 2; auch L. WICKERT, Klio 36, 1944, 23.

62 Paneg. 5, 5; s. o. S. 30 f.; vgl. J. BÉRANGER, MH 5, 1948, 178-196 (S. 179, 188 falscher Bezug für paneg. 5, 5-6; vgl. HÄFELE 11 A. 3); ders. [o. A. 1] 137-169; L. WICKERT, RE XXII 2, 1954, 2258 - 2264; ders., ANRW II 1, 1974, 70 f.

63 Paneg. 94, 4.

64 Vgl. auch KIENAST 68.

65 Vgl. auch SCHWARTE 153.

66 S. u. S. 43 ff.

67 Vgl. Plinius' ungewöhnlich langwierige Reise nach Pontus-Bithynia, die bereits vor dem 18. 9. beendet war (epist. X 15 . 17 a).

68 Zu Nervas Stellung unter Domitian vgl. A. STEIN, RE IV 1, 1900, 134-136; GARZETTI 17-30, bes. 24 ff.; SYME, Tac. 1-6, 628 f.; ECK 62; H. BENGTSON [o. S. 18 A. 46] 212-214. Zu seiner Einschätzung s. epist. IV 22, 4-6 (vgl. Epit. de Caes. 12, 5).

69 Unglaubwürdig sind die Angaben bei Philostr. VA VII 8-9.33.36; VIII 7, 10; 27 f.; auch Cass. Dio LXVII 15, 5 kann wohl als nachträgliche Konstruktion beurteilt werden. Vgl. SYME ebd.; O. MURRAY, JRS 57, 1967, 250 f.; KIENAST 57 f. (mit A. 34.39), 61 A. 53; ferner R.P. LONGDEN ebd. 188; GARZETTI 27-30, 34. Zu sehr vertrauen Philostrat F. GROSSO, Acme 7, 1954, 458-461; B. GRENZHEUSER [o. A. 48] 121-129; R.F. ROSSI, AFLT 3, 1966-1967, 45-68.

70 Philostr. VS I 7; s. auch Suet. Dom. 23, 1; Aur. Vict. Caes. 11, 9-11. Vgl. etwa C. PATSCH [o. S. 23 A. 106] 47-49; GARZETTI 38.

71 S. o. S. 32.

72 Vgl. etwa R. P. LONGDEN ebd. 198; SYME, Tac. 3 f.; J. DEVREKER, AncSoc 8, 1977, 241 f.

73 Vgl. J. DEVREKER ebd.

74 Vgl. zu ihm jetzt W.C. McDERMOTT, AJPh 91, 1970, 129-148; ergänzend, aber nicht immer überzeugend B.W. JONES, AJPh 92, 1971, 476-478; auch W. ECK, ZPE 9, 1972, 259-261; SCHUMACHER 67 Nr. 6.

75 Vgl. etwa GARZETTI 45 ff.; B. GRENZHEUSER ebd. 148-155, bes. 152.

76 Cass. Dio LXVIII 3, 2; Epit. de Caes. 12, 6. Vgl. PIR^2 II, 1936, 50 f. Nr. 259; GARZETTI 53 f.; SYME, Tac. 9; KIENAST 58; SCHWARTE 143.

77 Nach Epit. de Caes. 12, 6 *patribus lenitatem eius increpantibus;* s. aber KIENAST 58 A. 39.

78 Cass. Dio LXVIII 16, 2; HA Hadr. 5, 5-6. SCHUMACHER 267 f. A. 13 datiert Verbannung und Entfernung aus dem Pontifikat 98/101 n. Chr.

79 Cass. Dio LXVIII 3, 3.

79 a Cass. Dio a.a.O; Philostr. VA 16-22.28.32.40. Vgl. zu ihm A. STEIN, RE III 2, 1899, 1653; PIR^2 II, 1936, 107 Nr. 462; M. DURRY, Les cohortes prétoriennes, Paris 1938 (ND. 1968), 378; A. PASSERINI [o. A. 23] 290, 295; KIENAST 60-62; B.W. JONES, CJ 1973, 277-279 (nicht befriedigend); SCHWARTE 143-145 (bes. A. 36); DEVIJVER I, 228 C 89; auch HOUSTON 290; R.M. GOETZ, Freunde und Feinde des Kaisers Domitian, Diss. München 1978, 138 f.; unberechtigtes Vertrauen in Philostrat bei F. GROSSO ebd. 469-478; B. GRENZHEUSER ebd. 125; R.F. ROSSI ebd.; s. etwa O. MURRAY ebd.

80 Cass. Dio LXVII 14, 4.

81 Vgl. o. A. 23; G. BASTIANINI, ZPE 17, 1975, 278.

82 Vgl. zu ihm J. ASSA [o. S. 18 A. 46] 31-39; G. WINKLER [ebd.] 495-498; ders., RE Suppl. XIV, 1974, 286 f.; PFLAUM, Carr. Suppl. 17 f. Nr. 45 A; eingeschränkt auch B.W. JONES, PP 29, 1974, 189-191.

83 S. bes. G. WINKLER ebd. auf der Basis von BGU V 1, 1919, 1210, Z. 50; P.A. BRUNT, JRS 65, 1975, 144 (allerdings ist es weniger wahrscheinlich, daß er ein kurzfristiger Vorgänger des Petronius gewesen sein sollte). M. Iunius Rufus ist vielleicht bereits am 26. 2. 94 n. Chr. als Praefectus Aegypti belegt (P. Hamb. 29; vgl. STEIN, Präf. 47), sicher aber am 1. 7. 94 n. Chr. (s. u. S. 62).

84 S. o. S. 28.

85 Zu Recht von G. WINKLER ebd. betont.

86 Diese Berufung diente wohl kaum in erster Linie einer Versöhnung der Garde (so etwa M. DURRY ebd.; A. PASSERINI ebd. 295).

87 Epit. de Caes. 12, 8; vgl. zur Textgestalt SCHWARTE 145 mit A. 40; o. A. 8 zur Einschätzung der Quelle.

88 Vgl. SCHWARTE 149; unterschätzt bei KIENAST 60.

89 Vgl. auch F. GROSSO ebd. 476.

90 SCHWARTE 139-175.

91 Vgl. bes. K. CHRIST, Historia 27, 1978, 453-456; SCHWARTE 139-142, 162-175.

92 Vgl. SCHWARTE 155-162; zusammengestellt entsprechende Passagen bei E. MOHR, Der Panegyricus des jüngeren Plinius als Quelle für die Kaisergeschichte bis auf Nerva, Diss. Marburg 1922 (MS.), 13-49.

93 Paneg. 34-35; vgl. MALCOVATI 71-74.

94 Cass. Dio LXVIII 1, 2-3.

95 S. hierzu epist. IX 13, 4; Cass. Dio ebd. Daß selbst berüchtigte Gestalten aus dem Kreise des Senates weitgehend unbehelligt blieben, zeigt etwa M. Aquilius Regulus (s. epist. I 5, bes. 15; II 11, 22; 20, 2-14; IV 2. 7; VI 2; vgl. PIR^2 I, 196 f. Nr. 1005; GARZETTI 49 f.; SYME, Tac. 100-102; ders., RP 254 f.; ECK 76).

96 Vgl. paneg. 35, 4-5.

97 Paneg. 20, 5.

98 S. bes. Cass. Dio LXVIII 1, 3.

99 Vgl. SYME, Tac. 2, 8 f., 13; B. GRENZHEUSER [o. A. 48] 148 f.

100 Vgl. hierzu SHERWIN-WHITE 491-499; G. ALFÖLDY - H. HALFMANN, Chiron 3, 1973, 363-369; SCHWARTE 145-147 mit A. 51; auch K.H. WATERS, AJPh 90, 1969, 391 f.; vielfach nicht überzeugend H.B. MATTINGLY,

RSA 2, 1972, 175, 181-184. Der Vorgang erfolgte sicher erst nach dem Januar 97 n. Chr., als M. Aquilius Regulus noch ein Vorgehen gegen sich befürchtete, und Plinius seinerseits diesbezüglich auf die Rückkehr des Iunius Mauricus wartete (epist. I 5, bes. 11.16); vgl. auch SHERWIN-WHITE 491 f. Als *terminus ante quem* ergibt sich der 1. 7. 97, als L. Domitius Apollinaris sein Suffektkonsulat (Juli - August 97 n. Chr.; vgl. FO^2 45, 91) antrat. Da Certus unmittelbar nach der Publikation von Plinius' Ausführungen starb, letztere aber erst nach der bald nach dem Tode Nervas erfolgten Ablösung des Certus von seiner Ärarpräfektur (s.u.) anzusetzen ist (epist. IX 13, 23 f.), wird die Datierung der Senatssitzung kaum in die ersten drei Monate des Jahres fallen können; vgl. auch epist. IX 13, 4 zum Abstand von der Ermordung Domitians.

101 Vgl. R. BAUMAN, Impietas in principem, MBP 67, München 1974, 169-171; auch SHERWIN-WHITE 491 f.; SCHWARTE 146.

102 Epist. II 9, 6 dürfte belegen, daß er ca. 100/101 n. Chr. im Senat nicht von geringem Einfluß war. Vgl. zu ihm jetzt BALLAND 103-120. Die Zuordnung der akephalen Inschrift TAM II 569 (ebd. 106 f.) muß jedoch offen bleiben. Familiäre Bindungen sind zu den Neratiern anzunehmen (ebd. 113-117).

103 Vgl. FO^2 45; ferner PIR^2 III, 108 Nr. 54; E. GROAG, RE VI 2, 1909, 1844 f.; R. HANSLIK, RE Suppl. XII, 1970, 372.

104 Vgl. PIR^2 III, 213 f. Nr. 544; u. A. 108.

105 Epist. IX 13, 13-17. Auch der präsidierende Konsul scheint Plinius nicht sonderlich unterstützt zu haben. Es wäre aber verfehlt, alle Männer, die für Certus auftraten, der ja über bedeutende Beziehungen verfügte (ebd. 13, 11), automatisch dem Kreise des Widersachers Trajans in der Nachfolgefrage zuzurechnen (so G. ALFÖLDY, Chiron 3, 1973, 367 f.; SCHWARTE 149); vgl. nur das Verhalten des T. Vestricius Spurinna in epist. I 5, 8-10. Unbezweifelbar belegen die Vorgänge jedoch das Fehlen eines antidomitianischen Grundkonsenses im Senat.

106 Epist. IX 13, 22. Vgl. R. BAUMAN ebd.; zur zeitgenössischen Einschätzung der Haltung Nervas epist. IV 22, 4-6; zum letztlichen Scheitern auch W.C. McDERMOTT, AJPh 91, 1970, 146; ECK, Bef. 196 f.; SCHWARTE 146.

107 S. zum Antrittsdatum von Plinius' Ärarpräfektur STROBEL, Plin. 44. Dem Ansatz von M. CORBIER, L'Aerarium Saturni et l'Aerarium militare, Rom 1974, 139-141 für Plinius' Amtszeit auf 1. 1. 98 - 31. 12. 100 n. Chr. konnte ich nicht folgen, insbesondere auch in der Annahme fester Daten für den Wechsel in diesem stadtrömischen Amt in einer Phase einschneidender Regierungswechsel (s. auch M. CORBIER ebd. 659); zudem geht sie von einer gemeinsamen Ablösung des Certus und Proculus vor dem Ablauf ihrer regulären dreijährigen Amtszeit aus (ebd. 111-119). Eine getrennte Ablösung und damit ein nur wenige Monate amtierender Nachfolger des Certus wird allgemein ausgeschlossen (vgl. etwa ZARANKA 294 f.). M. CORBIERS Überlegungen zur Designierung der Suffektkonsuln (ebd. 139-141) sind nicht überzeugend; vgl. M.L. PALADINI, Athenaeum 37, 1959, 41-44, 110; auch L. VIDMAN, Etude sur la correspondance de Pline le Jeune avec Trajan, Prag 1960 (ND. Rom 1972), 17-19; BALLAND 137.
Noch eine weitere Bemerkung zu Plinius' Laufbahn: ECK^2 I 349-351, bes. A. 275 datiert seine Mission in Pontus-Bithynia gegen SHERWIN-WHITE 80-82, 529 auf 110/111 - 111/112, wobei er sich auf die untermoesische Legatio des P. Calpurnius Macer Caulius Rufus stützt, an den Trajan Plinius in epist. X 42 verweist. Der Brief ist in den Januar nach der Ankunft des Plinius in der Provinz zu datieren (X 35: 3. 1.; X 52: 28. 1.; die aus dem gleichen

Kalenderjahr stammenden Briefe X 61.62.77 erwähnen Macer ebenfalls). ECK[2] I 349-353 mit Korrektur II 210 datiert Macers Legatio auf 110/111 - 112/113 n. Chr. Ein gesichertes Datum für sie liegt aber nur in CIL III 777 = ISM V 292 (1.1. - 9.12.112 n. Chr.) vor. Auch ECK[2] II 210 gibt aber die Möglichkeit zu, in ihm den direkten Nachfolger des L. Fabius Iustus zu sehen, der im Amtsjahr 108/109 n. Chr. Syrien übernahm. Auf Grund der damals erfolgten umfangreichen Bau- und Organisationsmaßnahmen (s. etwa CIL III 777 aus Barboşi; vgl. STROBEL, Dak. 82 ff., 219 f.) sind längere Statthalterschaften in Moesia Inferior durchaus nicht überraschend. Für Macers Legatio schlage ich deshalb 108/109 - 111/112 n. Chr. vor, was mit SHERWIN-WHITES Ansatz im Einklang stünde. Nicht zwingend für eine Spätdatierung von Plinius' Mission auch SCHUMACHER 296 f. A. 36.

108 Epist. IX 13, 22-25; vgl. hierzu W.W. EHLERS, Glotta 49, 1971, 144 f.; nicht überzeugend M. CORBIER ebd. 114 f. Sein Kollege Q. Fulvius Gillo Bittius Proculus erreichte das Suffektkonsulat November - Dezember 98 oder 99 n. Chr. (FO[2] 45, 94; W. ECK, ZPE 45, 1982, 143-145); wohl 115/116 n. Chr. war er Prokonsul von Asia (ECK[2] I 359; ders. ebd. 141 f.).

109 Vgl. hierzu SCHWARTE 145-147, 149 f.; ferner R.P. LONGDEN, CAH XI, 1936, 195 f.; R. SYME, Philol. 91, 1936, 243 f.; SHERWIN-WHITE 494 f.

110 Epist. I 12, 3; V 1, 5; VII 31, 4. Vgl. PIR[2] II, 305 f. Nr. 1294; SYME, Tac. 3.

111 Chiron 3, 1973, 331-373, bes. 361-369.

112 SCHWARTE 147-155.

113 Zu seiner Laufbahn s. CIL II 3783, 6013; AE 1973, 283; vgl. G. ALFÖLDY ebd. 331-345. Zur Herkunft aus Liria Edetanorum (Liria) in der Hispania Tarraconensis und zur Karriere vgl. G. ALFÖLDY - H. HALFMANN ebd. 345-369; W. ECK, RE Suppl. XIV, 1974, 107 f.; THOMASSON 32-34; zur Identifikation mit dem angesprochenen syrischen Statthalter auch ECK[2] I 324 A. 172; etwas widerwillig R. SYME, ZPE 41, 1981, 136-142, der nicht ohne Grund für einen senatorischen Rang vor der Adlectio eintritt (ders., ZPE 56, 1984, 176 mit dem Hinweis einer möglichen Abstammung mütterlicherseits von dem Redner Curiatius Maternus); seine Andeutung, Nigrinus könnte ein kurzzeitiger Vorgänger des A. Bucius Lappius Maximus in Syrien gewesen sein, kann nicht überzeugen (vgl. G. ALFÖLDY, AJAH 4, 1979, 183 A. 38). Ca. 40 n. Chr. geboren war Nigrinus etwa 68/69 Militärtribun bei der Legio XIV Gemina, wurde wohl 73/74 *inter praetorios* adlegiert, hatte ca. 74/75 eine Sondermission inne, war dann etwa 75-78/79 Legat der Legio VIII Augusta und 80/81 - 82/83 prätorischer Legat Aquitaniens (vgl. ECK[2] I 304-306). Auch R. SYME, Tituli 4, 1982[1984], 400-402.

114 Vgl. G. ALFÖLDY ebd. 347-350.

115 Vgl. GALLIVAN 210, 216.

116 Von einer Pause in seiner Laufbahn vor der syrischen Statthalterschaft (so G. ALFÖLDY ebd. 362) braucht nicht ausgegangen zu werden. Daß A. Bucius Lappius Maximus in der Übertragung der syrischen Legatio als jüngerer Konsular den Vorrang bekam, kann angesichts seiner überragenden Verdienste für die Sicherung der Herrschaft Domitians in keiner Weise überraschen. Damit entfallen auch die möglichen Einwände bei ECK[2] I 324 A. 172, zumal Iavolenus Priscus als unmittelbarer Nachfolger des Lappius Maximus ausscheidet (s.u. S. 60).

117 Vgl. u. S. 59 f. Die Abfolge der syrischen Legaten läßt sich wie folgt rekonstruieren:

P. Valerius Patruinus 86/87 - 88/89 (vgl. ECK[2] I 312-315).

A. Bucius Lappius Maximus 89/90 - 93/94 (vgl. ALFÖLDY, Leg. 11-13; ders., Chiron 3, 1973, 361 f.; W. ECK, RE Suppl. XIV, 1974, 108; ECK[2] I

316). Er bekleidete ein zweites Konsulat Mai - August 95 n. Chr. (FO^2 45), war also zu diesem Zeitpunkt mit Sicherheit in Rom. Seine Ablösung muß somit spätestens im Frühjahr 95 n. Chr. erfolgt sein, was aber eher auf einen regulären Wechsel zur Jahresmitte 94 n. Chr. schließen läßt. Eine über das Triennium hinausreichende Amtsperiode der syrischen Legaten ist keine Ausnahmeerscheinung (M. Ulpius Traianus 73/74 - 77/78; L. Ceionius Commodus 78/79 - 81/82; T. Atilius Rufus 82/83 - 85/86; C. Antius A. Iulius Quadratus 100/101 - 103/104; A. Cornelius Palma Frontonianus 104/105 - 107/108; L. Fabius Iustus 108/109 - 111/112; vgl. ECK^2 II 227).
M. Cornelius Nigrinus Curiatius Maternus 94/95 - November 97.
C. Octavius Tidius Tossianus L. Iavolenus Priscus Frühjahr 98 - 99/100.

118 SCHWARTE, bes. 149 - 152.

119 Ähnlich SCHWARTE 150.

120 G. ALFÖLDY ebd. 366.

121 Vgl. SCHWARTE 148 - 150.

122 So wohl zu stark von SCHWARTE 150 betont.

123 Anders KIENAST 63; auch SCHWARTE 151 f.

124 Vgl. auch SCHWARTE 150.

125 Paneg. 8, 1-3; Cass. Dio LXVIII 3, 4 (mit Leo p. 283, 6-9 Cram.). Keinen Widerspruch findet die Beurteilung, daß mit dem Adoptionsakt ein *fait accompli* geschaffen werden sollte, in den Ergebnissen der Forschung. Die Annahme von F. GROSSO, Acme 7, 1954, 477, die Adoption Trajans müsse wahrscheinlich auch die Billigung des Casperius Aelianus gefunden haben, ist kaum haltbar.

126 Vgl. auch SCHWARTE 150, 152 f.

127 CIL VIII 17891 = ILS 1055; AE 1908, 237; vgl. PIR^2 V 1, 19 f. Nr. 103; E. GROAG, JOEAI 29, 1935, 191 - 193; R. SYME, Philol. 91, 1936, 238 - 245; ders., Tac. 16, 631; ALFÖLDY, FH 175 f.; ders., Chiron 3, 1973, 364 f.; J. Šašel, Chiron 4, 1974, 467 - 477, bes. 473 - 475; Pflaum, FN 16 f.; SCHWARTE 153 f.; auch SCHUMACHER 115 f. Nr. 17.
Der in ungewöhnlicher Weise als Quästorier zum *tribunus militum laticlavius* der IV Scythica ernannte C. Iulius Proculus (CIL X 6658 = ILS 1040; vgl. PIR^2 IV 3, 255 f. Nr. 497; PFLAUM, FN 316 f. Er war 96 n. Chr. *quaestor Augustorum* Domitians und Nervas) hat als sein Stellvertreter mit ziemlicher Sicherheit das tatsächliche Kommando der Legion übernommen.

128 CIL XIII 5089 = ILS 1020; vgl. SYME, Tac. ebd; G. ALFÖLDY, Chiron 3, 1973, 365, bes. A. 154.

129 S. epist. IX 13, 11.

130 Vgl. auch G. ALFÖLDY ebd. 366 f.

131 Vgl. u. S. 55 f. Wohl erst nach der Entfernung des Casperius Aelianus, dem die Prätorianer nach den Ereignissen auf das engste verbunden gewesen sein müssen, aus Rom konnte dort ein neuer Gardepräfekt relativ problemlos installiert werden.

132 Cass. Dio LXVIII 5, 4; vgl. GARZETTI 85, 90; SYME, Tac. 17; ders., JRS 70, 1980, 64; verfehlt K.-H. WATERS, AJPh 90, 1969, 388 A. 9. F. GROSSO ebd. 477 f. nimmt kaum zu Recht an, daß Casperius Aelianus Trajans Anweisungen vertrauensvoll Folge geleistet und mit dem Wohlwollen des Kaisers gerechnet habe.

133 Vgl. paneg. 5; 9, 5; 23, 1; 44, 1 - 2; 94, 3; DIERAUER 15 - 18; ECK, Bef. 219; auch A. STEIN, RE IV 1, 1900, 140; zu früh ECK^2 I 326 f. Für eine Übertragung der Statthalterschaft schon etwa Ende 96 n. Chr. (so etwa R. HANSLIK, RE Suppl. X, 1965, 1038) fehlt jeder Beleg. In den obergermanischen Fasten

klafft zwischen Iavolenus Priscus (89 - 91/92(?); vgl. u. S. 60) und Trajan eine Lücke, in die sich zwei Amtsperioden einfügen lassen.

134 SCHWARTE 147, 151; vgl. zur Bedeutung der obergermanischen Position auch R.P. LONGDEN, CAH XI, 1936, 196; SYME, Tac. 13 f.; G. ALFÖLDY, Chiron 3, 1973, 367.

135 S. o. S. 40 f.

136 S. o. S. 31 mit A. 45.

137 Der Vater des Kaisers hat mit größter Wahrscheinlichkeit schon das Jahr 97 nicht mehr erlebt; alle Beobachtungen weisen letztlich in diese Richtung. Vgl. zusammenfassend M.L. PALADINI, in: Hommages à A. Grenier, III, Brüssel 1962, 1194 - 1206; M. DURRY, in: Les empereurs romains d'Espagne, Paris 1965, 45 - 51; R. ETIENNE a.a.O. 64 f.; auch R. HANSLIK, RE Suppl. X, 1965, 1034 f.; G.G. BELLONI, ANRW II 1, 1974, 1115 - 1118; zum Datum seines Konsulates u. S. 64 A. 192.

138 Der Versuch einer Betonung eines geschlossenen Rückhalts in den Senatoren spanischer Herkunft (so etwa R. ETIENNE ebd. 55 - 82, bes. 78) ist hinfällig; auch der Konkurrent Cornelius Nigrinus war gebürtiger Spanier.

139 Vgl. auch SYME, Tac. 35: "The whole thing could have begun as a conspiracy, designed not to rescue Nerva but to supplant him". Unwahrscheinlich ist es, daß Trajan "lediglich eine ihn selbst überraschende Chance ergriffen hat"; Epit de Caes. 13, 6 kann nicht so gedeutet werden, "daß sich Trajan erst nach eindringlichem Zureden seines niedergermanischen Statthalterkollegen Licinius Sura entschlossen habe, in das Adoptionsangebot Nervas einzuwilligen" (so SCHWARTE 145). Plinius' Darstellung der Rolle Trajans in der Nachfolgefrage ist eine reine ideologische Konstruktion.

140 S. u. S. 50, 54 f., 55 ff.

141 S. epist. I 12, 11 - 12; IV 8, 3; zur Verbindung Plinius, Corellius und Frontin in domitianischer Zeit bes. V 1, 5.7 - 8; vgl. auch SHERWIN-WHITE 312, 314.

142 Vgl. Tac. dial. I 1; auch R. SYME, Ten Studies in Tacitus, Oxford 1970, 118.

143 Eindeutig widerlegbar ist paneg. 45, 3 *Tu amicos ex optimis sumis ... aequum est esse eos carissimos bono principi, qui invisissimi malo fuerint.*

144 S. o. S. 30, 34 f.

145 Vgl. auch SYME, Tac. 15 f.; SCHWARTE 147.

146 Vgl. auch G. ALFÖLDY, Chiron 3, 1973, 368 f. (nicht überzeugend in seiner Modifizierung der Thesen von J.J. HATT [o. S. 21 A. 74] bezüglich der in Argentorate stehenden Legio VIII Augusta).

147 S. o. S. 37.

148 HA Hadr. 2, 3.5. Nicht überzeugend die Deutung des Vorganges bei G. ALFÖLDY ebd. 369; ebenso H.B. MATTINGLY, RSA 2, 1972, 178 f., dessen versuchte Deutung von CIL XVI 41 als irregulär erscheinende Entlassung (!) von unruhigen Elementen verfehlt ist. Vgl. u. S. 51 ff.

149 So auch SCHWARTE 151 f. (allerdings wohl zeitlich etwas zu stark von der Adoption Trajans abgerückt); vgl. GARZETTI 81, 85.

150 Hinsichtlich der ausschlaggebenden Bedeutung der realen Machtposition Trajans für die Entscheidung der Nachfolgefrage zu seinen Gunsten besteht in der Forschung weitgehende Übereinstimmung. Vgl. SYME, Tac. 14 f., 17; R. HANSLIK, RE Suppl. X, 1965, 1042 f.; G. ALFÖLDY ebd. 367 f.; SCHWARTE 150 - 152, 154.

151 SCHWARTE 152. Vgl. zu Einschätzung Nervas SYME, Tac. 6; SCHWARTE 152, 154.

152 S. u. S. 62, 65.

153 Vgl. u. S. 54 f, 55 ff. (Nr. 3, 4?, 5, 15, 20 f., 23 zur eher indifferenten Haltung des Legaten der Legio III Augusta und des Praefectus Aegypti Nr. 5, 13). Per-

sonell bisher nicht zu klären sind Moesia Superior (2 Legionen), Hispania Tarraconensis und das Kommando der Legio VII Gemina sowie nur hypothetisch Iudaea.

154 Vgl. E. RITTERLING, RE XII 2, 1925, 1384 - 1387, 1733 - 1736.

155 Vgl. zur Bedeutung von Niedergermanien auch SYME, Tac. 15.

156 Vgl. zu Suras Biographie, der CIL VI 1444 = ILS 1022 nicht mehr zugrunde gelegt werden darf, STROBEL, Dak. 62-64, 228-230 (mit weiterer Lit.); auch P. WHITE, Aspects of Non-Imperial Patronage in the Works of Martial and Statius, Diss. Harvard 1972 (MF.), 79-85. Zur Chronologie der Epigramme Martials vgl. L. FRIEDLÄNDER, M. Valerii Martialis Epigrammaton libri, Leipzig 1886 (ND. Amsterdam 1961), 50-67; M. CITRONI, M. Valerii Martialis epigrammaton liber primus, Florenz 1975, IX - XXI, und bes. P. HOWELL, A Commentary on Book One of the Epigrams of Martial, London 1980, 5f.

157 Epit. de Caes. 13, 6. Vgl. E. GROAG, RE XIII 1, 1926, 475f. (Suras mögliche Motive panegyrisch überzeichnet); SYME, Tac. 35, 791; R. HANSLIK ebd. 1039f., 1043; STROBEL ebd. 228f.; auch R. ETIENNE [o. A. 137] 78; C.P. JONES, JRS 60, 1970, 99 A. 16; verfehlt H. TEMPORINI [o. A. 1] 83f.

158 CIL II 4282. Vgl. zur Herkunft E. GROAG ebd. 472; SYME, Tac. 790f.; ders., Chiron 13, 1983, 128f.; A. BALIL, Zephyrus 11, 1960 219f; R. ETIENNE ebd. 61f. (bes. A. 48), 74; auch R. SYME a.e.a.O. 82f.; A. BALIL a.e.a.O. 84; C.P. JONES ebd. 98; SCHUMACHER 232. Wohl zu Recht betont SYME, Tac. 598, daß nach der gesellschaftlichen Stellung bereits unter Domitian Sura kaum zur ersten Generation seiner Familie in Rom gehört haben dürfte.

159 Vgl. E. GROAG ebd. 471f.; PIR^2 V 1, 60. CIL II 4508 ist entgegen ALFÖLDY, FH 17f. auf Sura zu beziehen; vgl. auch SCHUMACHER 148; ders., ANRW II 16, 1, 1978, 717. Verwandschaftliche Beziehungen besaß Sura zu dem angesehenen Literaten und Advokaten L. Licinianus aus Bilbilis in der Tarraconensis (Mart. I 49, 40; vgl. Mart. I 49; 61, 11f.; IV 55; PIR^2 V 1, 31 Nr. 170). Nicht zwingend P. LE ROUX, Tituli 5, Rom 1982 [1984] 445f.

160 Vgl. STROBEL ebd. 62 bes. A. 6, 228-230; auch ECK^2 I 326f. A. 176. Für 93 n. Chr. sind bis zu fünf Suffektkonsulpaare anzunehmen (vgl. GALLIVAN 191, 198f., 218; FO^2 83-86); L. Iulius Marinus ist zu streichen (s. u. S. 53f.). Ein Ansatz des Konsulates auf 86 oder davor ist mit den Zeugnissen Martials nicht in Einklang zu bringen. Zuletzt versuchte F. ZEVI, LF 96, 1973, 135-137; ders., PP 34, 1979, 193 A. 29 den Ansatz auf 97 n. Chr. zu verteidigen.

161 Da Sura im Jahre 92 n. Chr. eine lebensgefährliche Krankheit nur knapp überstand (Mart. VII 47), kann sich sein Konsulat durchaus aus gesundheitlichen Gründen etwas verzögert haben. Eine Unterschreitung des Durchschnittsalters von rund 40 Jahren braucht nicht angenommen zu werden. Da Sura in den Dakerkriegen Trajans die Qualitäten eines *vir militaris* bewies, ist vor dem Konsulat ein Legionskommando und eine prätorische Statthalterschaft anzunehmen, wobei beides schon angesichts seiner untergermanischen Legatio zu fordern ist (vgl. auch ECK, Bef. 184ff.). Diese Funktionen sind wohl in die Jahre 85-91 n. Chr. zu datieren; die Erkrankung könnte möglicherweise die Folge seiner Statthalterschaft gewesen sein.

162 Vgl. STROBEL ebd. 228; auch E. RITTERLING (-E. GROAG), Fasti des römischen Deutschland unter dem Prinzipat, Wien 1932, 60.

163 Iulian. Caes. 327 B; vgl. HA Hadr. 3, 11.

164 Vgl. Cass. Dio LXVIII 15, 3^2 - 16, 1^a (s. U.P. BOISSEVAIN, Cassii Dionis Cocceiani historiarum romanarum quae supersunt, III, Berlin ^{2}1955, 202f.); Aur. Vict. Caes. 13, 8; E. GROAG ebd. 479-485; SYME, Tac. 40f., 52f., 57,

73, 229-232, 790 f.; R. ETIENNE ebd. 79; PIR^2 ebd. 60 f.; auch F. ZEVI, PP 34, 1979, 194, bes. A. 31. In das Pontifikalkollegium wurde Sura in der 2. Hälfte des Jahres 100 n. Chr. kooptiert; vgl. SCHUMACHER 148 f.; ders., ANRW II 16, 1, 1978, 671 Nr. 48, 717.

165 SYME, Tac. 790 f.; E. GROAG ebd. 484 betonte schon die Bedeutung seiner Bautätigkeit (s. auch Cass. Dio LXVIII 15, 3^2).

166 FO^2 46 f., 96, 102.

167 Vgl. F. ZEVI ebd. 193.

168 Mart. I 49, 39 f.; vgl. P. HOWELL ebd. 6 (zur Zusammensetzung von Buch I).

169 Mart. VI 64, 9-15; vgl. zur Bedeutung Suras unter Domitian E. GROAG ebd. 474, 482 f.; SYME, Tac. 73, 791; C.P. JONES ebd. 98.

170 Mart. VII 47, 1-2. Ein gewisses naturwissenschaftliches Interesse belegen Plin. epist. IV 30; VII 27.

171 B.W. HENDERSON, Five Roman Emperors, Cambridge 1927 (ND. Rom 1968), 174.

172 SYME, Tac. 45 u. a. m.

173 Vgl. etwa ST. GSELL [o. A. 22] 333; R. PARIBENI I, 51, 130 f.; R.P LONGDEN, CAH XI, 1936, 196 f.; R. HANSLIK ebd. 1042; A. GARZETTI [o. S. 21 A. 74] 305; R. ETIENNE [o. A. 137] 78.

174 Vgl. G. ALFÖLDY, Chiron 3, 1973, 369; auch o. S. 25.

175 R.F. ROSSI, AFLT 3, 1966 - 1967, 43-68. Wenig Sinn gibt seine Unterscheidung "considerare Traiano non il candidato dei 'generali' ma quello di un gruppo di governatori di provincia" (S. 67 f.). Die vorgelegte Argumentation kann in vielem nicht überzeugen; überschätzt ist Philostrats Vita des Apollonios von Tyana. Die prosopographischen Ausführungen sind ungenügend. Für die Fragwürdigkeit der Einschätzung der verschiedenen Gruppen vgl. etwa J. DEVREKER, AncSoc 8, 1977, 242 f.

176 Vgl. G. ALFÖLDY, BJ 169, 1969, 233-246, bes. 241 ff.; doch wohl etwas zu negativ in der Einschätzung J.B. CAMPELL [o. S. 25 A. 121] 325-334, 345 f.

177 Ebd. 77 f. Völlig verfehlt ist das Urteil von Cizek 210 "que Nerva l'avait choisi comme successeur justement parce qu'il avait un accord presque unanime au sujet de la désignation du célèbre général", auch ebd. 272.

ANHANG I:

1 Vgl. H. NESSELHAUF, CIL XVI, 1936, p. 39.

2 Am Beginn der Zeile sind wohl noch die letzten Buchstaben der Truppenliste zu erwarten, was allerdings vom Provinznamen abhängig ist. Dieser endet nicht auf *-a;* möglich sind somit Germania Superior/Inferior, Moesia Superior/Inferior und Mauretania Caesariensis. Am Ende der Zeile dürfte nur mehr für einen weiteren Buchstaben des Legatennamens Platz gewesen sein.

3 Die von H. NESSELHAUF ebd. angenommene Lücke von 6 - 8 Buchstaben dürfte nach dem Vergleich mit Zeile 5 zu gering angesetzt sein; wahrscheinlicher sind 8 - 10 Buchstaben.

4 Zu Formular und Typklassifizierung der Militärdiplome s. J. C. MANN, ES 9, 1972, Tafel II.

5 CIL XVI a.a.O.

6 Vgl. M. ROXAN, ES 12, 1981, 273 - 283.

7 CIL XVI 30 vom 3.9.84 (5 Alen, 13 Kohorten) nennt Provinz und Statthalter noch in den beiden letzten Zeilen der *tabella I intus,* ebenso CIL XVI 31 (6 Alen, 15 Kohorten). Vgl. CIL XVI 46 (3 Alen, 21 Kohorten).

8 Vgl. J.C. MANN ebd. Typ II B 3; ähnliches Formular in CIL XVI 26 (13.6.80) und RMD 3 (7.9.88).

9 Vgl. auch RMD 9; CIL XVI 61.

10 Vgl. STROBEL, Dak. 106 ff.

11 Vgl. CIL XVI 39; RMD 6; STROBEL ebd.

12 Vgl. H. WOLFF, ZPE 43, 1981, 407 - 415; K.-H. DIETZ, Germania 60, 1982, 189 f.

13 So etwa PIR^2 IV 3, 233 Nr. 401; E. GROAG, RE X 1, 1918, 670; A. STEIN, Die Legaten von Moesien, Diss. Pann. I 11, Budapest 1940, 59; J. FITZ, Die Laufbahn der Statthalter in der römischen Provinz Moesia Inferior, Weimar 1966, 44; ECK 73 A. 109; KREILER 143; ECK^2 I 324 - 328; auch R. SYME, Chiron 13, 1983, 139. Berechtigte Zweifel an dieser Identifikation mit Verweis auf das hohe Alter schon während des Prokonsulates bei Halfmann 110 Nr. 14; vgl. auch SYME, ABr. 54 f.

14 Vgl. PIR^2 ebd.; *Iulius Mar[inus]* allein würde die Lücke nicht ausfüllen.

15 Vgl. ECK^2 I 316. Dieses Datum ist aber abhängig von dem Ansatz als untermoesischer Legat 97 n. Chr.; vgl. ECK 73 mit A. 109.

16 Vgl. etwa ECK, Bef. 201 - 204; J. DEVREKER, Epigraphica 38, 1976, 188 (Iulius Marinus noch unter die wenigen Ausnahmen gezählt). Nicht überzeugend B. W. JONES, Historia 24, 1975, 631 f. (vgl. B. M. LEVICK, CR 31, 1981, 94).

17 So auch GALLIVAN 194, 218.

18 S. auch AE 1947, 156 (vgl. G. W. HOUSTON, ZPE 20, 1976, 26); 1981, 830. Vgl. PIR^2 IV 3, 235 Nr. 408; ECK 73; HOUSTON 408 - 411; HALFMANN 118 Nr. 23; F. ZEVI, PP 34, 1979, 196 f.; SYME, ABr. 54 f.; BALLAND 132 - 136; ECK^2 I 327 A. 181.

19 S. aber bereits o. A. 15.

20 Als Arvalbruder ist er erstmals am 20.5.91 bezeugt; die Kooptation erfolgte wohl während, jedenfalls nicht vor der Cura (ILS 1026; vgl. zur Bedeutung der Cura ECK, Bef. 191).

21 Nicht zutreffend ALFÖLDY, Leg. 20 f.; vgl. a.a.O. 98 -101 zur geminderten Bedeutung dieses Legionskommandos, für das jetzt in der Regel keine sonderlich tüchtigen Offiziere oder besonders geförderte Männer mehr herangezogen wurden.

22 Vgl. ECK^2 I 326 - 330; daß er sein Amt erst unter Nerva angetreten habe (so BALLAND 134), ist wenig wahrscheinlich (vgl. ECK^2 I 325 A. 173).

23 Vgl. ECK^2 I 332 mit A. 208. Senatoren, die nach einer kaiserlichen prätorischen Statthalterschaft noch ein Prokonsulat bekleiden mußten, also nicht direkt zu dem normalerweise zu erwartenden Konsulat zugelassen wurden, erhielten in der Regel keine konsularische Legatio; sie wurden zurückgesetzt oder hatten sich nicht bewährt (vgl. ECK, Bef. 201 f.).

24 Vgl. ALFÖLDY, Leg. 100 f., 105.

25 S. insbesondere die beiden Legatenposten in prokonsularischen Provinzen; vgl. W. ECK, ES 9, 1972, 29 - 31; ders., Bef. 182 f.; o.A. 23. Eine eindeutige Zu-

rücksetzung durch Trajan war das Prokonsulat in Achaia nach einer langen prätorischen Karriere.

26 Vgl. PIR^2 IV 3, 194 Nr. 241.

27 Vgl. zu ihm PIR^2 ebd. 193 f.; E. GROAG, RE X 1, 1918, 539 - 541; W. ECK, RE Suppl. XIV, 1974, 207; KREILER 90 f.; HALFMANN 107 Nr. 11; SYME, ABr. 27 f., 50 - 52; auch HOUSTON 405 - 407; E. DABROWA, L'Asie Mineure sous les Flaviens, Breslau - Warschau - Krakau - Danzig 1980, 35 f.

28 Vgl. FO^2 44, 80; GALLIVAN 190, 216.

29 FO^2 46, 99.

30 AE 1972, 591; nicht überzeugend ist die Annahme von W. ECK ebd., er sei der Nachfolger des Q. Glitius Atilius Agricola gewesen.

31 Vgl. R. K. SHERK, ANRW II 7, 2, 1980, 1011 f.; ECK^2 I 316 - 319; R. SYME, Historia 32, 1983, 369.

32 Vgl. E. GROAG ebd.; PIR^2 ebd. zuzüglich AE 1964, 69; ob er bereits 72 Arvalbruder war, kann nicht mit Sicherheit gesagt werden (vgl. SYME, ABr. 16).

33 Auffallend ist sein Fehlen in der Bruderschaft beim Regierungsantritt Domitians.

34 HA Hadr. 2, 2-3; vgl. o.S. 19 A. 55.

35 Vgl. zur Führung des Militärtribunates unter Verwandten oder engeren Bekannten zuletzt ECK, Bef. 176 A. 74; s. auch S. 63.

36 HA Hadr. 2, 5; vgl. o. S. 48.

37 Vgl. SYME, RP 774 - 776; THOMASSON 21 - 23; ECK^2 II 155 A. 358; ders., RE Suppl. XIV 1974, 77.

38 Vgl. ECK^2 II 155 - 158; 160 - 164.

39 Vgl. ECK^2 I 287 - 291; 293 - 299, 302 f.; ders., ZPE 45, 1982, 145.

40 Vgl. zur verstärkten Heranziehung von Mitgliedern der griechischen Führungsschicht Kleinasiens bes. HALFMANN 75 f.

41 Vgl. PIR^2 ebd. 193 zuzüglich AE 1964, 69.

42 CIL VI 2065 II, Z. 32 (87 n. Chr.), vgl. 32367.

43 Die von SYME, ABr. 55 angesprochenen Ergänzungsmöglichkeiten *Iulius Maṛ-[ullus]* oder *Iulius Maṇ[lianus]*, letzteres ist kaum wahrscheinlich, ergeben bei einer Durchsicht von PIR^2 IV 3, 1966, und V 2, 1983, keine überzeugende Lösung.

ANHANG II:

1 Vgl. zu den Kriterien auch ECK, Bef. 223; J. DEVREKER; AncSoc 8, 1977, 224 f.

2 AE 1939, 60 = IGLSyr VI 2785. Vgl. PIR^2 I, 274 Nr. 1366; H. SEYRIG, Bulletin du Musée de Beyrouth 1, 1937, 80 - 82; A. PASSERINI [o. S. 28 A. 23] 295; SYME, Tac. 54 - 56; ders., JRS 70, 1980, 64 - 66, 79; PFLAUM, Carr. 128 - 136; THOMASSON 16 f.; DEVIJVER I, 133 f. A 189; auch HOUSTON 288 f.; SCHUMACHER 277 A. 154.

3 Vgl. bes. R. SYME, JRS 70, 1980, 79; ders., Historia 31, 1982, 473.

4 Vgl. ECK^2 I 290, bes. A. 30.

5 FO^2 43. Sein drittes Konsulat erreichte er sehr wahrscheinlich 81 oder 82 (vgl. GALLIVAN 210).

6 Vgl. auch W. ECK, ZPE 37, 1980, 60 - 62; ECK^2 II 197 A. 539.

7 AE 1939, 60; vgl. ALFÖLDY, FH 18 f.; A. B. BOSWORTH, Athenaeum 51, 1973, 70 - 77; ECK^2 I 288 f. A. 24 (aber von dem späten Ansatz der Präfektur des Iulius Ursus in Ägypten beeinflußt); auch R. WIEGELS, Gnomon 46, 1974, 192 (warum er allerdings Vibius Crispus trotz eines frühen Ansatzes für Iulius Ursus dennoch 75 - 78 in Spanien ansetzt, ist nicht ganz verständlich). Zu Vibius Crispus vgl. auch R. HANSLIK, RE VIII A 2, 1958, 1968 - 1970; G. ALFÖLDY, in: Tituli 5, Rom 1982 [1984], 358.

8 Vgl. u. S. 61

9 Vgl. bes. SYME, Tac. 56; ders., JRS 70, 1980, 65, 77. Nicht überzeugend W. MEYERS [u. A. 70] 71 f. mit Frühdatierung auf ca. 90.

10 Plin. paneg. 67, 8; Cass. Dio LXVIII 16, 1^2; Aur. Vict. Caes. 13, 9.

11 Vgl. M. SPEIDEL, Die equites singulares Augusti, Bonn 1965, 91 f.; ders., Germania 62, 1984, 42 - 45. Weniger wahrscheinlich wäre eine Schaffung dieser Truppe bereits unter Domitian; sie hätte sonst wohl auch bei den Vorgängen nach seiner Ermordung eine Rolle gespielt.

12 Paneg. 86; vgl. R. SYME, JRS 70, 1980, 65.

13 Vgl. FO^2 46, 95.

14 Vgl. R. HANSLIK, RE Suppl. X, 1965, 1072.

15 Vgl. SCHUMACHER 146; ders., ANRW II 16, 1, 1978, 671 Nr. 52, 714.

16 Vgl. PIR^2 I, 288 f. Nr. 1410; ALFÖLDY, Leg. 15; BIRLEY 85 - 87.

17 Plin. epist. VI 29, 1; IX 13, 15; geboren demnach wohl noch vor 46.

18 Vgl. G. ALFÖLDY, Chiron 3, 1973, 351 - 353; R. SYME, Historia 32, 1983, 363.

19 Vgl. ECK^2 I 319, bes. A. 150.

20 AE 1949, 23; FO^2 44, 85.

21 Vgl. ECK 65 - 68; B. W. JONES [o. S. 18 A. 46] 40 - 45, 73.

22 Vgl. G. ALFÖLDY ebd.; Eck, Bef. 212, 202 f. zu den prätorischen Prokonsuln, die noch große konsularische Provinzkommanden übernehmen durften; vgl. A. Bucius Lappius Maximus, L. Herennius Saturninus und insbesondere L. Antistius Rusticus (92/93 - 93 oder 94 Legat von Kappadokien; vgl. ECK^2 I 320 f.; R. SYME ebd. 359 - 374). Eine Abwesenheit könnte ihn den Prozessen entzogen haben, die in Rom nach dem 23. 8. 93 begannen (Tac. Agric. 44, 1.5; 45).

23 Plut. quaest. conv. II 1, 5; vgl. C. P. Jones, Plutarch and Rome, Oxford^2 1972, 51 ff.

24 So etwa Syme, Tac. 51 f. (zurückhaltender 52 A. 1); Birley 86 (er kann aber wohl kaum mit den bevorzugten Männern um Nerva in eine Reihe gestellt werden).

25 S. u. S. 63; vgl. ECK^2 II 209; zur Beurteilung seiner Ernennung M. G. JARRETT - J. C. MANN, BJ 170, 1970, 182.

26 Vgl. FO^2 47.

27 GALLIVAN 190, 217.

28 FO^2 45, 94 f.

29 CIL XVI 46.

30 Vgl. hierzu ECK^2 I 332 A. 205 (Verzicht auf eine Zuweisung), II 194 A. 528 (eher prätorische Legatio des jüngeren in Dalmatien); ders., RE Suppl. XIV, 1974, 97 f. (Zuweisung auf den jüngeren; ebenso:) B. W. JONES, CP 71, 1976, 256 f.; K. WACHTEL, Klio 59, 1977, 510; STROBEL, Dak. 72 f. (bisher nur CIL XI 1833 an den jüngeren). Verfehlt ist die Zuweisung von AE 1955, 123 durch J. FITZ, Latomus 27, 1968, 45 - 74 (mit korrigierter Lesung); abzulehnen ist auch sein dalmatisch-moesisches Karriereschema (vgl. ECK 92 f.; THOMASSON 96 f.; ECK^2 II 194 A. 526 f.; STROBEL ebd.). Die ältere Literatur kannte nur den Konsul von 87; vgl. PIR^2 II, 158 f. Nr. 732; A. JAGENTEUFEL, Die Statthalter der römischen Provinz Dalmatia von Augustus bis Diokletian, Schr. d. Balkankommission, Ant. Abt. XII, Wien 1958, 34 f.; R. HANSLIK, RE Suppl. XII, 1970, 155.

31 AE 1946, 1 = 1956, 233; vgl. ALFÖLDY, FH 126; W. ECK, RE Suppl. XIV, 1974, 96 f.; SCHUMACHER 20 f. Nr. 48; ders., ANRW II 16, 1, 1978, 672 Nr. 60, 771 (nicht überzeugend hinsichtlich einer möglichen Kooptation auf Grund von Verdiensten in den Dakerkriegen). Die Aufnahme unter die Pontifices schon in jungen Jahren wäre bei einem ritterlichen Militärtribunen nicht möglich gewesen. Zur Auslassung des Vigintivirates vgl. ILS 8824 a; ECK, Bef. 175, 216 A. 297.

32 Vgl. ECK 67 f., bes. A. 73 mit einer Liste der unterdurchschnittlichen Abstände in flavisch-trajanischer Zeit; selbst hiervon heben sich die beiden Proculi deutlich ab.

33 Erreichte sein Sohn das Konsulat beschleunigt mit ca. 36/38 Jahren, so wäre er um 62/64 geboren, wenn aber frühestens mit 40 Jahren, so fiele die Geburt vor 60. Der Vater müßte entsprechend spätestens ca. 35/40 geboren sein (vgl. auch ECK ebd.; ders., Bef. 184 f.). Zum ritterlichen Adelsgeschlecht der Cilnier vgl. A. STEIN, Der römische Ritterstand, München ^{2}1963, 196 f. A. 3; M. TORELLI, Dialoghi di Archeologia 3, 1969, 291 f.

34 S. u. S. 64 f.

35 Vgl. zur Adlectio Vespasians ECK 103 - 106. M'. Laberius Maximus (u. S. 62 f.) kann kaum als Gegenargument gewertet werden.

36 *C. Cilnio C. f(ilio)* [---] / *item provin*[*c(iae)* --- *vexillis*] / *IIII argente*[*is* ---]/ *Hadriani Au*[*g(usti)* ---]. Vgl. PIR^2 ebd.; A. JAGENTEUFEL ebd.

37 Für eine sinnvolle Ergänzung muß angesichts der notwendigen Länge von Z. 2 in Z. 3 (selbst wenn erst hier eine Formulierung *ob bellum Dacicum* o.ä. gefolgt wäre, wie z. B. in CIL X 3733 = ILS 2083) vor der Mission unter Hadrian eine umfangreichere Lücke angenommen werden.

38 [--- *Po*]*m(ptina tribu) Procul*[*o* --- / --- *D*]*almatiae c*[--- / ---] *corona mu*[*rali* --- / --- *le*]*g(ato) eiusd(em) pro* [*pr(aetore)* --- / ^{5} --- *pro*]*vincia*[*e* ---]. Nach E. GROAG, PIR^2 II, 158 in Z. 5 [--- *pro*]*vincia*. [---]; es könnte sich dann aber auch nur um die Schreibweise *provincia(e)*. [---] handeln, wie CIL IX 4965 = ILS 1026 zeigt. Deshalb sollten weitergehende Schlußfolgerungen unterbleiben. Die ursprüngliche Zeilenlänge ergibt sich aus dem 2. Teil der Z. 3 und dem verlorenen Beginn von Z. 4, wo etwa zu ergänzen ist: *corona mu*[*rali vallari classica aurea hastis puris / IIII vexillis IIII le-*] *g(ato);* die Zeilenscheidung dürfte sich aus dem Vergleich mit Z. 1 ergeben. Für den älteren Proculus in Z. 2 *c*[*ura* ---], was jedoch nach der Nennung der dann konsularischen Statthalterschaft Dalmatiens und vor einer weiteren Le-

gatio wenig wahrscheinlich ist (vgl. auch A. JAGENTEUFEL ebd. A. 293). Eine Ergänzung zu *c[omiti]* wäre abzulehnen, da diese Funktion und die dann mit ihr verbundenen *dona militaria* vor die obermoesische Statthalterschaft fallen würden.

39 Vgl. etwa W. ECK, RE Suppl. XIV, 1974, 97; o. A. 24.

40 Wie die rekonstruierbare Länge von Z. 3 zeigt, war in Z. 4 - 5 nicht nur ein weiteres Amt aufgeführt.

41 Vgl. auch ECK^2 II 194 A. 528 zum Status Dalmatiens.

42 Mart. X 78; vgl. ECK^2 I 330 f. bes. A. 199.

43 Vgl. ECK^2 II 216, 227.

44 Vgl. ECK, Bef. 220.

45 Vgl. ECK^2 I 361 f., II 148, 212, 214.

46 CIL XI 1833. Vgl. auch PIR^2 II 159.

47 Vgl. zu diesem Laufbahnschema ECK, Bef. 184, f.

48 Vgl. STROBEL, Dak. 72 f., 80 ff., 162 ff.

49 Vgl. hierzu auch P. KNEISSL [o. S. 21 A. 74] 89 f. Die Einfügung der ebenfalls möglichen Formel *ab imp(eratore) Caes(are) Nerva Traiano Aug(usto) Germ(anico) Dac(ico) Parth(ico)* dürfte die ursprüngliche Zeilenlänge überschreiten. Unwahrscheinlich ist die Ergänzung *ab eodem,* da die prätorische und die erste konsularische Legatio durch *item* eng zusammengefaßt sind, aber nicht nur in die Regierung Trajans fallen können.

50 Vgl. F. ZEVI, PP 34, 1979, 197 - 201; zur Person PIR^2 II 346 - 348 Nr. 1412; E. GROAG, RE IV 1, 1900, 1418 f.; ders., RE Suppl. VI, 1935, 25; SYME, Tac. 53; ALFÖLDY, FH 24.

51 Lücke in den Fasten ca. 94/95 (?) - 100/101; vgl. ECK^2 II 221.

52 Vgl. ECK^2 I 332 - 336.

53 Vgl. ECK, Bef. 211.

54 Vgl. ECK^2 I 340 - 345.

55 Vgl. R. HANSLIK, RE Suppl. X, 1965, 1080 f.; A. NEGEV, ANRW II 8, 1977, 640 - 645; H. P. ROSCHINSKI, in: Die Nabatäer. Erträge einer Ausstellung im Rheinischen Landesmuseum Bonn 1978, Bonn 1981, 26.

56 FO^2 47. Cass. Dio LXVIII 16, 2; CIL VI 1386 = ILS 1023; s. auch Cass. Dio LXIX 2, 5.

57 Vor Sex. Attius Suburanus Aemilianus; vgl. SCHUMACHER 17 Nr. 39; ders., ANRW II 16, 1, 1978, 671 Nr. 51, 717.

58 Cass. Dio LXIX 2, 5; HA Hadr. 4, 3; 7, 1 - 4; 9, 3.

59 CIL VIII 23166. Vgl. PIR^2 III, 96 Nr. 23; ECK^2 I 326 mit A. 182; auch B. E. THOMASSON, Die Statthalter der römischen Provinzen Nordafrikas von Augustus bis Diocletianus, Lund 1960, I, 89 f., II 161.

60 Vgl. CIL XVI 44.45; R. HANSLIK, RE Suppl. X, 1965, 1049.

61 Vgl. R. SYME [o. S. 46 A. 142] 110 - 118; STROBEL, Dak. 78 f.

62 FO^2 46.

63 Vgl. STROBEL ebd.

64 Vgl. ECK^2 I 346 - 351.

65 Plin. epist. I 5, 8.

66 Plin. epist. I 11, 2; vgl. R. SYME ebd. 111, 116. Zu möglichen Beziehungen s. o. S. 46.

67 Vgl. PIR² IV 1, 34 f. Nr. 181; E. GROAG, RE Suppl. III, 1918, 786 - 789; W. REIDINGER, Die Statthalter des ungeteilten Pannonien und Oberpannoniens von Augustus bis Diokletian, Bonn 1956, 63 - 65; SYME, Tac. 73; A. DOBÓ, Die Verwaltung der römischen Provinz Pannonien von Augustus bis Diocletianus, Budapest - Amsterdam 1968, 39 f.; ALFÖLDY, FH 75 f.; R. HANSLIK, RE Suppl. XII, 1970, 381; SCHUMACHER 114 Nr. 14; STROBEL, Dak. 71 f.; auch ECK 74; HOUSTON 105 - 107.

68 Vgl. ALFÖLDY ebd.

69 Vgl. auch SYME, Tac. 32 A. 1.

70 Vgl. ECK² I 322 - 326; ferner E. RITTERLING (- E. GROAG) [o. S. 50 A. 162] 92 f.; W. MEYERS, L'administration de la province romaine de Belgique, Brügge 1964, 51 f.; ALFÖLDY, Leg. 19.

71 Vgl. FO² 45, 91; er wurde wohl noch von Domitian nominiert (vgl. auch Syme, Tac. 70; Eck 52).

72 Vgl. auch L. SCHUMACHER, ANRW II 16, 1, 1978, 693 Nr. 27; kaum anzunehmen ist eine Kooptation bereits unter Nerva.

73 Vgl. STROBEL ebd. zur pannonischen Legatio, für die ein Beginn erst Anfang 101 (so ECK² I 334 A. 212) wenig wahrscheinlich ist.

74 Vgl. F. ZEVI, PP 34, 1979, 197, 201; FO² 46, 97.

75 Vgl. SYME, Tac. 644; G. VITUCCI, Ricerche sulla praefectura urbi in età imperiale (sec. I - III), Rom 1956, 116 Nr. 16.

76 Geboren wahrscheinlich um 43. Vgl. zu ihm PIR² IV 3, 108 f. Nr. 14; G. ALFÖLDY, ES 5, 1968, 108 - 116; ders., Chiron 3, 1973, 362, 365; BIRLEY 213 f.; auch A. BERGER, RE XVII 2, 1937, 1830 - 1848; TH. MAYER-MALY, RE Suppl. XII, 1970, 500 - 502; HOUSTON 118 - 121; U. Manthe, Die Libri ex Cassio des Iavolenus Priscus, Berlin 1982, 16 - 31.

77 Vgl. G. ALFÖLDY, ES 5, 1968, 109.

78 Vgl. ECK² I 306 f.

79 Vgl. BIRLEY ebd.; auch ECK, Bef. 193 f., 201.

80 Vgl. GALLIVAN 190, 216.

81 Vgl. G. ALFÖLDY ebd. 115 f.; ECK, Bef. 198 f.

82 CIL XVI 36. Vgl. G. ALFÖLDY ebd. 109; ders., Leg. 12; ECK² I 316.

83 Vgl. bes. G. ALFÖLDY, Chiron 3, 1973, 365; anders R. SYME, Philol 91, 1936, 243 f.; ders., Chiron 13, 1983, 143 f. (als erster Statthalter Trajans in Syrien ist Nigrinus sicher auszuschließen).

84 So R. SYME, ZPE 41, 1981, 140 - 142; ECK² I 320 - 322 (aber A. 155 mit der wichtigen Einschränkung, daß eine Amtszeit des Bucius Lappius bis zu seinem zweiten Konsulat von 95 weiterhin möglich ist).

85 S. o. S. 43; diese kommissarische Verwaltung dürfte sich offensichtlich bis in das Frühjahr 98 erstreckt haben.

86 Vgl. SYME, Tac. 52, 631 f.; G. ALFÖLDY ebd. 361 f.; ECK² I 320 A. 155, 324 A. 172; auch o. S. 41 A. 117.

87 Vgl. L. SCHUMACHER, ANRW II 16, 1, 1978, 670 Nr. 42, 706 - 712, 716, 742, 813 - 815, auch 793 (zur Kooptation nach Verdienst).

88 S. o. S. 57, u. S. 64 f.

89 Vgl. ECK² I 336.

90 Vgl. auch Plin. epist. VI 15, 3; die Episode ist ca. 106/107 zu datieren. Plinius' Aversion gegen den Rechtsgelehrten wird in § 4 ganz deutlich. Die Antwort

des Iavolenus Priscus war wohl eine scherzhafte Bosheit. Vgl. auch SHERWIN-WHITE 370 f.

91 Dig. I 2, 2, 53. Vgl. D. LIEBS, ANRW II 15, 1976, 197 - 286, bes. 285; F. CASAVOLA, Giuristi adrianei, Neapel 1980, 263 - 268.

92 Vgl. PIR² IV 3, 214 - 216 Nr. 322; ECK 77 - 85; ders., RE Suppl. XIV, 1974, 208 f.; ders., in: Sextus Iulius Frontinus, Curator Aquarum. Wasserversorgung im antiken Rom, München - Wien² 1983, 47 - 62, 74 - 76; KREILER 42 - 45; BIRLEY 69 - 72; auch KAPPELMACHER, RE X 1, 1918, 591 - 606; nicht immer befriedigend HOUSTON 131 - 134.

93 Vgl. GALLIVAN 205, 214; W. ECK 1983, 52; auch ders., Bef. 220 f.

94 FO² 45, 94

95 Vgl. Plin. epist. IV 8, 3; V 1, 5; Tac. Agric. 17, 2; Veg. mil. II 3.

96 Vgl. PIR² ebd. 216; W. ECK 1983, 56 - 58, 60 ff.

97 Vgl. SYME, Tac. 592 f., 790; ders., Historia 31, 1982, 472; W. ECK ebd. 48 - 50. Mit einer gewissen Wahrscheinlichkeit ist seine Teilnahme an den Feldzügen des Domitius Corbulos anzunehmen.

98 Tac. hist. IV 39, 1 - 2; Frontin. strat. IV 3, 14; vgl. W. ECK ebd. 51 f. Die Dedikationsinschrift aus Vetera CIL XIII 8624 ist wohl eher der Zeit der Niederwerfung des Bataveraufstandes als einer untergermanischen Statthalterschaft Frontins im Jahre 83 zuzuweisen (vgl. auch PIR² ebd. 215).

99 Vgl. ECK² I 293 - 300; ders. 1983, 52 f.

100 Vgl. W. ECK 1983, 50 - 53. Dies ist umso bemerkenswerter, als Frontin von Vitellius zum Stadtprätor bestimmt worden sein mußte.

101 W. ECK ebd. 53 f. vermutet wahrscheinlich zu Recht den Erhalt der *ornamenta triumphalia.*

102 Tac. Agric. 18, 1 *media iam aestate.* Vgl. STROBEL, Don. I.

103 Frontin. strat. I 1, 8; 3, 10; II 3, 23; 11, 7; vgl. auch SYME, Tac. 214; W. ECK ebd. 54 f.

104 Vgl. ECK² II 208; auch I 310 mit A. 125.

105 Mart. X 58. Von einer Kaltstellung durch Domitian o. ä. kann nicht die Rede sein (vgl. W. ECK 1983, 55).

106 Vgl. Plin. epist. V 1, 5. 7 - 8.

107 Frontin. aqu. 1.102.

108 Plin. paneg. 61, 5 - 6; 62, 1 - 2.

109 Anders, aber wohl zu Unrecht W. ECK ebd. 59.

110 Plin. paneg. 60, 5 - 6 (*singularibus viris ac de te quidem bene ac fortiter sed in toga meritis*); 61, 6 - 7; vgl. auch SYME, Tac. 16 f., 35; CROOK 166 Nr. 161 a; W. ECK ebd. 60.

111 Vgl. STROBEL, Plin. 44; auch SCHUMACHER 297 A. 37, ferner 44 f. Nr. 2 zu Frontins Augurat. Verfehlt zu Plin. epist. X 13.14 ZARANKA 270 f., 303.

112 Vgl. etwa PIR² IV 3, 216.

113 Vgl. auch SYME, Tac. 35 A. 2.

114 S. auch o. S. 45 f.

115 Vgl. PIR² IV 3, 256 - 260 Nr. 507; HALFMANN 112 - 115 Nr. 17; R. K. SHERK, ANRW II 7, 2, 1980, 1007 - 1011; SYME, ABr. 26 f. (u. a. m.); auch HOUSTON 135 - 139.

116 Vgl. SYME, ABr. 16 zu CIL VI 2053.

117 Nicht überzeugend dagegen SCHUMACHER 340 A. 82.

118 Vgl. HALFMANN 48; o. S. 55.

119 Vgl. bes. R. K. SHERK ebd.

120 Vgl. ECK^2 I 309.

121 Ebd. 316 - 320.

122 Vgl. FO^2 45; GALLIVAN 218.

123 Vgl. ECK^2 I 334 - 339.

124 Vgl. etwa ECK, Bef. 217.

125 S. CIL III 7086 = IGRR IV 336.

126 Vgl. FO^2 46.

127 S. o. S. 54 f.

128 Vgl. ECK^2 I 248.

129 Vgl. PIR^2 IV 3, 295 - 297 Nr. 630; SYME, Tac. 55, 635 f., 642; W. ECK, RE Suppl. XIV, 1974, 211 f.; FO^2 77 f.; auch HOUSTON 563 - 567. Verfehlt ist die Trennung verschiedener Iulii Ursi etwa bei A. STEIN, RE Suppl. VII, 1940, 312 f., 1623 - 1625; H. PAVIS D'ESCURAC, La préfecture de l'annone, Rom 1976, 327.

130 Vgl. FO^2 44, 77 f.; GALLIVAN 190, 216; auch ECK 56 f.; ders., ZPE 37, 1980, 55.

131 Vgl. FO^2 45, 93 f.

132 AE 1939, 60 = IGLSyr VI 2785. Vgl. zum *terminus post quem* o. Nr. 1 als Adiutor des Vibius Crispus vor dessen zweitem Konsulat (März - April 74). C. Tettius Africanus Cassianus Priscus war Praefectus annonae unmittelbar vor 80 (vgl. H. PAVIS D'ESCURAC ebd. 324).

133 AE 1939, 60; 1956, 57 = D. MEREDITH, CE 29, 1954, 281 - 287, bes. 284 - 286 (Abschrift einer stark beschädigten Inschrift aus dem Castellum Aphrodito von 1826). In der teilweise völlig verstümmelten Abschrift ist in Z. 1 nur *anno III (?)* zu bestimmen, wobei die Lesung *III* oder *IV* an den Namen des Präfekten und seine traditionelle Datierung gekoppelt wird (D. Meredith ebd. 285: "If Iulius Ursus is correct, the year is III or IV, followed by the erased name of Domitian and his titles". Für letzteres wäre aber m. E. gar nicht genügend Raum vorhanden gewesen); zu Recht dagegen kritisch SYME, Tac. 635 A. 5. Es ist hier m. E. vielmehr an eine Datierung unter Titus zu denken (Jahr II: 79/80, Jahr III: 80/81). Vgl. zu Ursus' Präfektur R. SYME, JRS 44, 1954, 116 - 118; ders., Tac. 635 f.; P. A. BRUNT, JRS 65, 1975, 144. Er muß der Amtsvorgänger des C. Aeternius Fronto (erstmals belegt Ende August 78, vgl. P. J. SIJPESTEIJN, Historia 28, 1979, 118; ferner belegt 78/79, vgl. STEIN, Präf. 39; G. BASTIANINI, ZPE 17, 1975, 276; BRUNT 143) oder des C. Tettius Africanus Cassianus Priscus (belegt 80/81 - 12.2.82, vgl. STEIN, Präf. 41; BASTIANINI 276; BRUNT 144) gewesen sein. Ersteres ist aber wohl auszuschließen; der Praefectus Aegypti Ti. Iulius Lupus war wohl in der 2. Hälfte des Jahres 73 im Amt verstorben, sein unmittelbarer Nachfolger wurde Valerius Paulinus (vgl. SIJPESTEIJN 117 - 125; aber auch ECK 100 f.). Dessen Nachfolger war offenbar *[S]ept[imius?] Nu[- - -]*, der für 75/76 belegt sein dürfte (s. Bastianini 276; ders., ZPE 38, 1980, 78). Eine rasche Folge der Präfekten (zur relativen Kürze der Amtszeiten s. auch HOUSTON 745 f.) diente Vespasian sicherlich zur Belohnung der wichtigsten ritterlichen Parteigänger, da eine Berufung auf die Prätorianerpräfektur damals

blockiert war. Ursus' unmittelbare Beförderung zum Gardepräfekten ist kein Einzelfall. Belegt sind Ursus' enge Verbindungen zu Titus' Tochter Iulia (s. auch A. 136) und damit sicher auch zu diesem selbst. P. Amh. II 68 (= U. WILCKEN, Chrestomatie Nr. 374) verso, Col. II, Z. 39.65 - 67 beweist zwar, daß Ursus vor C. Septimius Vegetus (belegt 8. 2. 85 - 26. 2. 88, vgl. STEIN, Präf. 43 f.; BASTIANINI 277; BRUNT 144) Präfekt war, belegt ihn aber eben nicht als dessen unmittelbaren Vorgänger (s. auch A. STEIN, Aegyptus 40, 1940, 56 nur " allem Anschein nach"), was zu einer Datierung des Ursus 83/84 bzw. 84 zwingen würde (vgl. A. STEIN ebd. 51 - 60; ders., Präf. 42 f.; BASTIANINI 276 f.). Zu P. Berol. 8334 s. u. A. 134.

134 Nach Cass. Dio LXVII 3, 1; 4, 2 hatte der hier genannte Ursus eine der einflußreichsten Positionen in der Umgebung Domitians; die Beförderung zum Konsulat bedeutete für ihn eine Entfernung aus dieser Position. Zu Interpretation und Ergänzung von P. Berol. 8334 = CPL 238 vgl. A. PIGANIOL, CRAI 1947, 376 - 387; R. SYME, JRS 44, 1954, 116 - 118; ders., Tac. 55 A. 3, 635 f.; ders., JRS 70, 1980, 66; nich überzeugend A. STEIN, Aegyptus 40, 1940, 51 - 60; ders., Präf. 41 f.; PFLAUM Carr. 131 f. Der Papyrus beinhaltet die Bestellung des L. Laberius Maximus (belegt als Nachfolger des C. Tettius Africanus Cassianus Priscus in der Präfektur Ägyptens 7. 7. 82 - 9. 6. und 9. 7. 83; vgl. STEIN, Präf. 41 f.; BASTIANINI 276; BRUNT 144) zum Praefectus Praetorio und Kollegen des Cornelius Fuscus (vgl. auch PIR^2 V 1, 2 Nr. 8; PFLAUM Carr. 102 - 104) und zwar als Nachfolger des Iulius Ursus, dessen Erhebung in den Senatorenstand ebenfalls erwähnt ist. Die Ernennung des Laberius Maximus erfolgte mit großer Wahrscheinlichkeit in der 2. Hälfte des Jahres 83. Er war 71 Prokurator von Iudaea und 80 - Mitte 82 Praefectus annonae gewesen (CIL VI 32363 = ILS 5049) gewesen; vgl. PIR^2 ebd.; A. STEIN, RE XII 1, 1924, 249 f.; PFLAUM ebd.; auch HOUSTON 296 f.; nicht völlig überzeugend H. PAVIS D'ESCURAC ebd. 325 f. Für die Abfolge der Präfekturen der Annona, Ägyptens und der Prätorianer ergibt sich in etwa folgendes Bild: *Praefectura annonae:* 74/75 (?) - 77/78 Iulius Ursus; 77/78 - 79 Tettius Africanus; 80 - Mitte 82 Laberius Maximus. *Praefectura Aegypti:* 77 - 78 Aeternius Fronto; 79 - 80 Iulius Ursus; 80/81 - Mitte 82 Tettius Africanus; Mitte 82 - Ende 83 Laberius Maximus. *Praefectura praetorio:* 80/81 - 2. Hälfte 83 Iulius Ursus; ab 83/84 Laberius Maximus, beide als Kollegen des Cornelius Fuscus.

135 Cass. Dio LXVII 3, 1; 4, 2. Vgl. auch A. STEIN, RE Suppl. VII, 1940, 1624 f.

136 Zu einer möglichen weitläufigen verwandtschaftlichen Beziehung zur Tochter des Titus vgl. R. SYME, Chiron 13, 1983, 130 mit A. 47.

137 Vgl. auch CROOK 170 Nr. 190.

138 Vgl. J. DEVREKER, AncSoc 8, 1977, 225, 228, 230, 241; auch o. A. 109.

139 Plin. paneg. 61, 5-6; 62, 1-2; s. o. S. 60.

140 Plin. paneg. 60, 5-6; 61, 6-7; vgl. o. A. 110.

141 Vgl. PIR^2 IV 3, 276 f., 297 f. Nr. 569, 631; E. GROAG, RE X 1, 1918, 882 - 891; E. RITTERLING (- E. GROAG) [o. S. 50 A. 162] 26 f.; W. REIDINGER [o. A. 67] 61 f.; SYME, Tac. 600 f., 635 f., 646; SCHUMACHER 13 f. Nr. 30; STROBEL, Dak. 74 f.

142 Vgl. GALLIVAN 191, 217.

143 Eine testamentarische Adoption ist kaum wahrscheinlich.

144 Vgl. FO² 46, 96.

145 HA Hadr. 1, 2; 2, 6.

146 Geboren war Servianus etwa 47 (Cass. Dio LXIX 17, 1; HA Hadr. 15, 8).

147 Vgl. Plin. epist. VIII 23, 5; HA Hadr. 23, 8; E. GROAG ebd. 883, 885; ECK, Bef. 185 - 187, 198 f., 215.

148 Cass. Dio LXVIII 3, 4.

149 Plin. a.a,O.; HA Hadr. 2, 6; vgl. PARIBENI I 135; SYME, Tac. 17; E. GROAG ebd. 883; R. HANSLIK, RE Suppl. X, 1965, 1043; ECK² I 328; STROBEL, Dak. 74; o. S. 23.

150 Vgl. L. SCHUMACHER, ANRW II 16, 1, 1978, 670 Nr. 43, 718 f.

151 Iunius Avitus (s. PIR² IV 3, 329 Nr. 731), der bereits in Obergermanien unter Servianus *tribunus militum laticlavius* gewesen war, wurde von diesem als *comes adsectatorque* nach Pannonien mitgenommen (Plin. epist. VIII 23, 5). Avitus verstarb als *aedilis designatus* (epist. VIII 23, 8), war aber nach CIL VI 10229, Z. 20 während Hadrians Suffektkonsulat Mai - August 108 (FO² 47, 103) noch am Leben. Er ist demnach in der 2. Hälfte dieses Jahres verstorben, bei normalen Cursus mit 27 oder eher 28 Jahren. In der 2. Hälfte 98 dürfte er etwa 18 gewesen sein. ECK² I 332 A. 206 folgert nun, daß sich die obergermanische Amtszeit des Servianus über ein Jahr erstreckt haben müßte. Es ist aber zu beachten, daß Q. Glitius Atilius Agricola wohl spätestens in der 2. Hälfte des Jahres 100, wahrscheinlich sogar bald nach dem 1.7. die pannonische Legatio übernommen hat. Die beiden Statthalterschaften des Servianus folgten ohne Zweifel unmittelbar aufeinander; eine Zuordnung der akephalen Inschrift CIL VI 1548 = ILS 1019 ist deshalb nicht möglich. Vgl. o. S. 23 f.; 59; u. 66.

152 Plin. epist. III 17, 3; vgl. STROBEL ebd. Da sein Konsulat etwa bis Mai 102 dauerte, dürfte er 102 in Rom geblieben sein (unbegründet L. SCHUMACHER ANRW II 16, 1, 1978, 719).

153 S. auch Plin. epist. X 2, 1.

154 Vgl. SYME, Tac. 57, 231).

155 Cass. Dio LXIX 17, 1-2; HA Hadr. 15, 8; 23, 8; 25, 8; vgl. PIR² IV 3, 297 f.; E. GROAG ebd. 886 - 890.

156 Vgl. etwa PIR² IV 3, 298; SCHUMACHER 233.

157 Belegt 26. 2. (?) / 1.7.94 - 21.6.98; vgl. zu ihm PIR² IV 3, 345 Nr. 812; STEIN, Präf. 47 f.; G. BASTIANINI, ZPE 17, 1975, 278 f.; P. A. BRUNT, JRS 65, 1975, 144.

158 Vgl. zu ihm STEIN, Präf. 48 f.; LAMBERTZ, RE XXI 2, 1952, 2283 - 2285; PFLAUM, Carr. 140 f.; C. NAOUR, AncSoc 9, 1978, 166 - 170.

159 Vgl. PIR² V 1, 2 - 4 Nr. 9; E. GROAG, RE XII 1, 1924, 250 - 253; V. VELKOV, Epigraphica 27, 1965, 90 - 109; auch HOUSTON 423 f. Seine Tochter war Laberia Marcia Hostilia Crispina Moecia Cornelia, die Gattin des C. Bruttius Praesens L. Fulvius Rusticus (vgl. W. ECK, RE Suppl. XIV, 1974, 219).

160 Vgl. GALLIVAN 191, 217.

161 Vgl. STROBEL, Dak. 73; auch ECK² I 334 - 336.

162 Vgl. F. ZEVI, PP 34, 1979, 197, 201; FO² 46; STROBEL, Dak. 73 f., 162 ff.

163 Die Dauer seiner Amtszeit ist nicht bekannt. Vgl. zu ihm o.A. 120; ferner A. STEIN, RE XII 1, 1924, 249 f.; HOUSTON 296 f.

164 Vgl. ECK, Bef. 184; auch E. GROAG ebd. 250.

165 HA Hadr. 5, 5; vgl. E. GROAG ebd. 253 (zu positiv für Trajan); PIR^2 V 1, 3; SYME, Tac. 57 A. 1, 231 verweist vielleicht nicht zu Unrecht auf die Möglichkeit eines Konfliktes mit Licinius Sura um den Einfluß auf Trajan. Das Datum der Verbannung ist nicht erschließbar, zumal eine Identifikation des Laberius Maximus auf der Trajanssäule verfehlt ist.

166 AE 1966, 356; vgl. V. VELKOV ebd. 95 f.; PIR^2 ebd.

167 HA Hadr. 5, 5.

168 Vgl. W. ECK, RE Suppl. XIV, 1974, 77; THOMASSON 21 f.

169 CIL VI 2075 (vgl. 32372), 2078 (vgl. 32374); AE 1964, 69.

170 Vgl. zu seiner Identifizierung PIR^2 V 2, 273 Nr. 547; FO^2 97 ad n. 7; ferner SYME, RP 699 f.; ders., ABr. 95 f.; W. ECK, RE Suppl. XIV, 1974, 281 f.; BIRLEY 83 - 95; auch HOUSTON 444 - 446.

171 Vgl. GALLIVAN 191, 218.

172 Vgl. CIL XVI 42 vom 20.2.98. Der erneute Versuch von P. ANELLO, in: Studi di storia antica off. a E. Manni, Rom 1976, 15 - 53 (mit weiterer Lit.), die Reform der Erneuerung der *tribunicia potestas* Nerva zuzuschreiben und Trajans erste tribunizische Gewalt auf Ende Oktober - 9.12.97 zu datieren, kann nicht überzeugen. Eine Erklärung für die widersprechende Titulatur von CIL XVI 42, einem offiziellen Dokument der römischen Zentrale, konnte sie nicht erbringen. Daß es sich hierbei um keinen irrtümlichen Einzelfall handelt, zeigt gerade das entsprechende Formular von CIL XVI 43, das in keinem Falle in die gemeinsame Regierung von Nerva und Trajan fallen kann. Der Wechsel in der Erneuerung der *trib. pot.* ist weiterhin mit großer Wahrscheinlichkeit den letzten Monaten des Jahres 98 zuzuweisen: *trib. pot. II* Ende Oktober - 9.12.98, *trib. pot. III* ab 10.12.98. Der Wechsel könnte durchaus im Rahmen der bewußten Absetzung von Nerva erfolgt sein, da die Datierung der trajanischen Regierungsära (vgl. Cass. Dio LIII 17, 10) damit vom Tage der Adoption gelöst und dem traditionellen Amtsdatum des Tribunates angeglichen wurde. So konnte der Eindruck einer Abhängigkeit von einem Vorgänger gelöscht und die höhere Berufung Trajans zur Führung der *res publica* dokumentiert werden. Zugleich würde sich dieser Akt auch in das Bemühen um eine Absetzung von der Regierung Domitians einfügen. Entgegen P. ANELLO gibt es keinen unbezweifelbaren Beleg für die Existenz einer *trib. pot. III* Nervas; CIL III 8703 aus Salona verbindet die Titulatur ohne Germanicus-Beinamen mit *trib. pot. III cos. III,* was auch nach der These einer Erneuerung der tribunizischen Gewalt am 10.12.97 nicht möglich ist; die Fehlerhaftigkeit der Titulatur steht damit außer Frage. Die drei Meilensteine von der Via Appia CIL X 6820, 6824, 6826 sind erst unter Trajan 100 gesetzt, wobei Nerva als Initiator der Arbeiten genannt ist; sie können kaum als zuverlässige Zeugen gewertet werden: CIL X 6820 verbindet für Trajan *trib. pot. III* mit *cos. III,* obwohl 100 *trib. pot. IIII* gezählt werden müßte (vgl. CIL XVI 44.45 bzw. 46). Für Nerva verbindet sie den Germanicus-Beinamen mit *trib. pot. III cos. IIII;* die gleiche Kombination trägt CIL VI 6824, wo aber als Titulatur Trajans nur *trib. potest. cos. III p.* [*p.*] erscheint. CIL X 6826 ist nicht zuverlässig überliefert. Einen eindeutigen Gegenbeweis liefert CIL V 4314 = ILS 279 mit *Ger-*]

m(anico) pont(ifici) max(imo) [*trib(unicia) p*]*ot(estate) II imp(eratori) iter(um)* [*co(n)s(uli)*] *IIII p(atri) p(atriae)* für Nerva.

173 CIL XVI 43 *equitibus et peditib*]*us qui militant in alis* [*tribus et cohortib*]*us sex ... et sunt*] *in Britannia sub T. Avidio* [*Quieto item*] *dimissis honesta missione a* [*ca. 6 Buchst.*] *Nepote qui quina et vicena plura*[*ve sti*]*pendia meruerunt.* Nepos hat demnach die *honesta missio* von Veteranen britannischer Auxilien veranlaßt, die dann von seinem Nachfolger in dieser Diplomkonstitution zusammen im aktiven Auxiliaren *civitas Romana* und *conubium* erhielten. Zur durchschnittlichen Bearbeitungsdauer einer Diplomkonstitution von vielleicht 3 - 6 Monaten vgl. H. WOLFF, ZPE 43, 1981, 423.

174 CIL IX 1455, bes. Col. II, Z. 16; vgl. ECK[2] II 209; u. S. 65 Marcellus ist durch CIL XVI 48 vom 19.1.103 für das Amtsjahr 102/103 gesichert; sein Amtsantritt könnte auch erst 102 erfolgt sein. ECK[2] I 336 - 339 setzt Marcellus 101/102 - 103/104 an.

175 Vgl. ECK, Bef. 212, bes. A. 277. Als erste Provinz nach dem Konsulat übernahmen Britannien nur Frontin, Iulius Agricola und C. Mummius Sisenna, letzterer im Zusammenhang mit Hadrians *bellum Iudaicum*. Vorzugsweise gelangte man über Germania Inferior oder Moesia Inferior zur britannischen Legatio (vgl. J. FITZ [o. S. 53 A. 13] 56 - 59), wobei ersteres den Vorzug haben dürfte, da diese Statthalterschaft in der Regel unmittelbar auf das Konsulat folgte (vgl. etwa ALFÖLDY, Leg. 18). Nepos wäre dann der unmittelbare Vorgänger des Licinius Sura in Untergermanien gewesen.

176 Berücksichtigen sollte man bei der Dauer seiner Statthalterschaft das relativ hohe Alter des Quietus, der etwa 106/107 verstorben ist (Plin. epist. VI 29, 1; vgl. SHERWIN–WHITE 388) Für eine (vorzeitige) Ablösung des Metilius Nepos im Jahre 97 (so etwa BIRLEY 83) gibt es keine Anhaltspunkte.

177 Suffektkonsul war er bezeichnenderweise im Konsulatsjahr Trajans; zudem war sein Kollege der aus der Baetica stammende Q. Valerius Vegetus (vgl. R. ETIENNE [o. S. 45 A. 137] 65; mit Einschränkung LAMBERTZ, RE VIII A 1, 1955, 237 f., s. FO[2] 106).

178 Vgl. FO[2] 46, 97 f.; vgl. zu ihm PIR[2] V 2, 271 f. Nr. 545, auch 135 Nr. 42; FO[2] 97 f. ad n. 7; auch W. ECK, RE Suppl. XIV, 1974, 182; G. CAMODECA, AAN 87, 1976, 29. Plin. epist. IX 2 ist nicht auf ihn zu beziehen.

179 Vgl. ECK[2] I 341 - 345; möglich wären auch Germania Superior und Inferior. Zurückhaltend R. SYME [o. S. 46 A. 142] 112 A. 1; nicht überzeugend ders., DP 251. J. FITZ, in: Tituli 4, Rom 1982 [1984], 321 möchte ihn 107 - 108 als ersten Statthalter von Pannonia Superior ansetzen.

180 CIL XI 3718 = ILS 1053; vgl. zu ihm PIR[2] V 2, 273 f. Nr. 549; E. GROAG, RE XV 2, 1932, 1402 - 1405; möglicherweise der Sohn des Konsuls von 91 (vgl. E. GROAG 1403; W. ECK, RE Suppl. XIV, 1974, 281; FO[2] 97). Man sollte dann aber auch seinen Wechsel nach Pannonia Superior erwarten.

181 Sollte letzteres zutreffen, so wäre sein Legionstribunat mit der prätorischen Statthalterschaft Hadrians in der neu eingerichteten Pannonia Inferior in Verbindung zu bringen, dessen Gunst er ganz offensichtlich genossen hat. Er war nach seinem Konsulat Curator operum locorumque publicorum und kaiserlicher Statthalter einer nicht mehr erhaltenen Provinz.

182 Vgl. M. TORELLI, JRS 58, 1968, 170 - 175 (= AE 1968, 145); SCHUMACHER 65 Nr. 1; W. ECK, RE Suppl. XIV, 1974, 283 - 285; THOMAS-

SON 43 - 45; KREILER 84 - 86; R. K. SHERK (o. A. 115) 996 A. 114, 999 - 1001; auch E. GROAG, RE XVI 2, 1935, 2545 f.; HOUSTON 111 - 117; BIRLEY 89.

183 Vgl. bes. J. K. EVANS, ES 12, 1981, 220 f.; ferner M. TORELLI ebd. 174; KREILER 84; J. NICOLS, Vespasian and the partes Flavianae, Historia-Einzelschr. 28, Wiesbaden 1978, 101; R. K. SHERK ebd. Möglich sind die VI Ferrata, die mit Mucian in den Westen zog, und die XII Fulminata, die 70 an der Belagerung Jerusalems teilnahm (vgl. E. RITTERLING, RE XII 2, 1925, 1590, 1706 f.; B. H. ISAAC - I. ROLL, JRS 66, 1976, 19). A. Caesennius Gallus war 66 Legat der XII Fulminata (vgl. PIR^2 II, 32 Nr. 170; Houston 37 f.); ob und gegebenenfalls wie lange er über den für die Legion wenig ruhmreichen Feldzug des Cestius Gallus (Jos. bJ. VII 1, 3,18; vgl. etwa E. RITTERLING ebd. 1706 f.) hinaus kommandierte, ist nirgends gesagt. Hätte sich der Erhalt der *dona* erst auf Pansas Sondermission in Z. 5 der Inschrift bezogen, so wäre eine entsprechende Stellung in der Inschrift zu erwarten, zumal auch dort die Formel *donatus ab eodem* möglich war. Da in Z. 4 nach dem Ende der Aufzählung der *dona* vor dem Censitorenamt Ende Z. 4/Anfang Z. 5 kein weiteres Amt mehr zu ergänzen ist, kann der nicht erhaltene Text in Z. 4 nur den Anlaß der Verleihung der *dona* beschrieben haben. Aus der Inschrift selbst läßt sich nicht bestimmen, ob sie konsularischem oder prätorischem Range entsprachen (vgl. M. TORELLI ebd. 172; V, A. MAXFIELD [o. S. 25 A. 118] 152, zu den möglichen Ergänzungen 146, 152 - 157). S. auch u. S. 112 (Nachtrag I).

184 Vgl. KREILER 106; BALLAND 115 f., 278 f. Nr. 89; ECK^2 I 287 - 290.

185 Vgl. HOUSTON 112, 115 f.; GALLIVAN 188, 219; auch W. ECK, RE Suppl. XIV, 1974, 285 (allerdings für 74).

186 Ein Ansatz erst nach der kappadokischen Legatio (so KREILER 86; R. SYME, ZPE 56, 1984, 183) ist abzulehnen. AE 1968, 145 nennt die Cura nach dem sicher zu ergänzenden Konsulat entsprechend der üblichen Bekleidung dieses Amtes (vgl. ECK, Bef. 207).

187 Vgl. bes. W. ECK, RE ebd. 284; R. K. SHERK ebd. 1001 A. 127.

188 AE 1968, 145, Z. 5 (nach M. TORELLI ebd. 172 f. *in A[rmeniam maiorem missus est ---]* oder *in A[lanos missus est ---]*. Für die Nennung von *ornamenta triumphalia* fehlt aber der nötige Raum).

189 Vgl. hierzu Suet. Vesp. 8, 4; Dom. 2, 2; Jos. bJ. VII 7, 4; A. I. Boultouna, Klio 53, 1971, 213 - 222; R. K. SHERK ebd. 992, 997; T. B. MITFORD, ANRW II 7,2, 1980, 1193; E. DĄBROWA, Klio 62, 1980, 385 - 388, bes. 387; ders., Syria 58, 1981, 203 f., bes. A. 3; ders. [o.S. 18 A. 43] 165 f.; auch SCHUR, RE XVIII 4, 1949, 2020 f; o. S. 18; zu direkten römischen Aktivitäten in Iberien IGRR III 133 = ILS 8795 (1.7. - 31.12.75; vgl. T. V. BUTTREY, Documentary Evidence for the Chronology of the Flavian Titulature, Beitr. z. Klass. Philologie 112, Meisenheim a. Glan 1980, 7, 16f.) Der reguläre Legat von Cappadocia-Galatia kann durch die gleichzeitig in wachsendem Maße gespannten Lage an der Parthergrenze und eine möglichen Bedrohung seiner Provinz durch die Alanen unabkömmlich gewesen sein.

190 Vgl. auch SCHUMACHER 65; kein Zusammenhang dürfte allerdings mit dem Erhalt der *dona militaria* bestehen.

191 Vgl. ECK^2 I 299 - 302.

192 Trajan d. Ä. war ca. 71 - 73 mit einiger Wahrscheinlichkeit der erste konsularische Legat der neu formierten Provinz Cappadocia-Galatia (vgl. ECK[2] I 287 - 291, bes. A. 20; II 190 A. 497; R. K. SHERK ebd. 991 - 998. Sein Konsulat bleibt entgegen L. VIDMAN (zuletzt FO[2] 43, 73 f.) auf etwa September - Oktober 70 anzusetzen; vgl. auch GALLIVAN 187, 213; W. ECK, ZPE 45, 1982, 146 - 148). D. VAN BERCHEM, MH 40, 1983, 189 - 191 möchte allerdings auf Grund einer Inschrift aus der Orontes-Ebene die Legio XVI Flavia Anfang der 70er Jahre in Syrien lokalisieren. Jedoch war spätestens Mitte dieses Jahrzehnts eine zweite Legion ständig in Kappadokien stationiert, und zwar mit einiger Sicherheit eben die XVI Flavia, die das Lager in Satala am ehesten endgültig im Zusammenhang mit den Ereignissen von 75/76 bezog. Man muß für 70 - 75 an der Ostgrenze des Reiches mit Sicherheit von vielfältigen Truppenbewegungen entsprechend den jeweiligen Schwerpunktbildungen ausgehen (vgl. auch E. DĄBROWA, Syria 58, 1981, 195 - 197, 199 f.); auch die bei ihrer Gründung in Syrien stehende XVI Flavia (vgl. ders., Latomus 41, 1982, 614 - 616) kann so ihre Garnisonen mehrfach gewechselt haben. Zu Trajans syrischer Statthalterschaft s. o. S. 18.

193 Vgl. auch M. TORELLI ebd. 173.

194 Vgl. ILS 260; zur Relativkonstruktion AE 1968, 145, Z. 5.

195 CIL IX 2454.2455 = ILS 1033.1034, s. AE 1976, 195; AE 1927, 117; Vgl. G. CAMODECA, AAN 87, 1976, 19 - 38 (mit weiterer Lit.).

196 GALLIVAN 190, 217.

197 Vgl. G. CAMODECA ebd. 24, 38 A. 130.

198 Vgl. ebd. 24; M. CORBIER [o.S. 40 A. 107] 101 - 109, allerdings mit einer überholten Zuordnung der Inschriften und damit einer Datierung auf 93 - 95; auch ECK, Bef. 196 f.

199 Vgl. auch ECK, Bef. 212 f.

200 Vgl. ECK[2] I 319 - 321 mit Ansatz auf ca. 91/92 - 93/94. Die Inschrift des Hexagons von Savaria kann - entgegen etwa L. BALLA, ES 4, 1967, 61 f. - weder auf den älteren noch auf den jüngeren Neratius Priscus bezogen werden; vgl. E. TOTH, AArchHung 35, 1983, 3 - 61, bes. 54 - 57.

201 Vgl. ECK[2] II 225.

202 In den pannonischen Provinzfasten ist zwischen 86 und Pompeius Longinus eine Lücke, in der drei oder vier Ignoti 86/87 - 88/89, 89/90 - 91/92, 92/93 - 95/96 bzw. 92/93 - 93/94 und 94/95 - 95/96 erschlossen werden könnten. Mit Umbesetzungen ist nach den Mißerfolgen sowohl 89 als auch 92 zu rechnen. In der Phase einer Neuordnung der pannonischen Militärstruktur nach 92 ist eine längere Statthalterschaft durchaus möglich. Es ist zudem möglich, daß der zu Beginn des Krieges von 92 amtierende Legat, der für den Untergang der XXI Rapax unter ihrem Legaten nicht unmittelbar verantwortlich zu sein brauchte, von Domitian erst nach dem Ende der Kampfhandlungen abgelöst wurde, was für seinen Nachfolger eine Amtszeit Anfang 93 - Mitte 96 nahelegt.

203 Vgl. HA Hadr. 2, 2-3; o. S. 19 A. 55, 54. Der Wechsel Hadrians zur untermoesischen Legio V Macedonica muß mit der Übernahme der pannonischen Statthalterschaft durch Pompeius Longinus bald nach Mitte 96 und vor der Ermordung Domitians und mit dem Ausscheiden des vorhergehenden, mit den Ulpiern verbundenen Legaten zusammenhängen.

204 Vgl. ECK 67 f. A. 73. Er muß ca. 35/40 geboren sein. Zu den Familienverhältnissen der Neratier vgl. BALLAND 114 - 116; L. VIDMAN, ZPE 43, 1981, 377 - 384; W. ECK, ZPE 50, 1983, 195 - 201.

205 CIL IX 2455 = ILS 1034, korrigierte Lesung und Ergänzung G. CAMODECA, AAN 87, 1976, 19 - 38 (=AE 1976, 195); AE 1969/70, 152; G. PENTITI, StudRom 26, 1978, 544 - 547 = mit erbesserter Lesung AE 1978, 287. Vgl. G. CAMODECA ebd.; L. VIDMAN ebd. 377 - 379; ders., FO^2 90 f.; zur Familie o. A. 204; zum Juristen A. BERGER, RE XVI 2, 1935, 2549 - 2551; SYME, RP 342 - 349; G. CAMODECA ebd. 33 - 37; F. CASAVOLA [o. A. 91] 272 - 278. SYME, RP 339 - 352 unterschied noch drei L. Neratii Prisci, ebenso W. ECK, RE Suppl. XIV, 1974, 285 f. Nr. 12 a, 13, 15; vgl. auch THOMASSON 45 f., anders 100. In Ansatz und Argumentation wenig glücklich T. NAGY, AAntHung 28, 1980, 411 - 436, der in dem Juristen Neratius Priscus eine andere Person sehen will. Die Ausführungen (etwa 432 ff. zu T. Vestricius Spurinna) sind vielfach nicht überzeugend, insbesondere auch die Schlüsse gegen eine juristische Tätigkeit unseres Priscus vor 106 (unter Bezugnahme auf Titius Aristo und Dig. XXXVII 12, 5; vgl. aber G. WESENBERG, RE Suppl. VIII, 1956, 858; TH. MAYER-MALY, RE Suppl. IX, 1962, 1396 f.) oder seine apodiktische Rekonstruktion von TAM II 568 aus Tlos. Für den postulierten patrizischen Juristen, Suffektkonsul angeblich 93, wäre zudem eine Statthalterschaft in Lycia-Pamphylia 86/87 - 88/89 wenig wahrscheinlich (vgl. auch ECK, Bef. 184).

206 FO^2 45, 90 f.

207 Vgl. HA Hadr. 18, 1.

208 Das Konsulat hat der nichtpatrizische Sohn eines Konsulars durch die Gunst Domitians für die Neratier (vgl. etwa SYME, RP 344) mit einem Minimum an Ämtern erreicht, wobei wohl an ein Alter von ca. 36 Jahren gedacht werden kann (vgl. zum Alter bevorzugter Prätorier beim Konsulat etwa ECK, Bef. 184, bes. A. 116 zu den besonderen Fällen mit weniger als zwei prätorischen Posten, wo der jüngere Priscus nun zu ergänzen ist). Die kurze Zeitspanne zwischen den Konsulaten von Vater und Sohn von nur 10 Jahren ist kaum allein durch das vorgerückte Alter des Vaters zu erklären.

209 AE 1969/70, 152 (kann in den anderen Cursusinschriften nicht ergänzt werden).

210 AE 1969/70, 152; 1978, 287.

211 AE 1978, 287.

212 Vgl. etwa ECK, Bef. 184 ff., 197 ff., 215 f. Auch D. Terentius Gentianus, der Sohn des trajanischen Marschalls D. Terentius Scaurianus, hat in seiner überaus raschen Karriere bis zum Suffektkonsulat, das er wahrscheinlich 116 *in absentia* bekleidete, eine prätorische Legatio geführt, wahrscheinlich ein Legionskommando im Partherkrieg Trajans (vgl. zu ihm CIL III 1463 = ILS 1046; E. GROAG, RE V A 1, 1934, 656 - 662, 716 f.; SYME, RP 391; H.-G. PFLAUM, in: Bonner Historia-Augusta-Colloqium 1968/1969, Antiquitas IV 7, Bonn 1970, 187 f.; SCHUMACHER 21 Nr. 49, 213 f.; FO^2 48; ECK^2 II 152 f. A. 350).

213 Die Kooptation erfolgte noch vor der Übernahme der untergermanischen Statthalterschaft; s. AE 1976, 195; 1978, 287.

214 Vgl. STROBEL, Dak. 77, 230; ferner R. SYME, ZPE 41, 1981, 140 f.; ders., Chiron 13, 1983, 140, 143; ECK[2] I 330 (mit A. 195) - 334; ders., ZPE 50, 1983, 198 A. 17 (mit Einbeziehung von CIL IX 1455). Er ist der Empfänger von Plin. epist. II 13. Nach CIL IX 2455 = AE 1976, 195 war er *leg(atus) Aug(usti) pr(o) pr(aetore) i[n ---]*/[6] *inferiore et Pannonia;* der erhaltene Teil der Inschrift bricht kurz nach dem letzten Buchstaben ab. Will man in Z. 5 den letzten erhaltenen Buchstaben als *p* lesen (so TH. MOMMSEN, CIL a.a.O.), so wäre konsequenterweise *p[rov(inciae) ---]* zu ergänzen. Zur Verwendung der etwas altertümlichen Formel *in provincia* vgl. AE 1927, 117. In AE 1978, 287 ist von Z. 2 erhalten *l[eg(atus) Aug(usti) pr(o) pr(aetore) in prov(incia) ---]a inferiore et Pannonia.* In Z. 3 erscheint nur noch in einer nach rechts verschobenen Mittelstellung *fecit*; eine nicht mehr erhaltene Ergänzung zu dem Provinznamen Pannonia ist auszuschließen (so auch AE 1978 p. 79), s. auch Buchstabenhöhen/Struktur der Z. 2 - 3 (vgl. auch AE 1976, 195). Als Gegengewicht zu *fecit* in Z. 3 ist wohl das durch die Inschrift ausgewiesene Gebäude zu ergänzen. Die Formel *Pannoni]a inferiore et Pannonia /[superiore] fecit* ist somit nicht möglich. Es kann sich daher nur um Germania Inferior oder Moesia Inferior handeln, wobei letzteres mit Sicherheit auszuscheiden ist.

215 Vgl. FO[2] 45, 95.

216 Vgl. STROBEL, Dak. 86 f. A. 16; auch ALFÖLDY, Leg. 18. Eine neue fragmentarische Bauinschrift aus dem Jahre 100 aus Köln (B. u. H. GALSTERER, ES 13, 1983, 168 - 170 Nr. 1) zeigt nur den Rest des letzten Buchstabens des Legatennamens, der ein A, E oder R gewesen sein könnte, nach ECK[2] II 209 auch ein C. Nach dem Schriftbild der Inschrift, bei der die Kürzung in der Kaisertitulatur auffällt, ist die Ergänzung des Namens zu *[Q. Acutius Nerv]a* ohne weiteres möglich und wohl die überzeugendste Lösung. Denkbar wäre u. U. auch eine Verkürzung des Legatencognomens zu *Pris]c(us);* vgl. etwa R. SYME, JRS 67, 1977, 13 f. Die Einwände von W. ECK ebd.; ders., ZPE 50, 1983, 200 A. 25 haben damit ihre Stringenz verloren. S. u. S. 112 Nachtrag II.

217 S. o. A. 214; vgl. G. CAMODECA ebd. 28 f.; STROBEL, Dak. 77, auch 217 - 220; o. S. 59. Geht man von einem vollen Triennium aus, so wäre Priscus zumindest bis Ende 105 im Amt gewesen. Es ist auch kein Grund ersichtlich, warum Trajan den bewährten Legaten während des 2. Dakerkrieges abgelöst haben sollte (Fabius Iustus ist hierfür keine Parallele), oder warum für Mitte 105 ein regulärer Wechsel vorgesehen gewesen sein sollte, zumal der Ausbruch des 2. Dakerkrieges so nicht vorgeplant gewesen sein dürfte (vgl. STROBEL, Dak. 205 f.). Eine unmittelbare persönliche Beteiligung des pannonischen Legaten am 2. Dakerkrieg ist nach der Neuordnung der römischen Heeresverbände nach 102 nicht mehr zwingend gegeben. Nicht überzeugend ist der Versuch, P. Metilius Nepos als kurzfristigen Legaten Pannoniens und Statthalter der neuen oberpannonischen Provinz anzunehmen (so ECK[2] I 341, bes. A. 247; s. o. S. 63).

218 Vgl. auch G. CAMODECA ebd. 35.

219 Vgl. W. ECK, ZPE 50, 1983, 195 - 201; auch BALLAND 114 - 116; E. CHAMPLIN, Chiron 11, 1981, 256 - 258; L. VIDMAN, ZPE 43, 1981, 382 - 384; o. S. 46.

220 Vgl. SYME, RP 348; ders., Tac. 233 f.; ders., Emperors and Biography, Oxford 1971, 126 f.; positiver G. CAMODECA ebd. 34 f.

221 Vgl. E. GROAG, RE XVI 2, 1935, 2542 - 2545; BIRLEY 87 - 91; L. VIDMAN ebd. 377 - 384; auch HOUSTON 161 - 164; nicht überzeugend M. TORELLI, JRS 58, 1968, 171 A. 7.

222 FO^2 45. Vgl. auch SYME, RP 344.

223 Vgl. o. S. 56, 63; BIRLEY 89 f.; ECK^2 I 336 - 339; auch M. G. JARRET - J. C. MANN, BJ 170, 1970, 182.

224 Dig. XXXIII 7, 12, 43; s. o. A. 204.

225 Vgl. auch G. CAMODECA ebd. 32; abzulehnen BIRLEY 88 f. In eine Ehreninschrift aus Xanthos (BALLAND 278 f. Nr. 89) erscheint als Sohn des Legaten ein M. Neratius Marcellus, der sicher mit L. Neratius Marcellus gleichzusetzen ist. Der spätere Wechsel zu seinem ursprünglichen Pränomen (erstmals während des Suffektkonsulates belegbar) könnte nach dem Tode Pansas erfolgt sein oder aber mit dessen durchaus möglichen zweiten Pränomen M. Hirrius Fronto (L.) Neratius Pansa zusammenhängen (vgl. BALLAND 279; auch L. VIDMAN ebd. 380).

226 CIL IX 2456 = ILS 1032 (nach ECK, Bef. 216 f., bes. A. 297 sind nur Priesteramt und höchstens Prokonsulat zu ergänzen). Die akephale, aber mit Sicherheit zuzuweisende Inschrift zeigt eine chronologisch völlig verwirrte Ordnung des Cursus (vgl. auch E. GROAG ebd. 2543). Die *adlectio* erfolgte sicher im Knabenalter (vgl. auch L. VIDMAN ebd. 378); die Position des für Patrizier typischen IIIvir monetalis (vgl. etwa ECK, Bef. 173 f.) darf hier nicht irreführen.

227 Vgl. L. VIDMAN ebd. 378, aber als "Kompensationsjahr für die unter Domitian nicht an die Reihe gekommenen Konsuln" darf man das Jahr 97 nicht werten (vgl. auch SYME, Tac. 70; ECK 52, 61, 72 - 76; ders., Bef. 206); auch daß die Brüder Zwillinge gewesen wären, läßt sich nicht erhärten. Das Konsulat kann Marcellus schon mit dem für einen Patrizier möglichen Mindestalter von 32 Jahren (vgl. ECK, Bef. 184, 217 f.) bekleidet haben, da sein älterer nichtpatrizischer Bruder mit einem Minimum an Ämtern 97 das Konsulat wohl mit etwa 36 Jahren erreicht hat. Marcellus wird das Militärtribunat bei der XII Fulminata noch während der Statthalterschaft seines Adoptivvaters in Kappadokien 77/78 - 79/80 wohl nur in relativ kurzer Zeit (vgl. hierzu ECK, Bef. 176) mit 17/18 Jahren abgedient haben (zu früh Birley 89). Die Geburt der beiden Brüder muß unmittelbar aufeinander gefolgt sein; etwas zu früh im Ansatz wohl G. CAMODECA ebd. 30; L. VIDMAN ebd. 378 f. mit ca. 58/59 für Priscus und ca. 59 für Marcellus. Die außerordentliche Kürze zwischen den Konsulaten des Vaters und der Söhne muß auch als ein Ergebnis der ungewöhnlich raschen Karriere der Söhne gewertet werden.

228 Vgl. ECK, Bef. 178; in ILS 1032 als *curat(or) actorum senatus*.

229 E. GROAG ebd. 2543 postuliert zu Unrecht ein nicht erhaltenes Legionskommando.

230 Vgl. ECK, Bef. 198 - 200, 215 - 218.

231 Vgl. auch BIRLEY 89 f.

232 Vgl. ECK, Bef. 208 f.; auch BIRLEY 90 (aber wohl nicht erst als Nachfolger des L. Silius Decianus).

233 Vgl. A. DEGRASSI, I fasti consolari dell'impero romano, Rom 1952, 37.

234 HA Hadr. 15, 4; vgl. E. GROAG ebd. 2544 f.; SYME, RP 349 A. 2; BIRLEY 91; anders H.-G. PFLAUM [o. A. 212] 180 f. Im Jahre 130 war Marcellus noch am Leben; die Identifikation ist dennoch berechtigt, da eine zeitliche Fixierung von HA Hadr. 15, 4 auf Marcellus' zweites Konsulat nicht gegeben ist.

235 Vgl. BIRLEY 90 mit A. 18; L. VIDMAN ebd. 379; ECK^2 II 154 A. 353.

236 Vgl. STROBEL, Dak. 75, 202 ff.; ferner LAMBERTZ, RE XXI 2, 1952, 2274 f.; W. ECK, RE Suppl. XIV, 1974, 384. Er wurde zweifellos von Cn. Pinarius Aemilius Cicatricula, *consul suffectus* 71 oder 72 (vgl. W. ECK ebd. 383 f.) adoptiert.

237 GALLIVAN 191, 217.

238 CIL XVI 33 (13. 5. 86); vgl. ECK^2 I 310 - 315.

239 Vgl. ECK, Bef. 197 f. Beachtenswert die Annahme von R. Syme, Historia 31, 1982, 474, er könnte mit Pompeius Longinus, Prätorianertribun und *amicus* Galbas (Tac. hist. I 31, 2 f.) identisch sein.

240 CIL XVI 39; RMD 6 (12. 7. 96); vgl. ECK^2 I 321 - 326. CIL XVI 39 ist auf den 16. 9. 93 nach der Titulatur Domitians (vgl. T. V. BUTTREY [o. A. 189] 31) oder 94 nach dem Konsuldatum (vgl. FO^2 45; GALLIVAN 218) datiert; vgl. hierzu H. NESSELHAUF, Gnomon 26, 1954, 267 f.; T. V. BUTTREY ebd. 39; FO^2 87. Nach dem überzeugenden Beispiel von CIL XVI 160 muß jedoch dem Konsuldatum für den offiziellen Erlaß der Konstitution der Vorzug gegeben werden. Der geringe Zeitraum von nur zwei Tagen zu dem Wechsel der *tribunicia potestas* legt ein Versehen des Schreibers, der sich an eine etwas zurückliegende Kanzleivorlage gehalten haben kann (vgl. auch H. WOLFF, ZPE 43, 1981, 423 f.), nahe. RMD 6 muß unmittelbar vor dem Eintreffen des Nachfolgers in der Provinz autorisiert worden sein.

241 Vgl. ECK^2 I 327 A. 178; o. S. 65, bes. A. 203.

242 S. o. S. 23 ff., 62.

243 Von einem Abbruch seiner Karriere kann nicht die Rede sein, wenn auch die Motive Trajans für die Ablösung durchaus tiefer gelegen haben dürften. Die Übertragung einer ehrenden Aufgabe in der Umgebung des Kaisers muß für Trajan ein problemlos gangbarer Weg gewesen sein, den siegreichen General in Pannonien durch einen eigenen *amicus* zu ersetzen. Vgl. auch SYME, Tac. 17; ECK, Bef. 213 f. (zur möglichen Zahl konsularischer Legationen).

244 Vgl. R. HANSLIK, RE XXI 2, 1952, 2336 f.; ECK 40, 66, 93; KREILER 95 - 97; R. K. SHERK, ANRW II 7,2, 1980, 1014 - 1016; R. SYME, Gerion 1, 1984, 254; seine Laufbahn ist nur teilweise bekannt; nach Plin. epist. IV 23, 2 hatte er wohl mehr als eine Provinz mit eigenem Heere geführt, wobei man am ehesten noch an eine wichtige prätorische Provinz denken dürfte.

245 Vgl. epist. IV 23.

246 Prätor schon vor 79; vgl. ECK 66.

247 FO^2 45; GALLIVAN 218.

248 ILS 8797; vgl. ECK^2 I 302. Legati proconsulis hatten in der Regel nur als Legaten der Prokonsuln von Africa oder Asia eine erfolgreiche Laufbahn zu erwarten, da diese Posten ihre Beziehungen zu einflußreichen Männern des Senates dokumentieren, die die von ihnen gewählten jungen Senatoren zu fördern wußten (vgl. ECK, Bef. 182 f.).

249 Vgl. auch C. P. JONES, Phoenix 22, 1968, 126; ECK 71 bes. A. 93. Ein Konsulat konnte der *homo novus* eigentlich nicht mehr erwarten; Domitian zielte damit wohl auf die Schaffung ergebener Anhänger in Senat (vgl. ECK 65 - 69).

250 Vgl. SYME, Tac. 16; ECK^2 I 322 - 332; ders., Bef. 214 f.

251 Vgl. W. ECK, Die staatliche Organisation Italiens in der hohen Kaiserzeit, München 1979, 148, 156 f.

252 IRT 537; vgl. R. HANSLIK, RE XXI 2, 1952, 2347 f.; ALFÖLDY, FH 71 - 75; ECK 67 - 69, 105; ders., RE Suppl. XIV, 1974, 442, 589 f. (s. v. Rufus 6c); THOMASSON 62 f.; PFLAUM, FN 189 - 191; R. SYME, Gerion 1, 1984, 250 - 254; auch HOUSTON 473 - 478. Nicht immer überzeugend SCHUMACHER 12 Nr. 27.

253 FO^2 45.

254 Vgl. auch R. SYME, Historia 31, 1982, 470 f.

255 Vgl. ALFÖLDY, FH 73 - 75; ECK^2 I 289 A. 24; II 197 A. 538.

256 Die Angabe war nach der Vernichtung der Legio V Alaudae unter Cornelius Fuscus im Kampf gegen die Daker eindeutig.

257 CIL XVI 38 (13. 7. 93). Vgl. ECK^2 I 320 - 322, bes. A. 169. Nicht überzeugend R. SYME, Gerion 1, 1984, 253.

258 Vgl. zur Dauer des Amtes ECK, Bef. 206 f., bes. A. 247.

259 Vgl. ECK 66, zu der Gruppe von Senatoren, mit deren Förderung Domitian offenbar eine bewußte Politik zur Schaffung dankbarer Gefolgsleute betrieb, 65 - 69.

260 Eine Aufnahme erst unter Trajan (so L. SCHUMACHER, ANRW II 16,1, 1978, 800) ist weniger wahrscheinlich. Zur Bedeutung der Aufnahme in mehrere Priesterkollegien, insbesondere die Kollegien des Kaiserkultes, für die Stellung zu den jeweiligen Herrschern vgl. a.a.O. 795.

261 Er wurde ca. 96/97 noch vor Trajan kooptiert; vgl. auch L. SCHUMACHER ebd. 670 Nr. 40, 706 - 710.

262 Vgl. ECK^2 I 330 - 332.

263 Vgl. ECK^2 I 349.

264 Vgl. zu ihm R. HANSLIK, RE XXI 2, 1952, 2348; SCHUMACHER 16 f. Nr. 38, 229 f. (nicht immer überzeugend); R. SYME ebd. 255 - 257.

265 Vgl. FO^2 45, 94.

266 Vgl. L. SCHUMACHER [o. A. 260] 671 Nr. 50, 800. Auch er war Sodalis Flavialis.

267 Vgl. ECK^2 I 353. Sein Sohn Q. Pomponius Marcellus, als *praetor designatus* Legat seines Vaters, wurde bereits 121 Konsul; vgl. R. SYME ebd. 260.

268 Die akephale stadtrömische Inschrift CIL VI 1444 = ILS 1022 wird von C. P. JONES, JRS 60, 1970, 100 - 104; ders., Gnomon 45, 1973, 690 zu Recht auf ihn und nicht auch L. Licinius Sura bezogen; vgl. STROBEL, Dak. 62 f. bes. A. 1, 65 - 68, 228 - 230. Vgl. jetzt auch ECK^2 I 329 A. 190; ders., ZPE 52, 1983, 151 - 156. Zu Senecio (ohne CIL VI 1444) vgl. auch E. GROAG, RE III A 1, 1927, 1180 - 1193, bes. 1186 ff. zu seiner philosophisch-literarischen Seite (allerdings doch wohl positiv überschätzt). Gegen die Versuche von G. MOLISANI, in: Tituli 4, 1982 [1984], 499 - 505, und I. PISO, AMN 19, 1982, 40 - 50 (wenig fundiert), die genannte Inschrift auf

D. Terentius Scaurianus zu beziehen, vgl. W. ECK ebd.; STROBEL, Dak. 75 - 77. Zur wahrscheinlich italischen Herkunft Senecios vgl. HALMANN 211.

269 Vgl. R. HANSLIK, RE Suppl. X, 1965, 1049.

270 Geboren war Senecio, da er das Konsulat nach dem Ausweis seiner Laufbahn bevorzugt mit vielleicht 36 Jahren erreichte, um 63; vgl. auch C. P. JONES 1970, 101 f. Ein Militärtribunat, das in CIL VI 1444 fehlt, dürfte in der Karriere dieses *vir militaris* eigentlich zu ergänzen sein.

271 Vgl. etwa C. P. JONES [o. A. 9] 54 - 57.

272 Plin. epist. I 13 zeigt, daß er im April 97 nicht in Rom war. Das durchschnittliche Intervall von 5 - 6 Jahren zwischen einem Legionskommando in Germania Inferior und dem Konsulat (vgl. ALFÖLDY, Leg. 95) kann hier nicht herangezogen werden. Vgl. auch C. P. JONES 1970, 102.

273 Vgl. ECK^2 I 328 - 329; o. S. 45 ff., 59.

274 Vgl. auch F. ZEVI, PP 34, 1979, 192.

275 Vgl. Strobel, Dak. 66 - 68.

276 FO^2 47.

277 Vgl. HA Hadr. 4, 2; E. GROAG ebd. 1187; C. P. JONES ebd. 103, bes. A. 56.

278 S. auch Cass. Dio LXVIII 16, 2.

279 Vgl. ILS 1104 f., 8820; PIR^2 IV 3, 216; E. GROAG ebd. 1183, 1192; SYME, Tac. 53. Die Förderung seiner Laufbahn durch Domitian könnte ein Ergebnis der Verbindung mit Frontin sein.

Nachtrag I: Nicht überzeugen kann die Identifikation des M. Hirrius Fronto Neratius Pansa in einer jetzt von A. S. Hall herausgegebenen Inschrift aus Oinoanda (Epigraphica Anatolica 4, 1984, 27 - 35), wie ich in Kürze an anderer Stelle zu zeigen hoffe.

Nachtrag II: Vgl. zu der Inschrift aus Köln jetzt W. Eck, BJ 184, 1984, 105 - 111 mit folgender begründeter Rekonstruktion: [*Imp(erator) Caesar divi*] *Nerva*[*e*] / [*-- f(ilius) Nerva T*[*raian(us)* / [*Aug(ustus) Germanicus*] *co(n)s(ul) III* / [*---*]*ẹ leg(ato) Aug(usti) pr(o) p(raetore)* / [*per coh(ortem) I Fl(aviam) Hisp*]*an(orum) p(iam) f(idelem) eq(uitatam)* / [*--- et*] *armam(entarium)* / [*fecit*]. Zu Recht betont Eck ebd. 106, daß der letzte Buchstabe des Legatennamens doch nur zu C, E oder L zu ergänzen ist. Allerdings erscheint mir E auf Grund der Nähe des Worttrenners wohl weniger wahrscheinlich. Auch ist Ecks Prämisse m.E. nicht zwingend, daß nämlich das Cognomen des Legaten ausgeschrieben gewesen sein müsse, wie schon der Vergleich mit der Kürzung des Kaisercognomens in Z. 2 und die Überschreitung der eigentlichen Zeilenlänge in Z. 4 zeigen dürften. Auf das Fehlen von *p(ater) p(atriae)* in der Titulatur des Kaisers (Z. 3/4) haben schon die Herausgeber der Inschrift hingewiesen. Ich schlage deshalb die folgende, eine befriedigende zeichnerische Rekonstruktion ermöglichende Ergänzung vor: [*Imp(erator) Caesar divi*] *Nervạ*[*e*] / [*f(ilius) --- Nerva T*]*raian(us)* / [*Aug(ustus) Germanicus*] * c̣ọ(n)s(ul) III* / [*L(ucio) Neratio Pris*] *c̣(o) leg(ato) Aug(usti) pr(o) p(raetore)* / [*per coh(ortem) I Flaviam Hisp*]*an(orum) p(iam) f(idelem) eq(uitatam)* / [*--- et*] *armam(entarium)* / [*fecit*]. Die von W. Eck erwogene Einführung eines möglichen weiteren untergermanischen Statthalters vor Q. Acutius Nerva scheint somit m.E. nicht erforderlich zu sein.

Joachim Knape

Die 'Historia apocrypha' der 'Legenda aurea' (dt.)

I. Gab es eine 'Historia apocrypha' der 'Legenda aurea'?

1. Die Quellenverweise der 'Legenda aurea'

Jacobus de Voragine schreibt im 53. Kapitel *De passione domini* seiner 'Legenda aurea' (entstanden um 1265) wie sie in der Ausgabe GRAESSEs vorliegt:[1]
"Von der Strafe und Herkunft des Judas findest du [in diesem Buch] geschrieben in der *legenda* von Sanct Mathias; von der Juden Strafe und ihrem Untergang [später] in der *legenda* Sanct Jacobs des Minderen; von der Strafe aber und der Herkunft des Pilatus liest man [als Quelle] in einer ganz bestimmten, freilich apokryphen *historia* folgendes:..."

Jacobus verweist mit diesen Worten auf seine mit großem Geschick beherrschte Technik der Kompilation, die ihn zu einem "gewandten und vielseitigen literarischen Mosaikkünstler" hat werden lassen, der aus "Quellen von Schriftstellern fast aller Jahrhunderte vor ihm" seinen Stoff gesammelt und verarbeitet hat.[2] Die gemeinsame Quelle der angesprochenen Legendeneinschübe ist, wie er zuletzt sagt, *quadam historia licet apocrypha.* Bereits im Mathias-Kapitel (Kap. 45) hatte er den Judas-Einschub mit denselben Worten *legitur enim in quadam hystoria licet apocrypha* eingeleitet und wenig später erneut auf *praedicta hystoria apocrypha* verwiesen (ed. GRAESSE, 184 f.). Ähnliche Quellenberufungen finden sich dann später wieder in den Kapiteln 67 und 89 (ed. GRAESSE, 299, 376).

In der Forschung ist man sich noch uneins, ob Jacobus diese 'Historia' direkt vorlag oder ob es eine Zwischenstufe gab, in der diese Quellenberufungen schon enthalten waren. Daß es sich aber bei der von ihm mehr als viermal erwähnten *historia* um ein und denselben Text handelt, sollte unumstritten sein. Aus ihm - ob vermittelt oder nicht, sei dahingestellt - hat Jacobus einzelne stoffliche Bestandteile an passender Stelle in seine Legendensammlung eingefügt.

Es handelt sich bei der genannten 'Historia' um eine mittelalterliche Geschichtserzählung in Prosa, die von einem unbekannten Autor, vermutlich im 12. Jahrhundert, aus verschiedenen Stoffelementen zusammengefügt wurde. Kernbestandteile sind:

I. Pilatus-Vita
II. Veronica-Legende (in den Pilatusteil eingeschoben)
III. Nero-Anekdoten
IV. Zerstörung Jerusalems
V. Judas-Vita

Die Datierung ist nicht ganz sicher. Einerseits legt DOBSCHÜTZ die Entstehung der Pilatus-Vita in die Mitte des 11. Jahrhunderts, andererseits stammt laut RAND/BAUM/LEHMANN die älteste Fassung der Judas-Vita (=A) aus dem frühen 12. Jahrhundert.[3] Wahrscheinlich ist die Textstufe der 'Historia', die Jacobus de Voragine vorlag, ein Produkt des 12. Jahrhunderts, denn zum einen gibt es keine früheren Textzeugen und zum anderen hat der mit Phantasie kompilierende und komponierende Bearbeiter wohl die Judas-Vita (A), wie sie im Parisinus lat. 14489 (12. Jh.) vorliegt, gekannt. Er fügt nämlich das dieser Judas-Vita vorangestellte "Motto"[4] *Nihil occultum quod non reveletur et opertum quod non sciatur,* das an dieser Stelle in seiner neu zusammengefügten Fassung unpassend wäre, sinnvoll an anderem Ort wieder ein.[5]

Um Mißverständnissen sogleich zu begegnen sei deutlich hervorgehoben, daß es sich bei der hier gemeinten 'Historia' nur um eine bestimmte "Schicht" aus dem ungeheuer vielschichtigen Pilatus-Veronica-Judas-Überlieferungskomplex handelt. Es geht um eine Textfassung, die "das Werk eines einzelnen Mannes war, der es verstand, die alte[n] Legende[n] in einer dem Geschmack seiner Zeit entsprechenden Weise neu zu beleben. Seine bisher ihrer Bedeutung wie ihrer Verbreitung nach stets unterschätzte Arbeit ist eine lateinische Prosaerzählung"[6], die den Versuch einer literarischen Synthese darstellt. In der neu entstandenen 'Historia' sind verschiedene auch selbständig überlieferte Geschichten in bestimmter Weise zu einer Einheit verbunden, die dann aber selbst bald wieder von Abschreibern bzw. Bearbeitern verändert und auch erneut in die einzelnen Bestandteile zerlegt (z.B. in der 'Legenda aurea') überliefert wurde. Verschiedentlich haben einzelne Abschnitte wiederum Nach- und Umdichtungen angeregt. Die 'Historia' ist eine der wichtigsten Quellen mittelalterlicher geistlich-legendarischer Dichtung, deren Stellenwert seit DOBSCHÜTZ von der Forschung keineswegs angemessen gewürdigt worden ist.

2. Ein Kapitel Forschungsgeschichte

Die Erforschung der 'Historia apocrypha' der 'Legenda aurea' als Einheit ist darum bis zum heutigen Tag kaum vorangekommen, weil seit MONES und du MÉRILs frühen Editionen[7] die Pilatus- und Judasforschung getrennte Wege gegangen sind. Die Amerikaner RAND (1913) und BAUM (1916) unternahmen zu Beginn dieses Jahrhunderts weitreichende Quellenforschungen und Textrekonstruktionen zum Judas-Komplex, dessen Gruppe R den Judas-Teil der 'Historia' betrifft.[8] Für die Einheit der 'Historia' interessierten sie sich nicht, wohl aber für den von d'ANCONA (1869), PARIS (1869), CONSTANS (1870), KÖHLER (1870) und SCHÖNBACH (1876) bereits erörterten Zusammenhang zwischen den Kapiteln 45/53 der 'Legenda aurea' und ihrer möglichen Quelle.[9] Sie kommen zu dem Ergebnis, daß Jacobus de Voragine nicht direkt auf der 'Historia' fußt, sondern im Palatinus 619 des Vaticans und Ms. 214 des St. John's College, Cambridge, eine Zwischenstufe erkennbar wird. Zwar vertritt HUG 1929 wiederum die Auffassung, daß Jacobus direkt auf die von ihm genannte 'Historia apocrypha' zurückgreife, doch verteidigt LEHMANN im gleichen Jahr die Zwischenstufentheorie.[10] Er kreidet STEINMEYER (1918)[11] an, die Forschungen RANDs und BAUMs nicht gekannt zu haben, doch ihm selbst war entgangen - wie erstaunlicherweise auch allen anderen -, daß DOBSCHÜTZ schon 1899 die bis zum heutigen Tag wichtigste und umfassendste Untersuchung zur Überlieferungsgeschichte des Pilatus-Veronica-Judas-Komplexes unter dem offenbar für Philologen nichtssagenden Titel 'Christusbilder' vorgelegt hatte.[12] DOBSCHÜTZ verwies nicht nur auf die 'Historia apocrypha' als Vorlage für die 'Legenda aurea' - Kapitel 45/53, sondern ordnete auch die 'Historia' (bei ihm Gruppe 8.) in den stofflichen Traditionszusammenhang von 116 Pilatus-Veronica-Varianten (bis ins 15. Jahrhundert) ein.

Den Namen "Historia apocrypha der Legenda aurea" hat zuerst STEINMEYER geprägt. HUG, OHLY[13], LEHMANN und neuerdings auch GAIFFIER (1973)[14] haben ihn übernommen. GAIFFIER hat deutlich darauf verwiesen, daß Jacobus de Voragine insgesamt viermal die 'Historia apocrypha' als Quelle heranzieht. Er setzt sich sehr kritisch mit der bisherigen Forschung auseinander und steht der Zwischenstufentheorie skeptisch gegenüber. Sein Hauptverdienst liegt darin, die eigenständige wichtige Rolle der 'Historia apocrypha' energisch vertreten zu haben.

3. Zur Editionsgeschichte

Es wäre dringlich zu wünschen, daß in absehbarer Zeit eine kritische Edition der lateinischen 'Historia apocrypha' in Angriff genommen wird, denn bislang gibt es nur bruchstückhafte Versuche, den Text zugänglich zu machen.

Das bereits 1842 angekündigte Vorhaben von E. GACHET, die Fassung der Brüsseler Hs. 10 147 - 52 herauszugeben, wurde nie realisiert.[15] Allerdings hatte MONE schon 1838 den Pilatus-Teil betreffende Auszüge des Clm 23 390 (= M_1) ediert und mit erläuternden Zwischentexten versehen [Anm. 7].

In seiner Rezension zu TISCHENDORFs Edition der 'Evangelia apocrypha' hat SCHÖNBACH 1876 diese Zwischentexte aus der Grazer Hs. 589 (= Gr; bei SCHÖNBACH M) ergänzt, weil ihm andere Hss. nicht bekannt waren.[16] Beide Teilausgaben zusammen ergeben dann den Pilatus-Teil der 'Historia'; allerdings ist SCHÖNBACHs Text von bis zur Unverständlichkeit gehenden Lesefehlern angefüllt.

STEINMEYER jedenfalls ging davon aus, daß diese beiden Teilausgaben den ersten Teil der 'Historia' darstellen und druckte den auf die Pilatus-Veronica-Erzählung folgenden Rest, einschließlich Judas ab. Er folgt dabei zunächst ebenfalls dem Clm 23 390 bis dessen Text abbricht und fährt dann mit der Fassung der Grazer Hs. 589 fort. Obwohl STEINMEYER seine Konjekturen vermerkt, weicht er doch unerklärlicherweise an verschiedenen Stellen stillschweigend vom Münchner Manuskript ab und verändert den Text eigenwillig.

In noch stärkerem Maße hat das EDWARD SCHRÖDER getan, der sich in den 30/40er Jahren mit dem mittelhochdeutschen Vers-Pilatus beschäftigt hat. Er wollte bei einer eventuellen Edition dem mittelhochdeutschen Text offenbar die lateinische Quelle wie sie Clm 23 390 bietet, beigeben. In seinem Nachlaß finden sich diese Vorarbeiten, die aber insofern heutigen Ansprüchen nicht genügen, als auch er wie gesagt eigenwillig und erklärtermaßen "stillschweigend" in den Textbestand eingegriffen und Ergänzungen und Konjekturen nach dem Grazer Manuskript 589, zum Teil sogar nach eigenem Gutdünken vorgenommen hat.[17]

Die erste zusammenhängende Ausgabe der 'Historia' unternahm dann 1972 DORIS WERNER im Anhang ihrer ausführlich kommentierten kritischen Edition des lateinischen Pilatus-Gedichts, indem sie die - allerdings eine jüngere Redaktion darstellende - Fassung der Hs. Clm 21 259

(= M_2) abdruckte. Aber auch diese Ausgabe bietet nicht den ganzen Text, denn, da sich DORIS WERNER wiederum nur für den Pilatus interessierte, verzichtete sie auf den Judas-Teil.[18]

4. Die Textzeugen

SCHÖNBACH nennt die 'Historia' wie vor ihm MONE "lateinische Pilatusprosa" (L); bei DOBSCHÜTZ bilden die Überlieferungszeugen der 'Historia' die Gruppe 8.; bei BAUM ist es der Typus R und bei DORIS WERNER hat die 'Historia' die Nummer XIII, Vita Pilati (Prosa A).
Nach meiner Kenntnis ist sie in folgenden Handschriften überliefert:

B = Brüssel (Bibl. Royale Albert Ier): Ms. 10 147-52, 12. Jh.
G = Göteborg (UB): Ms. lat. 21, 13. Jh.
Gr = Graz (UB): Ms.1314 [früher 37/45-4°], 14. Jh.
L = Lüneburg (Ratsbücherei): Cod. theol. 2° 83, 15. Jh.
Li = Lille (UB): Ms. 138, von 1481.
M_1 = München (SB): Clm 23 390, 12./13. Jh.
M_2 = München (SB): Clm 21 259, 13. Jh.
O = Oxford (Bodleian Libr.): Ms. Laud. Misc. 633, 12. Jh.
P_1 = Paris (BN): Ms. lat.16 079, 13. Jh.
P_2 = Paris (BN): Arsenal 387, 13. Jh.
P_3 = Paris (BN): Nouv. acq. f. 4413, 13./14. Jh.
P_4 = Paris (BN): Ms. lat. 11 867, 13. Jh.
P_5 = Paris (BN): Ms. lat. 4895 A, 13. Jh.
Pr = Prag (UB): Ms. 2119 [= XII.B.14], 15. Jh.
T = Trier (Bistumsarchiv): Abt. 95, Nr. 29., 12./13. Jh.
W_1 = Wien (ÖN): Cod. lat. 372, 13. Jh.

Die Handschriften überliefern den Text in zwei Rezensionen. O erweitert im Veronica-Teil die Dialoge; der Wiener Codex lat. 1180, 14.Jh., enthält eine stärker veränderte Variante und der Darmstädter Codex 825, 13.Jh., eine Kurzfassung.

Aus dem 15. Jahrhundert hat sich eine Übersetzung ins Deutsche (ohne Judas) in einer Münchner Handschrift erhalten:

M = München (SB): Cgm 3972.

Ich drucke den Text dieser Übersetzung am Ende meiner Ausführungen ab. Beigegeben habe ich den vollständigen Text der in M_1 fragmentarisch überlieferten Fassung der lateinischen 'Historia apocrypha', ergänzt durch die von STEINMEYER herausgegebenen Teile aus Gr. Im folgenden beziehen sich die Zahlenangaben in Klammern bei Zitaten aus der 'Historia' auf die Zeilenzählung meiner Ausgabe.

II. Deutung und Verarbeitung historischer Überlieferung in der 'Historia'

1. Die stofflichen Hauptelemente auf ihre Quellen zurückgeführt.

Der Autor der 'Historia' war Kompilator, Bearbeiter und ergänzender Dichter in einer Person. Er hat seine "Geschichte" aus zahlreichen vorgefundenen Stoffsplittern zusammengesetzt. Die erzählte Zeit umfaßt in der Hauptsache etwa ein Menschenalter und beginnt mit der Zeugung des Pilatus um die Zeit vor Christi Geburt, wie man aus dem weiteren Gang der Erzählung rückschließen kann. Der zeitliche Rahmen wird schließlich noch mit dem Bericht der endgültigen Zerstörung Jerusalems (erste Hälfte des 2. Jahrhunderts) erweitert.

1. Die Jugendgeschichte des Pilatus: Sie steht am Anfang und nennt als Vater den mächtigen und sternkundigen König Tyrus aus Mainz, der Pilatus aufgrund einer günstigen Sternkonstellation mit einer zufällig herbeigeschafften Müllerstochter namens Pila, deren Vater Atus heißt, im Bamberger Forst zeugt.

   Der Name Tyrus signalisiert orientalischen Bezug.[19] Woher er aber konkret genommen wurde, bleibt unklar. Eine Vermischung des Ortsnamens Tyrus, der bei einer frühen Veronica-Legendenform vorkommt[20], mit dem Personennamen Cyrus/Tyrus scheint wahrscheinlich. Auch die Erwähnung von Mainz bleibt letztlich im Dunkeln, obwohl verschiedene Mutmaßungen vorliegen.[21] Die Ansiedlung der Zeugung und Geburt im Gebiet um Bamberg, genauer um Forchheim (im Text steht auch der Ortsname Berleich), ist dagegen seit 1077 reichlich belegt;[22] auch die etymologische Herleitung des Namens Pil-Atus von Mutter und Großvater taucht in Quellen der Zeit auf.[23] Daß eine günstige Sternkonstellation die Stunde der Zeugung festlegt und die Mutter in einer Mühle lebt, stammt wohl aus der fränkischen Sage um die Geburt Karls des

Großen, der auf diese Weise mit Pippin in genealogischen Zusammenhang gebracht wird. Pippins Tochter Bertha hatte laut dieser Tradition auch bei einem Müller Zuflucht gefunden. Und wie Karl mit den legitimen Kindern am Hof Pippins in Streit gerät und verbannt wird, so geschieht es auch Pilatus; er muß sogar zweimal einen Hof verlassen und bei ihm endet der Streit mit seinen jugendlichen Rivalen mit Totschlag.

SIMROCK und CREIZENACH tadeln den mittelalterlichen Autor, weil sie eine Gleichsetzung mit Kaiser Karl für einen "feigen Schwächling wie Pilatus"[24] für unangemessen und "durchaus nicht passend" erachten.[25] HEINZEL hat zurecht an solch einer Bewertung Anstoß genommen, denn "irgend eine Anknüpfung muss doch möglich gewesen sein, sonst bleibt die Contamination unbegreiflich".[26] Nicht ganz zu Unrecht sieht er sie in der zeitgenössischen Auffassung begründet, daß auch Pilatus ein selbständiger Herrscher und Fürst vom Pontus gewesen sei und im übrigen als Richter Jesu - das sei hinzugefügt - einen bedeutsamen Platz in der Heilsgeschichte einnahm. Bereits in althochdeutscher Zeit wird von Pilatus als dem "pontischin herizohin" (Monseer Fragment: Matthäus Evangelium, 23,25) oder "-grâven" (Tatian 192, 3) berichtet. Entsprechend ist es auch der Ruf seiner überragenden Herrscherkunst, die der in der 'Historia' nach Pontos gesandte Pilatus unter Beweis stellt, der Herodes veranlaßt, ihn nach Palästina zur Unterdrückung der widerspenstigen Juden zu rufen. Dort versteht er es mit Geschick, die Gunst des Volkes, großen Reichtum und schließlich die Herrschaft über Judäa zu erringen. Daraus resultiert - so heißt es in der 'Historia' - die (bei Lk 23, 12 erwähnte) Feindschaft zwischen Herodes und Pilatus. Erst als Pilatus Jesus dem Herodes überstellt (wie bei Lk 23, 7-12) endet die Feindschaft.

2. Der Bote Adanus (Adranus, Adrianus):[27] Nach alter Überlieferung hat Pilatus bald nach dem Prozeß Jesu dem Kaiser Bericht erstattet, indem er einen Brief schrieb, um sich zu entschuldigen, bzw. Akten einreichte.[28]

   Die 'Historia' spricht nicht von einem Brief, sondern führt den Boten Adanus ein, der für Pilatus die Verurteilung Jesu vor Tiberius rechtfertigen soll und sich dazu mit dem Schiff nach Rom aufmacht.

3. Die Heilung des Vespesianus: Adanus wird nach Galizien (in Spanien) verschlagen, wo Vespesianus als Statthalter des Tiberius herrscht. Vespesianus hat eine Krankheit (Wespen in der Nase), von der er geheilt wird, nachdem er an die Wunderkraft Jesu zu glauben begonnen hat, von der der Bote erzählt.

Diese Heilung eines Unterkönigs aufgrund einer Erzählung von Jesu Wundern ist vorgebildet in der 'Vindicta Salvatoris' (ca. 700 n. Chr.), die dem Autor der 'Historia' ohne Zweifel vorlag.[29] Das Wespen-Motiv als Krankheit eines Herrschers geht wohl im Ursprung auf alte jüdische Erzählungen zurück.[30] Interessant ist, daß der historische Vespasian selbst in dem Ruf stand, Wunderheilungen vollbracht zu haben.[31]

4. Der Bote Albanus (Volusianus):[32] Auch Kaiser Tiberius ist krank. Er leidet an Aussatz, hat gerüchteweise von Jesu Wundern gehört und schickt seinen Vertrauten Albanus als Boten nach Judäa, um den Arzt zu suchen. Albanus trifft auf Veronica, die ihm über Jesu Wirken und Sterben berichtet und ihm verspricht, Tiberius mit Hilfe eines wunderbar auf einem Tuch entstandenen Bildes Jesu zu heilen. Beide reisen nach Rom und der Kaiser wird beim Anblick des Bildes geheilt.

Auch dieser Erzählteil ist personell und strukturell in der 'Vindicta Salvatoris' vorgeprägt, der Bote heißt dort Volusianus. Zwar berührt sich die Erzählung zum Teil mit der 'Cura Sanitatis Tiberii' (ca. 600 n. Chr.), doch war deren Kenntnis nicht notwendig. Insgesamt hat der Bearbeiter in diesem Teil seiner wahrscheinlichen Quelle gegenüber stark eingegriffen.[33] Bereits für die Vorlage ('Vindicta Salvatoris') gilt, "dass der Veronicalegende innerhalb der ganzen Darstellung nur die Bedeutung einer Episode zukommt. Alles zielt auf die Bestrafung des Pilatus hin" und auch die "Heilung des Tiberius und alles, was damit zusammenhängt, dient lediglich diesem Zweck".[34] Daß Tiberius im christlichen Sinne positiv gezeichnet wird und schließlich sogar als Bekehrter Rache an Pilatus nehmen kann, geht vermutlich in seiner Tendenz auf die Charakterisierung des Kaisers als Gönner und Förderer des Christentums bei Eusebius (Historia Ecclesiastica II, 2-3) zurück. Vermischt wurde sie wohl mit jener Überlieferung, nach der Kaiser Constantin am Aussatz litt und durch Papst Sylvester bei der Taufe geheilt wurde.[35]

5. Bestrafung und Ende des Pilatus: Der bekehrte Kaiser Tiberius läßt Pilatus gefesselt nach Rom bringen und verurteilen. Pilatus kommt der Hinrichtung durch Selbstmord zuvor. Erst nach verschiedenen Versuchen gelingt es, die Leiche schließlich in einem Alpensee zu versenken.

Der Verfasser arbeitet hier relativ frei die Nachricht aus, Pilatus habe Selbstmord begangen, wie sie das wohl am weitesten verbreiteten Geschichtsbuch des Mittelalters, die 'Historia Ecclesiastica' des Eusebius (übersetzt und erweitert von Rufus/Cassiodorus) überliefert (II, 7).[36] Die Überführung der Leiche nach Vienne erklärt sich zum Teil aus

Eusebius (I, 11), zum Teil aus der Etymologie "via gehennae", aber auch aus der seit dem 9. Jahrhundert bestehenden Tradition von Vienne als einem Verbannungsort des Pilatus.[37] Die Erwähnung von Losanne und des Mons Septimus geht wohl auf Sagenüberlieferungen frühestens aus dem 11. Jahrhundert zurück.[38] Die 'Mors Pilati' des 14. Jahrhunderts ist, anders als TISCHENDORF und SCHÖNBACH glaubten, nicht die Quelle für den Todesbericht, sondern eine über die 'Legenda aurea' vermittelte spätere, aus der 'Historia' geflossene Variante.[39]

6. Vespesianus zieht sich für 40 Jahre nach Galizien zurück, um seinen Rachefeldzug gegen die Juden vorzubereiten. Knappe Hinweise zur Kaisersukzession (Tiberius, Caligula und, mißverstanden, Gaius; Claudius fehlt).[40]

7. Nero und Seneca: Nero, der Mörder der Apostelfürsten Petrus und Paulus will auch seinen Lehrer Seneca töten. Es entspinnt sich ein kurzer Dialog zwischen beiden, und auf eigenen Wunsch darf Seneca schließlich Hand an sich selbst legen, indem er sich im Bad die Adern öffnet.

Daß die 'Historia' gerade die verbreitete Simon Magus-Episode im Zusammenhang mit Nero und den Apostelfürsten nicht erwähnt, die sich in der 'Cura Sanitatis Tiberii' an die Heilung des Kaisers anschließt, spricht für die These von DOBSCHÜTZ, daß dem Anonymus die 'Cura' nicht vorlag.[41] Er interessiert sich offenbar mehr für die Selbstmorde und fügt daher nach dem Pilatus-Suizid gleich die ebenfalls weit verbreitete Erzählung von Senecas Tod im Bade an,[42] worüber bereits Tacitus (Annalen XV, 64) berichtet hatte. Von Senecas Selbstmord berichtete auch schon kurz Sueton (Nero 35), später dann Boethius (Consolatio III, 5, 10).

8. Neros Schwangerschaft: Eine weitere Schandtat Neros folgt mit der aus Neugier entstandenen Absicht, seine Mutter zu töten, um zu sehen, wie sich seine eigene Schwangerschaft im Leib der Mutter zugetragen hat. Nach der Weigerung seiner "phisici", aus solch einem Grund die Mutter zu töten, verlangt er von ihnen, ihn selbst schwanger zu machen. Mit Hilfe ihrer Kunst bewirken sie schließlich, daß er einen Frosch gebiert. Er befiehlt, seine widernatürliche Frucht aufzuziehen, und der Ort, wo der Frosch("rana") verborgen ("latente") lebte, wird daher - so etymologisiert der Autor - "Lateranis" genannt.

Von Neros Übeltaten, zu denen auch der Mord an seiner Mutter gehört, berichten nach Sueton (Nero 34) viele christliche Historiographen, z.B. Eusebius (II, 25) Orosius (Historia VII, 7) und Paulus Diaconus

(Historia Romana VIII/Landolfi Additamenta IX). Das grausige Motiv, Nero habe seine Mutter aufschlitzen lassen, um sich seinen Zustand als Embryo vergegenwärtigen zu können, begegnet neben der 'Historia apocrypha' noch in der 'Vita Mathildis' (um 1115) des Mönchs Domizio (II, 247f.), ist aber in seinen Ursprüngen älter.[43] Die beliebte Etymologie von Lateran, gewöhnlich von "Lata rana", geht als typische Grammatikerfabel auf eine bis in den Anfang des 9. Jahrhunderts zurückverfolgbare lateinische Glosse über das Wort "lateranum" zurück.[44]

9. Brand Roms und Neros Ende: Widerum aus Neugierde, weil er sehen will, wie es einst beim Brande Trojas war, zündet Nero schließlich Rom an. Da erheben sich die Römer gegen ihn, und am Ende steht auch für ihn der Selbstmord.

Der Brand Roms und die sich anschließende Christenverfolgung gehörten zu den "grellsten" Zügen des "Greuellebens" Neros, daß sich das Mittelalter immer wieder vergegenwärtigte.[45] Von diesem Brand berichten schon Sueton (Nero 38) und Tacitus (Annalen XV, 38). Eutropius schreibt: *urbem Romam incendit, ut spectaculi eius imaginem cerneret, quali olim Troia capta arserat.* (VII, 14). Auch vom Selbstmord Neros berichtet schon Sueton (Nero 49).

10. Vespesianus und Josephus: In der 'Historia' folgt auf Nero als Kaiser Anastasius, unter dessen Regierung Vespesianus nun aufbricht, Judäa und Jerusalem aus Rache zu zerstören. Im Zentrum der Erzählung steht der Kampf um die Stadt Jotapata und das Schicksal des Josephus, dem es durch List und Geschicklichkeit gelingt, dem Tode zu entgehen. Als Gefangener kann er Vespesianus schließlich sogar vorhersagen, daß er Kaiser wird.

Die Reihenfolge der Kaiser war den Geschichtsschreibern des Mittelalters durchaus bekannt, dennoch aber finden sich immer wieder Unschärfen oder bewußte Veränderungen. Bei Eusebius wird Nero von Galba und Otho und diese von Vespasian als Alleinherrscher abgelöst. Vitellius erwähnt er nicht. Vespasian steht bereits in Judäa und überläßt ab diesem Zeitpunkt allein seinem Sohn Titus die Bekämfpung der Juden (III, 5).[46] Darüber berichten unter anderem auch Orosius (Historia VII, 9) und Paulus Diaconus (Historia IX/Landolfi Additamenta X). Unser Anonymus hat als Ausgangspunkt für Vespesians Rachefeldzug wieder auf seine Quelle, die 'Vindicta Salvatoris', zurückgreifen können. Die Erzählung vom Fall der Stadt Jotapata geht bis in die Einzelheiten auf den 'Jüdischen Krieg' des Flavius Josephus zurück (III, 7), den das Mittelalter auch unter dem Namen Hegesippus tradierte.[47] Der Kaiser Anastasius ist offensichtlich eingefügt, um die Chronologie der Ereignisse glaubhaft erscheinen zu lassen. In der 'Historia' ist Nero bereits gestorben, bei Josephus (Bell. Jud. III, 8, 8-9) lebt er aber noch. Als Anreger und Informationsträger sind für den ganzen Komplex um die Zerstörung Jerusalems besonders auch - worauf OHLY hinweist - die mittelalterlichen Predigttraditionen von Bedeutung.[48]

11. Titus und Josephus: Nach dem Tod des Anastasius kehrt Vespesianus als Kaiser nach Rom zurück und läßt Titus in Judäa zurück. Dieser erkrankt, und Josephus heilt ihn, nachdem er die Ursache der Krankheit erforscht hat. Draufhin gibt Titus dem Gefangenen die Freiheit.

    Der Autor der 'Historia' hat hier zu den Wunderheilungen der 'Vindicta' eine dritte hinzugefügt, die allerdings durch menschliche Klugheit bewirkt wird. Damit schmückt er die Angaben des Josephus über das Wohlwollen des Titus (Bell. Jud. III, 8, 8) und seine schließliche Entlassung aus der Gefangenschaft (IV, 10, 7) aus.

12. Vespesianus zerstört Jerusalem: Nach der Episode um Titus' Krankheit erzählt die 'Historia', daß Vespesianus als Kaiser zurückkehrte und das Werk der Rache mit der Zerstörung Jerusalems und des Tempels vollendete.

    Josephus berichtet von der Erhebung des Vespasian zum Imperator (Bell. Jud. IV, 10 und 11), schildert aber zugleich die Einnahme Jerusalems als Werk des Titus (V, VI, VII). Bei Orosius heißt es: *Vespasianus et Titus imperatores magnificum agentes de Iudaeis triumphum urbem ingressi sunt.* (Historia VII, 9).

13. Knappe Hinweise auf die Kaisersukzession (Titus, Domitian, Nerva, Traian, Hadrian).

    Auch hier kommen als Quellen Werke wie das des Eusebius (III, 13-21, IV, 3) aber auch Orosius (Historia VII, 9-13), Paulus Diaconus (Historia IX und X/Landolfi Additamenta X u. XI) und andere in Betracht. Eingefügt ist ein auf Titus bezogenes Zitat aus den 'Satiren' des Persius (I, 19-21).

14. Hadrian zerstört Jerusalem endgültig: Nachdem auch Hadrian Jerusalem zerstört und zunächst noch einmal einen Neuaufbau erlaubt hatte, vernichtet er es schließlich endgültig. Die Juden aber, die Jerusalem wieder bewohnbar machen wollen, werden durch himmlische Zeichen

in Angst und Schrecken versetzt. Einige Juden bebauen den Kalvarienberg, und der Ort wird nach den Gründern *Jebus* und *Salem Jebusalem* genannt.[49]

Auch dieser Abschnitt der 'Historia' geht im Ursprung auf Eusebius zurück. Nachdem Jerusalem beim Aufstand der Juden unter Barcochba in den Jahren 132 - 135 abermals zerstört worden war, gab ihm Hadrian nach dem Wiederaufbau 137 den Namen *Aelia Capitolina.* Eusebius berichtet, daß seit dieser Zeit kein Jude mehr den Fuß in die Stadt setzen durfte (IV, 6). Mit dem Ort Jebusalem ist vermutlich an die Erwähnung des Widerstandsnestes Beth-ther, einer kleinen Stadt nahe Jerusalem, angeknüpft, von der Eusebius ebd. spricht.

15. Judas-Vita: Weniger organisch, wohl aber durch den Stoff motiviert, fügt sich am Schluß die Biographie des Judas an. In vielen Strukturelementen, bis hin zum Selbstmord, finden sich Parallelen zur Pilatus-Vita am Anfang. Der Kreis wird insofern geschlossen, als die beiden Bösewichte Judas und Pilatus in Jerusalem zusammentreffen. Judas flieht nach dem Brudermord (den ja auch Pilatus begangen hat) und wird schließlich zum Vertrauten des in Jerusalem residierenden Pilatus. Auch sein Leben endet im Suizid.

Vermutlich hat der Verfasser der 'Historia' einen kürzeren 'Judas' (A) bereits vorgefunden und daraus seine ausführliche Fassung (R-Typus) herausgearbeitet. Der eigentliche Ursprung der mittelalterlichen Judas-Erzählung läßt sich nicht mehr mit Sicherheit zurückverfolgen. Es gab möglicherweise eine altfranzösische Vorstufe, in jedem Fall aber bildet der Ödipus-Stoff einen Handlungskern.[50]

2. Die Einheit der 'Historia'

Die Handschriftenkataloge trennen die 'Historia' gewöhnlich dergestalt, daß sie die Viten des Pilatus und Judas gesondert verzeichnen. Das hat eine gewisse Berechtigung, weil in den Hss. selbst schon zumeist durch Rubriken eine deutliche Trennung der einzelnen Bestandteile vorgenommen wurde, etwa durch Überschriften wie *De ortu Pilati* und *De ortu Judae* (z.B. in M_2, O, P_5). In Gr (15. Jh.) sind noch mehr Zwischenüberschriften eingefügt, in W_1 dagegen fehlen die Rubriken noch. Insgesamt deuten die stabilen Überlieferungssymbiosen der Einzelteile daraufhin, daß der von einem ganz bestimmten Kompilator als Einheit gedachte Text auch als eine solche verstanden wurde.[51] Der frühe Codex B (12. Jh.)

überschreibt die Historia *De ortu, vita et fine Pyla[ti], de Veronica, de destructione Iudeorum et subversione Ierusalem et [...].* Auch der Schreiber von L (15. Jh.) sieht die 'Historia' ganz selbstverständlich als Einheit, kommt aber zu der Auffassung, daß der Judas-Teil besser vorgezogen werden müsse. Entsprechend überschreibt er seine Fassung: *De Vita Jude Scariothis et de Vita pylati et cetera.* T (12. Jh.) hat als Überschrift: *Pilati gesta referunt hec scripta scelesta. Mentio latronis fit et hic scelerata neronis.* Die Codices B und T überliefern aber nicht den Judas-Teil. Offenbar gab es schon im 12. Jahrhundert auch einen Überlieferungszweig mit nicht aufgenommenen 'Judas'. Vieles spricht jedoch dafür, daß die umfangreichere Fassung (mit 'Judas') die Ausgangsfassung war und daß erst in einem zweiten Schritt von einem Abschreiber der 'Judas' fortgelassen und dann diese kürzere 'Historia' weiter überliefert wurde.

Bereits STEINMEYER bemerkte, daß die "stilistische Harmonie" der Einzelteile auf der Hand liege.[52] Gemeinsam ist ihnen:

a) Die Vorliebe für knappe Wechselreden.
b) Dieselbe Neigung zur Einfügung von Sentenzen und literarischen Anspielungen:
   - *utpote similia similibus congaudent* (54);
   - *quia nichil absconditum, quod non reueletur, nichil est opertum, quod non sciatur* [Mt 10, 26/Lk 12,2] (123);
   - *sapiens paucis innotescit* [Sexti Sententiae, ed. ELTER, 1892, 145] (298);
   - *Contraria contrariis curantur* [= einer der ältesten medizinischen Grundsätze] (301);
   - *Hic nec more probo uideas nec voce serena*
Ingentes trepidare Tytos, cum carmina lumbum
Intrant et tremulo scalpuntur ut intyma uersu
[Persius I, 19-21] (320);[53]
   - *orbe nono cornua lunaria refulserunt* [Ovid, Met. II, 453] (353);
   - *quoniam res similes sunt habiles* (373);
   - *capit omnia tellus que genuit, celo tegitur qui non habet vrnam* [Lucan, Pharsalia VII, 819] (380).
c) Wiederholung gleicher Phrasen und Worte *(capitalis sentencia, collecto, milite, condignus, congaudeo, conludo, defero, deterritus, expedio, exultans, frequentius, frustror, gratia tui, innocentem condemnare, inpetrata cesaris licentia, insitus, languor, latenter occidit, molestia, nullatenus, offensa, profaris).*

d) Lust an etymologischen Spielereien:

Pilatus = *Pila - Atus;*

Pontius = *a Pontos insula...nomen accepit;*

Vespesianus = *a vespis dicebatur Vespesianus;*

Vigenna (Vienne) = *via Gehenne;*

Septimus mons = *vel quia montibus aliis circumseptus, vel septimus mons tanquam de septem montibus eminentoribus unus;*

Seneca = *se necavit;*

Lateran = *latente rana;*

Jebusalem = *Jebus - Salem;*[54]

Iudas Schariotis = *ad insulam Scarioth propellitur, a qua postea... cognominatur.*

Die Einzelteile der 'Historia' stehen auch hinsichtlich der thematischen Ausrichtung, bestimmter Motive, des Personals und des geschichtlichen Zeitausschnitts in einem geschlossenen Zusammenhang.

Zu Ende erzählt wird die Geschichte der wichtigsten Beteiligten, Mitschuldigen und Initiatoren am Tode Jesu Christi: Pilatus, Judas, am Rande Herodes, die Juden (vor allem die aus Jerusalem) sowie der erste große Christenverfolger und Apostelmörder Nero. Man kann darum von einer Historia archipeccatorum sprechen.[55] Der Schreiber der Hs. T hat deshalb warnend an den Rand der 'Historia' geschrieben: *Ista quem sequitur non legantur ad collationen* (Bl. 70v), um den Text deutlich von den vier vorausgehenden legendarischen Werken abzuheben. Den drei Hauptbösewichten Pilatus, Nero und Judas, deren Biographien das Zentrum der Erzählung bilden, stehen im wesentlichen die drei "guten" Kaiser Tiberius, Vespesianus und Titus als Werkzeuge Gottes gegenüber. Hinzu kommen drei fromme oder weise Menschen: die frühe Christin Veronica, der gute, fast christliche Heide Seneca und der gute Jude Josephus (*vir prudens,* 262). Am Beispiel dieser Figuren demonstriert der Autor das Werden und Wirken des Bösen, aber auch die strafende, letztlich stets erfolgreiche Gerechtigkeit sowie lenkende und fügende Wirksamkeit Gottes.[56]

Das Geschehen ist zwar jenseits der biblischen Berichte angesiedelt, aber überschneidet sich an wichtigen Stellen - auch als Beglaubigung - mit den Angaben der Evangelien. Die Ereignisse könnten so abgelaufen sein, sie stehen nicht im Widerspruch zur hl. Schrift und die Erzählung wird von nachbiblischen, Geschichte(n) überliefernden Autoren in den meisten Details gestützt. Berichtet wird vom Zeitraum zwischen der

Geburt des Pilatus (wohl um Christi Geburt gedacht) bis zur endgültigen Zerstörung Jerusalems.

Diese 'Historia', die von der wichtigsten Epoche der Heilsgeschichte handelt, durchzieht eine Reihe von Motivketten. Vor allem die Pilatus-Vita am Anfang und die Judas-Vita am Ende ähneln sich - wie schon an anderer Stelle gesagt - strukturell stark. Die bei Mt. 2 genannten beiden göttlichen Inspirationsquellen Sternhimmel und Traum weisen auch bei Pilatus und Judas auf Zeugung bzw. Geburt voraus. Beide töten in ihrer Jugend den Bruder,[57] worauf ein zweiter Totschlag (an einem Gefährten bzw. dem Vater) folgt. Beide müssen ihre Heimat verlassen und gelangen zu weltlichen Ehren. In Jerusalem treten sie schließlich sogar in engere Beziehung. In der ganzen 'Historia' tauchen als Handlungsmotive der Sünder immer wieder die zentralen Laster Zorn, Hochmut, Neugier, Neid, Bosheit, Undank, Treulosigkeit und Habgier auf. Handlungslenkend aber ist letztlich die göttliche Vorsehung, wie etwa das Beispiel der Boten Adanus und Albanus zeigt, so daß das Böse am Ende untergeht. Diese Herrschaft des Bösen zeigt sich vor allem in der Kette der Selbstmorde, die in der 'Historia' aneinandergereiht sind: Pilatus durchschneidet sich die Kehle; Seneca wird zum Selbstmord im Bade durch den Bösewicht Nero gezwungen; sein Mörder Nero ersticht sich; die mit Josephus Widerstand leistenden Juden erschlagen sich gegenseitig; und Judas erhängt sich. Symbolischer Ausdruck der Heillosigkeit sind die Krankheiten der Herrscher, symbolischer Ausdruck des göttlichen Heilswirkens dagegen die wunderbaren Krankenheilungen an Vespesianus und Tiberius [*forsitan ad manifestanda opera Dei* (88) / *villeicht zu einer offenbarung der werck gotz* (110)]; hinzu kommt die Titus-Heilung durch die Weisheit des Josephus (*homo sapiens et prouidus,* 297).

3. Historisches Erinnern zwischen Geschichte und Dichtung

Geschichtliches Erinnern vollzieht sich in einem Prozeß der Kenntnisnahme historischer Informationen, ihrer mentalen Verarbeitung und auch ihrer Weitergabe. Das "soziale Gedächtnis"[58] braucht Vermittler, die es den immer neuen Generationen ermöglichen, vergangene Sachverhalte, Abläufe oder historische Figuren im Denken zu rekonstruieren. Historisches Erinnern ist also auf "soziale Erinnerungsorgane"[59] angewiesen, die diese Vermittlung bewirken können, und zu allen Zeiten haben diese Funktion vor allem Sänger, Dichter, Künstler und Gelehrte übernommen.

Zu ihnen gehört der anonyme, vermutlich geistliche Verfasser der 'Historia apocrypha' der 'Legenda aurea'. Seine Art und Weise Geschichte zu erzählen, entspricht voll und ganz der mittelalterlichen Anschauung. Sie unterscheidet sich grundlegend von der modernen, bei uns seit dem 19. Jahrhundert als verbindlich angesehenen, quasi naturwissenschaftlichen Norm, jedes geschichtliche Datum und jedes noch so kleine Faktum für sich als eigenwertig und eigenständig zu betrachten. Diese positivistische Geschichtsauffassung ist dem 12. Jahrhundert fremd. Stets regiert die Mitteilungsabsicht den Text und ein vom Autor vorgegebenes Ordnungsmodell oder eine thematische Ausrichtung regulieren die Auswahl der dargebotenen Informationen, ja, ihre Ergänzung und Veränderung.[60] Es gibt eine Vielfalt an Möglichkeiten, die nicht durch ein alles beherrschendes Positivismuspostulat eingeengt ist. Es gibt Historien, die der Faktenwahrheit im engeren Sinn verpflichtet sind, etwa die Zeittafeln des Eusebius/Hieronymus oder streng annalistisch konzipierte Werke. Es gibt aber auch Historien, bei denen die Details auf eine höhere Wahrheit ausgerichtet sind.[61] Die Mitteilung solch einer philosophischen oder religiösen Wahrheit erlaubt den typischen mittelalterlichen Eklektizismus, der sich oft nur für Daten in Hinsicht auf die Entwicklung des Christentums oder der christlichen Reiche interessiert, sowie die Amplifikation im dichterischen Schmuck und das Schließen von Überlieferungslücken durch hypothetische Konstrukte, solange sie nicht im Widerspruch zu den Instanzen anerkannter Autorität stehen. Plausibilität der erzählten Sachverhalte, man könnte auch Wahrscheinlichkeit sagen, ist dabei ein ernstzunehmendes Kriterium.

Der Anonymus der 'Historia' hat es als legitim empfunden, gestaltend seine vorgefundenen Stoffe zu adaptieren. Für einen Geistlichen war es selbstverständlich, im Dienste der Paränese Erzählungen auf die gewünschte Wirkung hin zu entwerfen und dabei auch die Quellen umzugestalten.[62] Im Fall des Autors der 'Historia' entspringt der Umgang mit der Überlieferung also "weniger der Naivität und der mangelnden historischen Distanz des Mittelalters zur Antike als der Absicht, mit der Hilfe einer 'Aktualisierung' der Vergangenheit den 'exemplarischen Wert' der Handlung und der Gestalten herauszuarbeiten und so über eine Idealisierung, die nur in mittelalterlichem Gewand ihre rechte Wirkung erzielen konnte, zur Typisierung und zur 'Verewigung' des Handlungsgeschehens vorzudringen".[63] Daß er dabei den Kaiser Claudius ausläßt und Gaius Caligula für zwei Personen hält, ist dagegen unerheblich. Die Einfügung eines einzigen Kaisers, Anastasius (der Byzantiner gleichen Namens starb 518), für Galba/Otho/Vitellius hat seinen Grund wahrscheinlich in dem Bemühen, die römische Kaisersukzession als geordnet und gradlinig und damit als für seine Zeit vorbildlich erscheinen zu lassen.

Sein Interesse ist im wesentlichen darauf konzentriert, die Entstehung und Wirksamkeit des Bösen und die strafende Gerechtigkeit Gottes als geschichtsmächtige Kräfte zu zeigen.

Schon bei den Zeitgenossen aber gab es Zweifel, ob die Laxheit in Fragen der historischen Faktentreue ein bestimmtes Maß überschreiten dürfe. Entsprechend bemerkt Jacobus de Voragine im Sinne einer "historischen Kritik" gegen Ende des Judas-Abschnittes (Kap. 45): "Soweit kann man in der apokryphen *historia* lesen, ob man sie aber lesen soll, bleibe dem Leser überlassen, wenngleich es auch eher zu verwerfen als zuzulassen ist". *(Hucusque in praedicta hystoria apocrypha legitur, quae utrum recitanda sit, lectoris arbitrio relinquatur, licet sit potius relinquenda quam asserenda.)* Ähnliche Zweifel äußert Jacobus am Schluß der Pilatuserzählung im 53. Kapitel. Er ergänzt darum nach einer weiteren, vertrauenswürdigen Quelle *(Nota tamen, quod in hystoria scholastica legitur...)* und schränkt schließlich noch vorsichtiger ein: *Eusebius autem et Beda in suis chronicis non dicunt...*

4. Ein thematischer Kerngedanke: Homizid und Suizid als Malizid

Das Mittelalter bietet kaum der 'Historia' vergleichbare Erzählwerke, in denen solch eine Ansammlung von Übeltätern, Erzsündern, "Hauptverrätern am Christentum"[64], oder "wicked birds"[65] handlungstragend auftritt. Bereits RAND hatte auf innere Beziehungen zur Kreuzzugsbewegung des 11./12. Jahrhunderts hingewiesen[66] und LEHMANN bemerkt ergänzend: "Zumal im 12. Jahrhundert mussten sie [die "Erzfeinde" des Christentums] besonders Interesse erwecken, da heftige Auseinandersetzungen mit den christenfeindlichen Religionen der Juden und Mohammedaner ausgebrochen waren und [...] gerade damals neue und alte Texte ins Abendland kamen, die über die alten Gegner Jesu Christi Kunde gaben. Sowohl aus der Stimmung der Zeit wie aus den Ueberlieferungsverhältnissen wie aus der Veränderung der psychischen Einstellung und Darstellung der Schriftsteller ist das Aufschiessen der Judaslegenden [und anderer] im 11. - 12. Jahrhundert zu verstehen".[67] Die Überlieferungssymbiosen nicht nur der frühen Handschriften O, B und M_1, in denen mit der 'Historia' andere historiographische Texte zur Geschichte Palästinas und Jerusalems überliefert werden, belegen dieses Interesse.[68]

Pilatus wurde offenbar vereinzelt zur Metapher für heidnisch-morgenländische Herrschergestalten. Dafür findet sich ein eigenartiger Beleg beim Tannhäuser, der selbst am Kreuzzug von 1228/9 teilgenommen hat. Die dritte Strophe des 5. Leichs lautet wie folgt:

> *Ich kenne ouch wol den p i l a t da von Zasamanc;*
> *ze Babilonje jehent si, wie guot der si.*
> *ze Alexandrie so enhabe ich keinen danc;*
> *der künec von Baldac sol min iemer wesen fri.*

JOHANNES SIEBERT kommentiert diese Stelle wie folgt (Der Dichter Tannhäuser, Halle 1934, 146): "Das Land *Zasamanc,* das Solins *Garamantes* (nicht eher den *Nasomones*?) seinen Ursprung verdanken soll, konnte Tannhäuser aus Wolframs Willehalm als Reich Gahmurets und der Belakane kennen. Aber er weiß mehr als Wolfram, er nennt dessen Herrscher *pylat,* mit einem Wort also, das sonst nirgends sich findet und wohl nicht als Name, sondern als Titel aufzufassen ist. Fast scheint es, als ob er bei diesem an den Sultan von Ägypten gedacht hat, wenigstens wenn wir das *der* des folgenden Verses auf ihn beziehen. Denn unter *Babilon* oder *Babilony* verstand man ja in der Kreuzfahrerzeit ganz allgemein Kairo. Al Kamil, der Sultan von Ägypten und Freund Kaiser Friedrichs II., wird in zeitgenössischen Quellen immer *soldanus Babiloniae* genannt, so in der Epistula Geroldi. Dieser Name findet sich von etwa 570 bis 1479. Al Kamils Güte wird auch von arabischen Schriftstellern gerühmt, so von Makrizi: 'Blutvergießen scheute er; von den Zolleinnahmen ließ er eine gewisse Summe unter die Armen und Elenden verteilen.' Den Europäern hatte sie sich schon in der milden Behandlung der 1221 gefangenen Kreuzfahrer gezeigt. Dann führten Friedrich II. Unterhandlungen während seines Kreuzzuges und sein späterer freundschaftlicher Verkehr mit ihm oft Abendländer an seinen Hof, so daß auch Tannhäuser wohl nach deren Erzählungen sagen konnte, daß er ihn gut kenne." Für unseren Zusammenhang ist interessant, daß der Name Pilatus als Titel auf den Sultan, quasi als späten Pilatus-Nachfolger übertragen wird. Inwieweit hier die 'Historia' von Einfluß war, läßt sich allerdings nicht sagen.

Stoff für einen "Greuelroman"[69] fand der Autor der 'Historia' schon sowohl in der Judasüberlieferung als auch in der 'Vindicta Salvatoris' vor, wo der Gedanke "der göttlichen Vergeltung an allen Feinden Jesu Christi, hier mit doppelter Spitze, gegen Pilatus u n d die Juden, zur Ausführung gelangt".[70] Gegen Heiden und Juden, deren Repräsentanten im Text vor allem Pilatus, Nero und Judas sowie die Bewohner von Pontos und Judäa sind, war die massive Kreuzzugspropaganda der Zeit gerichtet, die zum Beispiel im Vorfeld des zweiten Kreuzzugs nach 1145 in den rheinischen Städten zu verheerenden Judenpogromen führte.

Teile der Kreuzzugspropaganda Bernhards von Clairvaux waren besonders geeignet, Gewalttätigkeiten, wenn nicht zu provozieren, so doch zu legitimieren. In seiner 'Templerschrift' (*De laude novae militiae,* entstanden nach 1128) führt Bernhard in Bezug auf die Heiden *(pagani)* eine sehr deutliche Sprache: "Im Tod der Heiden wird der Christ geehrt, weil Christus verherrlicht wird." - "Jetzt aber ist es besser, daß sie getötet werden, als daß die sichere Zuchtrute der Sünder über das Schicksal der Gerechten zugelassen wird." (III, 4)[71] Diese kompromißlose Haltung gilt auch für die Juden. Ihnen schleudert er zahlreiche negative Verheißungen entgegen. So heißt es: "Jungfrau Israel, du wirst fallen, und niemand ist da, der dich aufrichtet." Denn das Wort "Siehe, euer Haus wird euch öde gelassen" (Mt 23, 38) und die Prophezeiung "Ich habe mein Haus verlassen, mein Erbe verstoßen" (Jer 12,7) muß sich erfüllen. (III, 6)[72] Für Bernhard ist die Tötung von Menschen (Homizid) im Auftrag Gottes eine gerechte Beseitigung des Bösen (Malizid): "Sicherlich wird der, der die Übeltäter tötet, nicht als Menschentöter *[homicida],* sondern, um es so zu sagen, als Übeltöter *[malicida]* und sicherlich als ein Rächer Christi gegen die, die Böses tun, und als ein Verteidiger der Christen angesehen." (III, 4)[73] Und im Aufruf zum Slavenkreuzzug von 1147 hat er für die unter der Herrschaft des Teufels lebenden Wenden nur die Alternative Tod oder Taufe bereit, wenn er sie völlig zu vernichtende oder aber zu bekehrende Völker nennt *(ad delendas penitus aut certe conuertendas nationes).*[74]

Im Jahre 1161 wurde der Ritterorden "St. Jakob vom Schwerte" in León (Spanien) zum Kampf gegen die Mauren gegründet. Der hl. Jakobus d.Ä. erfährt damit erneut eine Bestätigung als Schutzpatron im Kampf gegen die Heiden. Er wird nicht nur als Pilger, der in Compostella verehrt wird, sondern auch als *Matamoros* (Maurentöter) mit Schwert, z.T. in Ritterrüstung dargestellt.
In "seinem" Land, Galizien, herrschte - so erzählt die 'Historia apocrypha' - Vespesianus, zu dem durch Fügung der Bote Adanus gelangt. Diese historisch nicht begründbare Ortsangabe ist symbolisch, und entsprechend kommentiert der Autor der 'Historia': *ubi nunc ex omni nacione christianorum suffragia beati Iacobi apostoli petuntur* (74) / *Do nü auß allen landen der*

kristen die hilf des heyligen zwelpoten Jacobi wirt an gerüfft (92). Nach seiner Bekehrung zieht sich Vespesianus hierher zurück, um den großen Rachefeldzug gegen Jerusalem vorzubereiten.

Der Gedanke vom Kampf der *Civitas dei* gegen die *Civitas diaboli* als körperlich materieller Vernichtungskampf der Menschen untereinander ist zeittypisch. Die Einschätzung der "Legion Satans", wobei nicht immer zwischen Heiden und Juden getrennt wurde, findet sprachlichen Ausdruck in zahlreichen Quellen der Zeit. So ist schon der Kampf der Christen gegen die noch heidnischen Normannen im Jahre 897 für den Chronisten Abbo, einem Mönch von St. Germain des Prés, ein Kampf gegen ein, wie es heißt, "verpestetes Volk". Ihre "grausamen Kohorten", ihre "verbrecherische Phalanx" war "gottlos", "wild", "trotzig", "gräßlich". Nur mit Hilfe Gottes gelang es, die "Ruchlosen" zu töten, die "Betrüger" zu vertreiben.[75] Nach Beginn des 1. Kreuzzuges steigert sich die "Verteufelung" der heidnischen Gegner in den Quellen: *pagani, gentiles*[76], *barbari* sind relativ farblose und normale Begriffe. Daneben treten Steigerungen wie *inimici Dei, inimici regis aeterni, inimici (crucis) Christi, christianae fidei hostes, christiani populi oppressores, excommunicata generatio, gens erronea.* Solche Benennungen steigern sich mit jedem Kreuzzug. Die Heiden werden schließlich zu *satellites Antichristi, filii diaboli, filii idolatriae, sacrilegi Turci, gens nefaria, gens detestanda, gens iniquia, degeneres, gens crudelis, canes, predones, carnifices.*[77] Nach 1100 treten in den Quellen allerdings auch langsam positive Eigenschaften der Heiden auf.[78] "Es scheint, daß in den Aufrufen der Kreuzprediger das alte Heidenbild besonders häufig heraufbeschworen wird, um die Kampfeslust der Massen anzuspornen."[79]

Die 'Historia apocrypha' stimmt in der Charakterisierung der handlungstragenden Bösewichte mit dieser Tendenz überein. Das Volk von Pontos etwa wird entsprechend als *gens nequam* (48)/*schelklich volk* (63) oder *gens dura* (49)/*hertlichz volk* (65) bezeichnet, das aus *homines malefices* (46)/*v̈beltätigen menschen* (60) besteht, deren Widerspenstigkeit [*contumacia*, 43] berüchtigt ist. Die Juden sind vor allem durch ihren Neid [*invidia*, 67, 98] gekennzeichnet, aus dem heraus sie und Pilatus Jesus getötet haben [*perfide tradiderunt inuide* (164)/*verraten von neyds wegen* (216)]. Pilatus ist *tocius mali causa* (137)/*ein vrspringk des v̈bels* (178), dessen Verdorbenheit [*nequicia*, 40, 43] mit der Neros vergleichbar ist, der seine *nefaria mentis* (222)/*bozheit des gemücz* (285) unter Beweis stellt. Die 'Historia' nennt Pilatus ein Gefäß des Bösen [*uas idem maledictionis* (193)/

vazz des verdammung (252)], über das sich die bösen Geister freuen: *Spiritus uero maligni et sordidi maligno et sordido congaudentes uasi corpus eiusdem raptantes nunc in aquis eisdem inundaciones mouerunt* (185) / *dye bösen gaist waren sich mit frewen mit dem bozen vazz vnd waren seinen leichnam füren ieczunt mit der bewegung des waßers* (242).

Die 'Historia' belegt exemplarisch, daß Gott über alles Übel siegt, daß seine Werkzeuge, die siegreichen und bekehrungswilligen römischen Herrscher, einerseits für ihn Strafgericht halten, andererseits aber das Böse auch notwendig zur Selbstvernichtung führen muß. Die Kette der Suizide ist Ausdruck dieser heillosen, selbstzerstörerischen Kraft. In diesem Sinne ruft Tiberius aus, als er vom Selbstmord des Pilatus hört: *Vere, mortuus est morte pessima, cui manus non pepercit propria* (183) / *werlichen, er ist tod ein bosen töds, dem sein aÿgnew hant nicht hat über sehen* (240)[79a].

III. Eine deutsche Übersetzung der 'Historia' aus dem 15. Jahrhundert

1. Die Handschrift (M)

In einer Papierhandschrift der Bayerischen Staatsbibliothek München mit der Signatur 3972 (mittelalterliche Signatur b auf dem vorderen Spiegel) findet sich eine deutsche Übersetzung der 'Historia' = M (vergl. Abb. 1).

Der Codex stammt aus dem 15. Jahrhundert und hat einen hellen Ledereinband auf Holzdeckeln, wurmstichig; die zwei Metallschließen und die Metallbuckel sind entfernt. Auf dem Rücken befindet sich oben die alte Aufschrift "Legenda SS. German. Saec. XV. Vol. I", unten "D. / XX.". Er umfaßt 238 Bll., 28,5 x 22; das erste Blatt ist lose; alte Blattzählung; zahlreiche Gebrauchsspuren. Herkunftsort ist das Kloster St. Emmeram, Regensburg.

Die Hs. überliefert zusammen mit dem ebenfalls aus St. Emmeram stammenden Cgm 3973 eine beinahe vollständige Übersetzung der 'Legenda aurea'.[80] An der Stelle, an der die 'Legenda aurea' gewöhnlich den Text zu *Epiphania domini* hat, ist unsere 'Historia' (Bl. 58v leer; Bll. 59r-66r) und die 'Historia trium regum' deutsch (Fassung II) des Johannes von Hildesheim (Bl. 66v leer; 67r-86v) eingeschoben. Beide Historien stammen von einer anderen Hand als der Hauptteil des Legendars, und der Schriftspiegel ist kleiner (ca. 20x13) als im Rest der Handschrift (20 bis 22x15 bis 16). Oben, unten und an den Rändern ist der Schriftspiegel durch dünne Linien begrenzt, die gewöhnlich nicht überschrieben werden. Auf jeder Seite stehen 32 - 36 Zeilen; die letzte Seite des Historiatextes hat 24 Zeilen. Nur auf dem ersten Blatt (59r) ist eine Initiale: E. Auch die Rubrizierung dieser eingeschobenen beiden Teile unterscheidet sich deutlich von den sonst nur stichwortartig eingefügten roten Rubriken des Codex-Restes. Die Übersetzung der 'Historia trium regum' ist rot überschrieben: *Hie hebt sich an die histori von den heiligē drey kunigen.* Die rote Überschrift der 'Historia' lautet: *Von dem küng Tirus vnd Pilato etc.* (Bl. 59r) und ist größer geschrieben. Den Judas-Teil am Schluß, den der Übersetzer in seiner Vorlage möglicherweise durch eine Rubrik gesondert fand (?), hat er nicht mitübersetzt.

2. Die lateinische Vorlage und die Rezensionen der lateinischen 'Historia'

Die Überlieferung der lateinischen 'Historia' zerfällt in zwei Handschriftengruppen. Wahrscheinlich wird eine genauere stemmatologische Untersuchung, die im Rahmen einer kritischen Edition erfolgen müßte, diesen Befund im wesentlichen bestätigen.

Die Hss. der ersten Hauptgruppe (Rezension I) bieten den Text der 'Historia' so, wie ihn der Anonymus des 12. Jahrhunderts vermutlich abgefaßt hat. Je nachdem, ob in den Hss. dieser Gruppe der 'Judas' mitüberliefert wurde oder nicht, kann man noch in I a und I b unterteilen. Die Hss. der zweiten Hauptgruppe (Rezension II) stellen eine jüngere Fassung dar.

Zur Rezension I a gehören: G, Gr, (L), O, P_1, P_2, P_4, Pr, (M_1?).
Zur Rezension Ib (ohne 'Judas') gehören: B, T.
Zur Rezension II gehören: M_2, P_5, W_1.

L steht zwischen I und II, O erweitert sehr stark die Veronica-Dialoge. Die Hss. Li und P_3 konnte ich nicht überprüfen.

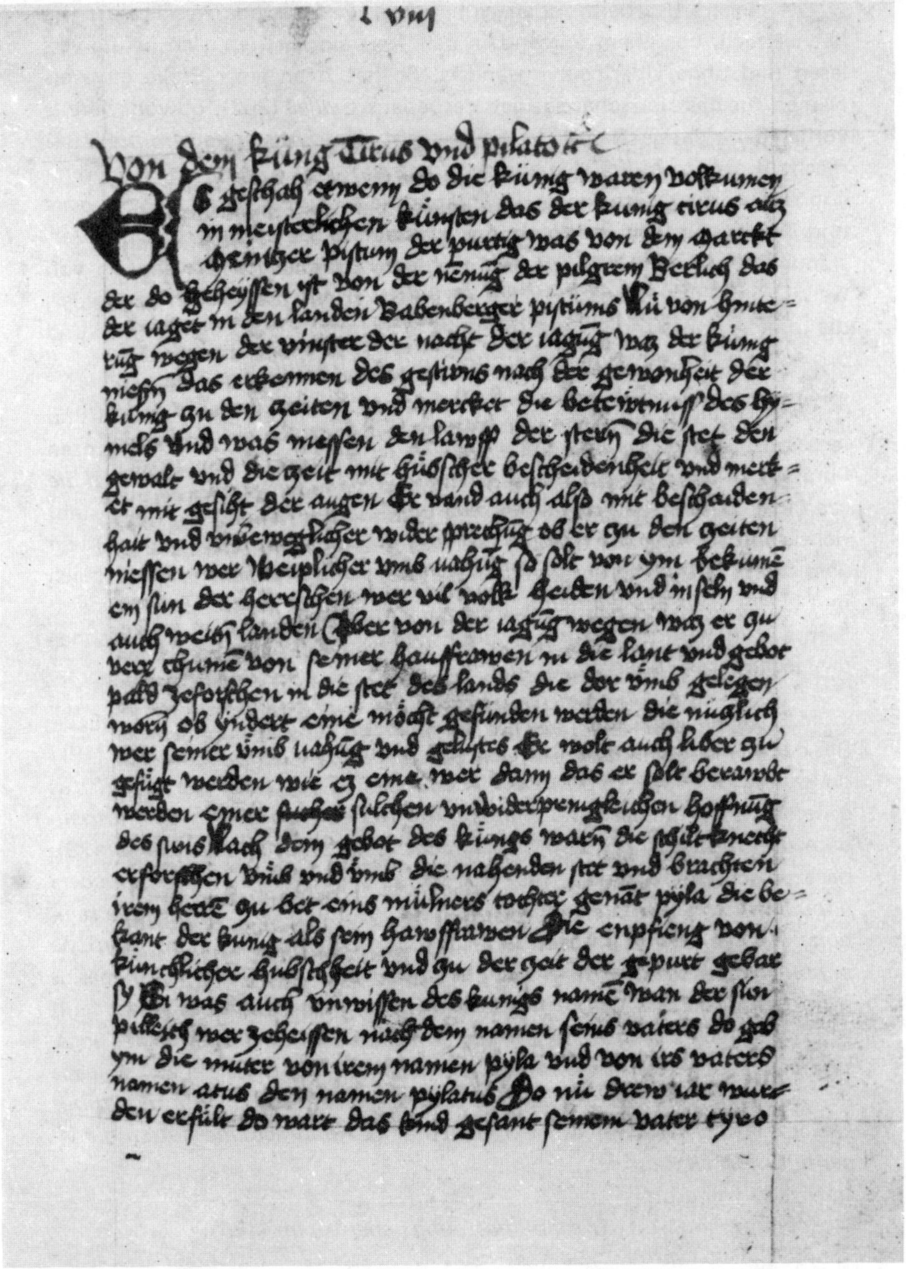

l viii

Von dem küng Tirus vnd pilato etc

Es geschah etwenn do die küng waren volkumen
in meysterlichen künsten das der küng tirus atz
Meintzer pistum der purtig was von dem marckt
der do geheyssen ist von der menig der pilgrem Berlich das
der laget in den landen Babenberger pistums Nu von kunte-
rug wegen der vinster der nacht der lagung was der küng
nicht das erkennen des gestirns nach der gewonheit der
küng zu den zeiten vnd mercket die betrüpnuss des hy-
mels vnd was messen den lawff der stern die stet den
gewalt vnd die zeit mit hübscher beschaidenheit vnd merck-
et mit gesicht der augen Er vand auch also mit beschaiden-
hait vnd vnbewegleicher wider sprechung ob er zu den zeiten
miessen wer Weyplicher vmb vahung so solt von ym bekume
ein sun der herschen wer vil volcks leuten vnd in sehr vnd
auch weiten landen Aber von der lagung wegen waz er zu
verr chume von seiner hausfrawen in die lant vnd gebot
pald zu forschen in die stet des lands die der vmb gelegen
worn ob yndert eine möcht gefunden werden die nüglich
wer seiner vmb vahung vnd geluste Er wolt auch liber zu
gefügt werden wie ez eine wer dann das er solt beraubt
werden einer sulchen selchen vnwiderpringleichen hoffnung
des suns Nach dem gebot des küngs warn die schiltknecht
erforschen vmb vnd vmb die nahenden stet vnd brachten
irem herre zu bet eins mülners tochter genant pyla die be-
kant der küng als sein hawsfrawen Die enpfieng von
künchlicher hübschheit vnd zu der zeit der gepurt gebar
sy Di was auch vnwissen des küngs name wan der sun
pillerch wer zeheissen nach dem namen seins vaters do gab
ym die muter von irem namen pyla vnd von irs vaters
namen atus den namen pylatus Do nu dreu iar wur-
den erfült do wart das kind gesant seinem vater tyro

Abb. 1: Cgm 3972, Bl. 59r, verkleinerte Wiedergabe

Der jüngere Bearbeiter oder, wohl besser, verändernde Abschreiber (II) hat vielfach, vor allem kürzend in den Text eingegriffen, sich häufig verlesen und ohne Überlegung geändert. So hat II an einer Stelle etwa als Namen für das Herrschaftsgebiet Vespesians *Galilea* (202), obwohl bereits vorher der richtige Name *Galicia* erwähnt wird. Aus *armato milite* (254) macht II *amicto milite* und aus *dominaturam* wird *nascituram* (10). Wenn von der Körperertüchtigung des Pilatus die Rede ist, spricht I von *iocus* und *ludi* (26 f.), während in II von *locus* und *loci* die Rede ist. Ohne Verständnis steht der II-Bearbeiter auch der zweimaligen Erwähnung von Geiseln im Zusammenhang mit römischen Tributforderungen gegenüber, die der Autor handlungsmotivierend erwähnt. Für *a tributo* (34) und *pro tributis* (36) schreibt II *in arbitrio* und *pro tribunis.*

Die Übereinstimmungen zwischen M und der Rezension I gegen II sind insgesamt schlagend. Das zeigt sich bei einzelnen Begriffen und ganzen Phrasen. M übersetzt z.B. *potestates et tempora* (6) mit *den gewalt vnd die czeit* (8), II aber hat *partes et tempora.* Für *armato milite* (254) steht richtig *mit gewapenter hant der ritter* (326) oder für *a tributo* (34) *von dem czinss* (44). I hat *uerbum ueritatis* (144) und entsprechend findet sich in M *das wort der warheit* (188), wogegen bei II *verbum salutis* steht. Während in M und I Pilatus sich die *kele* (239)/*iugulum* (182) durchschneidet, trennt er in II *nervos* durch.

In II fehlen gegenüber I und M im wesentlichen die folgenden Stücke: Bei der Namensgebung fehlt in II (und L) *mater de nomine suo Pila* (18)/*do gab ym die muter von irem namen Pÿla* (24). Als es heißt, daß Tyrus gebeten habe, ihm das Kind Pilatus zum Aufziehen zu senden, *sibi nutriendum transmitteret* (22), hat M entsprechend *im das sendet cze ziehen* (29); dagegen schreibt II (und L) nur *sibi transmitteret.* Wenn I sagt *conuocata populi concione sentenciam querit* (30) und M übersetzt *berüfet die samnung des volks vnd fraget die vrtail* (38), schreibt II kürzer *contione populi sententiam querit.* In I und M wird ausdrücklich gesagt, daß Tiberius nichts vom Tod Jesu wußte, *nesciens* (110)/*vnd west nicht* (143); das fehlt in II. Veronica berichtet: *er fur gen hymel an dem vierzigsten tag ze angesiht newn vnd zweinzig hundert menschen* (172); diese genaue Angabe der Zuschauerzahl stammt aus I: *Quadragesimo die c.x.x.viiii uidentibus eleuatus* (133), II (und L) aber berichtet nur *qudragesimo autem die videntibus illis elevatus est.*
In II fehlt weiterhin:
– *Speret in eo* (141)/*Er scholl hoffnung haben zu im* (184).

– *dominus meus Ihesus occurrit mihi in uia et requirenti me* (148) *do lieff mir engegen an dem weg mein herr Jhesus vnd froget mich* (194).
– (außer W_1) *donec condigna mortis sentencia plectatur* (177) *vncz er mit wirdiger vrtail des tods würd gestrafft* (233).
– *vel quia montibus aliis circumseptus, vel septimus mons* (198) / *wann er ist ümb geben mit andern pergen oder heizt darümb der sibent perck* (259).

M und I stimmen auch in semantischen Feinheiten überein. Während II an einer Stelle von 'festglauben', 'vertrauen' spricht [*qui confidit*], haben I und M 'hoffen' [*Qui sperat* (140) / *Wer hofft* (183)]. Wenig später übersetzt M *figura imaginis huius* (148) mit *die gestalt seins pÿlds* (192), bei II steht an dergleichen Stelle nur *similitudinis huius.* Bei Vespesians Kampf in Palästinia werden viele Krieger mit heißem Öl *begossen* (330), in I steht entsprechend *perfudit* (256), in II dagegen ist von 'verbrennen' die Rede *(perussit).*
Auch bei einer Sentenz, die in den Text eingeflochten ist, folgt der Übersetzer wörtlich I:

II: *quia nichil opertum, quod non reveletur, et*
I: *quia nichil absconditum, quod non reueletur, nichil est*
M: *seit nihcz ist verporgen, es werd geoffenbart, vnd nichcz*

absconditum, quod non sciatur (S. 265)
opertum, quod non sciatur (123)
vertruckt, des man niht wissen werd (162)

(L hat den ersten Teil der Sentenz nach II, der zweite Teil fehlt.)

Nur an zwei Stellen scheint M der II-Rezension näher zu stehen: Wenn es heißt, das von den Sternen angekündigte Kind werde über *heiden vnd inseln* (13) herrschen, dann entspricht das *paganis et insulis* in II, wogegen sich in I *pagis et insulis* [P_2: *plagis et insulis*] (9) findet. Der Grund für die Übereinstimmung dürfte darin zu suchen sein, daß der deutsche Übersetzer und der jüngere Bearbeiter offenbar die für sie näherliegende Bedeutung *heiden/pagani* interpretierend gewählt haben. Später heißt es in II *Pontius Pylatus nomen accepit* und ebenso kurz hat M *der beving den namen Poncius Pylatus* (66). I schreibt umständlicher *a Pontos insula, cuius uictor exstiterat, Poncius Pilatus nomen accepit* (50). Hier hat der deutsche Übersetzer offensichtlich stilistisch glättend eingegriffen, indem er eine Wiederholung beseitigte, denn der vorhergehende Satz seiner Quelle lautet *Quia uero tam dure gentis uictor extiterat* (50).

Der Übersetzer hat als direkte Vorlage eine der Hs. M_1 sehr nahe stehende Fassung (vielleicht sogar M_1 selbst?) benutzt, denn unter den von mir untersuchten Hss. der Rezension I weist M_1 die meisten Übereinstimmungen mit M auf.

In den Hss. von I (außer Gr und L_1) fehlt gegen M_1/M bei Veronicas Bericht über die Entstehung des Christusbildes *in uia* (148)/*an dem weg* (193); ebenso fehlt in allen anderen Hss. (I u. II) die Apposition zu Petrus *principem apostolice sedis* (206)/*den swelpoten des römischen stuls* (266), dort heißt es nur *apostolorum principem.*

Zusätzlich haben die Hss. von I gegenüber M_1/M:

– 140: *...solacium?]Non amplius aliquid medicaminis sperabit subsidium.*

Zusätzlich haben die Hss von I und II gegenüber M_1/M:

– 191: *...dicebatur maledictionis]* - *de iure convenit maledictis.*

– 259: *non consentiente losepho.* (Das *non* fehlt an dieser Stelle bei M_1/M. Dort heißt es *consenciente losepho/mit nachuolgung Josepho.*)

Auffällig ist auch, daß der erste Bote nur in M_1 und M gegen die sonstige Überlieferung *Adanus* heißt, ansonsten steht *Adranus* oder auch *Adrianus.* Die Hss. O, B, Gr, L, T haben jede für sich noch weitere Einzelabweichungen von M_1/M. In O, Pr, T und M (432) ist die typische Etymologie *Jebusalem* aus *Jebu* und *Salem* erhalten, sonst steht einfach *Jerusalem* (337). M_1 bricht bereits vor dieser Stelle ab, ursprünglich hat es aber sicherlich auch *Jebusalem* gehabt.

3. Sprache, Schreibweise und Übersetzungsstil der deutschsprachigen Fassung in M

a) Zum Lautstand und zur Schreibweise der Handschrift M

Ob die Regensburger Schreiber der Hs. M die 'Historia'-Übersetzung selbständig in das Legendar eingefügt oder aus einer deutschsprachigen Vorlage übernommen haben, muß vorläufig ungewiß bleiben.

Die Sprache ist eindeutig bairisch und braucht hier nur in den wichtigsten Schreibungen dargestellt werden.

Vokale:

Die kurzen Vokale a, e, o, erscheinen in dieser Schreibung; i taucht in den

Varianten y, ÿ auf; für u steht oft v, nicht selten mit vermutlich Umlaut anzeigenden zwei Strichen darüber *(v̈mb/v̈ber)*.
Das lange a wird vereinzelt verdumpft: *hot* (168) neben *hat* (52), *obent* neben *abent* (206/207); bei mhd. î ist die Trennung zwischen altem und neuen Diphtong vollzogen, î wird regelmäßig zu ei/ey diphthongiert, mhd. ei erscheint als ai/ay; langes u wird zu au oder aw; für ae steht e; für oe findet sich o/ö; für ue/ü̂/ü steht u/ü/uͤ. Für ie steht bei den mhd. Diphthogen ie/i/y; für iu steht eu/ew/eẅ; für ou steht au/aw; für uo steht ü/u.
Konsonanten:
Unter den Verschlußlauten erscheint b zumeist als p: *pözen* (238), aber auch *bosen* (240). Die bairische Vertauschung von b und w steht vereinzelt: *erbelet* (173), *herwerg* (210). An- und inlautend wechseln d und t: *tödet* (36), *scheteln* (273) und *redlich* (340), *tro* (64). Für f steht oft v/u; inlautend findet sich verschiedentlich Verdopplung: *zukünffticleich* (54), *gerüfft* (93). Die Affrikata pf wird mit ph wiedergegeben [vgl. *enphahen* (115), *prophet* (123)]; tz gewöhnlich mit cz; für z steht z und cz: *czeit* (8), *zeheissen* (24), *czu* (43). Auslautendes h erscheint als h/ch: *verleich* (101); inlautend steht h und ch.

Vereinzelt findet sich Sproßvokal: *trawraten* (50), *zcweifelaten* (50). Verkürzte Endung taucht bei Formen wie *rechtz* (100), *gotz* (109) auf. Die mhd.-Endung -lîche erscheint als -lich oder -leich: *veintlich* (33) neben *pilleich* (24). Vor Konsonant (l, m, n, w) ist s noch nicht zu sch geworden: *sneid* (238). Anlautend und inlautend steht immer Schaft-s, auslautend wechseln Rund-s und Schaft-s.

Hinsichtlich der Morphologie ist zu erwähnen, daß Präfixe, im Einzelfall auch Suffixe, getrennt vom Wortstamm geschrieben werden, z.B. *fur traf* (35), *auff siczer* [= Geisel] (43), *auz richten* (156), *v̈mb gab* (325).

b) Die Übersetzungsleistung

Der deutsche Bearbeiter bewältigt im großen und ganzen seine Aufgabe gut. Er ist Sinnübersetzer und kein Interlinearübersetzer, das heißt er hält sich so nah wie möglich an seine Vorlage, ahmt aber gewöhnlich nicht die lateinischen Konstruktionen sklavisch nach. Typisch für seinen Übersetzungsstil ist der erste Satz, in dem er die Abl. Abs. - und AcI-Konstruktionen mit Hilfe von Nebensätzen auflöst:

Lat. Historia	*M*
Regibus olim liberalibus *eruditis in artibus* *accidit regem nomine* *Tyrum...uenari*	*ES geschah etwenn, do die* *künig waren volkumen in* *meisterlichen künsten, das* *der kunig Tirus...iaget*

Bei den syntaktischen Anschlüssen wird insgesamt das *vnd* als Konjunktion in ermüdender Weise überstrapaziert.

Häufig wird der AcI durch einen nichteingeleiteten Nebensatz wiedergegeben:
- *fama nunciauerat... Ierosolimis medicum fore* (108) / *der lewmünt wart verchundet... Es solt sein zu Jerusalem ein arczt* (140).
- *ut quid dicis Ihesum celos ascendisse* (135) / *wie sprichstu es seÿ Jhesus auff gestigen dy himel* (175).

Daneben wird aber auch der daß-Satz bei AcI bzw. Infinitivkonstruktionen verwendet. So etwa an folgender Stelle, bei der das Partizip entsprechend durch eine finite Verbform ersetzt wird: *Sciens autem per inuidiam traditum esse Ihesum* (67) / *Er west aber wol, das Jhesus von hass wegen was dar geben* (83).
In der Nero-Episode heißt es, *fas prohibet filio matrem necare* (226), das wird übersetzt: *Die reht versagen das vnd ist niht zymleich, das der sun töd sein muter* (290).

Partizipien löst der Übersetzer oft durch syndetisch beigeordnete Sätze auf:
- *nesciens* (110) / *vnd west nicht* (143).
- *Pilatum salutans* (114) / *vnd grüßet Pylatum* (149);
- *ingrediens* (156) / *vnd kom gegangen...in* (203);

Manchmal taucht beim Part.-Präs. auch die Konstruktion Hilfsverb + Infinitiv auf: *Tunc Ueronica benedicens Deum* (174) / *Do was Veronica got loben* (228); das Partizipium Coniunctum *clientes...perlustrantes* (14) wird entsprechend übersetzt: *waren die schiltknecht erforschen* (19).

Der Abl.-Abs. wird gewöhnlich durch (temporale) Nebensätze oder präpositionale Umstandsbestimmungen aufgelöst:
- *Annis uero tribus completis* (20) / *Do nü drew iar wurden erfült* (27);
- *Noctis ergo regi crepusculo...inpediente* (3) / *Nü, von hinterung wegen der vinster der nacht* (4);
- *collecto milite* (105) / *mit samnung der ritterschefft* (136);
- *armato milite* (254) / *mit gewapenter hant der ritter* (326).

An anderer Stelle versucht er, den Ausdruck *Herode nescio* (56) ebenso kurz mit *vnwissend Herode* (72) wiederzugeben.

Die Übersetzung ist insgesamt im einfachen Stil abgefaßt und vermeidet peinlich Fremdwörter. Lediglich bei den Eigennamen ist die lateinische Flexion erhalten.

Den Verweis auf Persius, den ein humanistisch interessierter und entsprechend literarisch gebildeter Übersetzer des 15. Jahrhunderts sicherlich gern aufgegriffen hätte, läßt er aus. An dieser Stelle des Textes zeigen sich auch die Grenzen der Übersetzungskunst des Bearbeiters. Das in den Text eingefügte Zitat aus Persius 'Satiren' (I, 19-21) hat ihn offenbar überfordert. Recht gewalttätig versucht er, den Sinn des Zitats auf den Kontext hin (Eroberung Judäas) umzubiegen:[81]

Lat. Historia	*M*
Tytus...; cuius cognationis	*Tÿto, der was verspotten die*
dedignantes nobiles deridens	*edeln, die im waren zu gehören,*
Persius conmemorat dicens:	------------------ *vnd sprach:*
"Hic nec more probo uideas	*"hie byn ich nÿht beweren*
nec voce serena /	*mit dem syten die lant*
Ingentes trepidare Tytos,	*Judeas vnd auch mit keiner*
cum carmina lumbum /	*lawtern stymme Tytus macht*
Intrant et tremulo scalpun-	*pidemen das volk vnd die*
tur ut intyma uersu" (319).	*lenten mit der schrifft"* (409).

Daß der Bearbeiter relativ ungebildet ist oder jede Anspielung auf antike Gegebenheiten vermeiden will, zeigt sich daran, daß er an jener Stelle, an der erzählt wird, Nero haben wissen wollen, wie es einst beim Brande Trojas war, statt *troia* das Wort *terra* liest und folglich für *successio Troie* (242) *die anzuntung...der erden* (311) schreibt.

Auch an anderer Stelle hat der Übersetzer Schwierigkeiten, seine Vorlage zu verstehen. Im Abschnitt über die Belagerung von Jotapata mißversteht er zweimal den nachgestellten Nominativ des Namens *Uespesianus* und verändert daraufhin eigenwillig den Satz. So heißt es zunächst:

Lat. Historia	*M*
...Anastasius, sub quo	*...Anastasius, der...*
...deuastare cepit partes	*begond zestören das land*
Iudee et Ierusalem	*Judee vnd Jerusalem. vnd*
Uespesianus. Primum	*Vespesianus het zum ersten*
autem Lotapotam...,	*ein stat genant Latapota...,*
cui dux... prefuit Iosephus,	*die ein herczog zu gewald het...*
...cinxit hostiliter...	*die ÿmb gab Josephus veintlich...*
(251).	(322).

Wenig später greift er erneut sinnentstellend ein, diesmal sogar unter Auslassung einzelner Wörter und Einfügung einer nicht vorgegebenen Negationspartikel, offenbar, weil sonst für ihn kein Sinn in den Satz zu bringen war:

Lat. Historia	*M*
...quam...	*..dann das sy...*
subiceret eos seruituti	*solten vntertenig sein*
captiuos Uespesianus.	*geuangen irem dienst.*
Et uolebant	*Vespesianus wolt nicht*
Iosephum...fieri	*Josephum...laßen werden*
sacrificium... (260).	*ein opfer...* (333).

Den Begriff *phisicus* (4/223/226/300) läßt er weg (6) oder setzt dafür *maister* (287/289/386), auch den Begriff *philosophus* (208) umgeht er (268). Nebenbei sei erwähnt, daß in der lateinischen Überlieferung die Hs. T sowie die Hss. von II für *phisici* am Anfang (4) *philosophici* (T) oder *philosophici ac prophetici* (II) haben.

An einigen Stellen sind Vereinfachungen feststellbar, z.B. vermeidet der Übersetzer einen direkten Hinweis auf die Etymologie von Vienne (191 bzw. 249), während die des Namens Seneca unklar bleibt (221 bzw. 283). Bei Neros Schwangerschaft mildert er etwas den Bericht, indem er *hispidia etiam et uillosa tenori* (225 bzw. 289) ausläßt.

An drei Stellen fehlen Wörter in M, wodurch der Sinn und Zusammenhang der Sätze gestört wird, was möglicherweise auf Abschreiberversehen zurückzuführen ist:

– *unerabilis matrona, uita pudica, conuersacione modesta* (125)/
ein erbergen fraw [...], mit irem leben -------- messig mit irr mitwonung (163)

– *Peribitis, nisi que dixero faciatis* (231) /
Jr müsst sterben, es sey dann, das ir tüt, das --- gesprochen hab (297).

– *iudicem mortis et sacrificii* (263) /
richter ----------- vnd des opfers (337).

4. Zur Edition des deutschen Textes

Der deutsche Text folgt der Handschrift im wesentlichen getreu. Dementsprechend habe ich auch die Schreibgewohnheit, manchmal zwei Striche über einzelne Vokale zu setzen (ÿ, ẅ, v̈) beibehalten. In folgenden Fällen habe ich verändernd eingegriffen:

Die Hs. kennt keine Interpunktion. Lediglich in 66 steht ein Punkt nach *sun,* ebenso in 145 nach *heimlich*. Verschiedentlich hat der Schreiber virgelähnliche Schrägstriche eingefügt, die ich stehengelassen habe. Ansonsten stammt die gesamte Interpunktion von mir.

Die manchmal am Zeilenende stehenden doppelten Trennungsstriche sind nicht wiedergegeben.

Alle Absätze stammen von mir; Ergänzungen von mir habe ich in spitze Klammern < > gesetzt.

Die wenigen Kürzel (ūg = ung, 9 = us, ā = am, ē = en/em, n̄ = nn, ' = er) habe ich stillschweigend aufgelöst.

Da in der Hs. die Groß- und Kleinschreibung der Namen nicht immer sicher zu unterscheiden war, habe ich alle Namen - der Tendenz der Hs. folgend - einheitlich groß geschrieben.

Folgende Streichungen oder Verschreiber der Hs. habe ich ausgelassen 18: *sucher* nach *einer;* 31: *se* nach *künigin;* 101: *müg* vor *mit gesuntheit;* 209: *liez* (doppelt) vor *Veronicam;* 292: *das ich* (doppelt) nach *das ich auch;* 303: *geenden* nach *kavm.*

Zusammen habe ich geschrieben 15/49/135/180/188/259/278: *dor vmb;* 52: *der würgt;* 35/50/179/195/399: *do von;* 75: *ein ander;* 100: *zinssleich ein;* 109: *vil leicht;* 71/311: *dor nach;* 418: *der lawbet;* 54: *zu künffticleich.*

5. Zur Edition des lateinischen Textes

Der lateinische Text ist zunächst ein genauer Abdruck von M_1 [=Clm 23390, Pergament, 13,7 x 9, 12./13. Jh. von unbekannter Herkunft, 74 Bll. (Bl. 1 doppelt)], erhebt also keinen kritischen Anspruch (vergl. Abb. 2).[82] Der Text der 'Historia' befindet sich auf Bll. 44v - 51v, Bl. 53 und ist rot überschrieben: *de pylato.* An einigen Stellen habe ich korrigierend eingegriffen und die entsprechenden Stellen mit Anmerkungsziffern versehen. In der Hs. steht:
[1]*iniquitati.* [2]*sociatus.* [3]*qui.* [4]*factam.* [5]*illo.* [6]*quanto cicius.* [7]*quia.* [8][fehlt]. [9]*dum.* [10]*reddit.* [11]*colleḡ.* [12]*deroganda.* [13]*elegas.* [14]*Rursum.* [15]*distenta.* [16]*quod.* [17]*metris.* [18]*...ia* [Ergänzt. In der Hs. bricht der Text hier ab und es folgt f. 52r 'De ordinibus hominum'; f. 52v 'Epistola Friderici I. imp. ad filium Heinricum' (wird f. 63r fortgesetzt).] [19]*...ta...*[Ergänzt]. [20]*lapide.* [21]*milte.*

Groß- und Kleinschreibung sowie die geregelte Interpunktion, die in der Hs. fehlt, stammen von mir.

Da M_1 mitten im Text abbricht, habe ich der Vollständigkeit halber den Rest der 'Historia' nach Gr (ebenfalls Rezension I), wie ihn STEINMEYER herausgegeben hat, angefügt. STEINMEYER hatte an einigen Stellen Interpretationsprobleme, die ich wie folgt nach den anderen Hss. bereinigt habe 335: nach *Salem* jetzt *aliquando;* 336 am Anfang jetzt *Fuit;* 343: nach *tocius* jetzt *magno constabit iudaici dampno populi;* 365: nach *obsequitur* jetzt *hancque.* In Gr fehlt 276: *Iosephus respondit: "Si quid perpere...potest?"* nach *esses.*

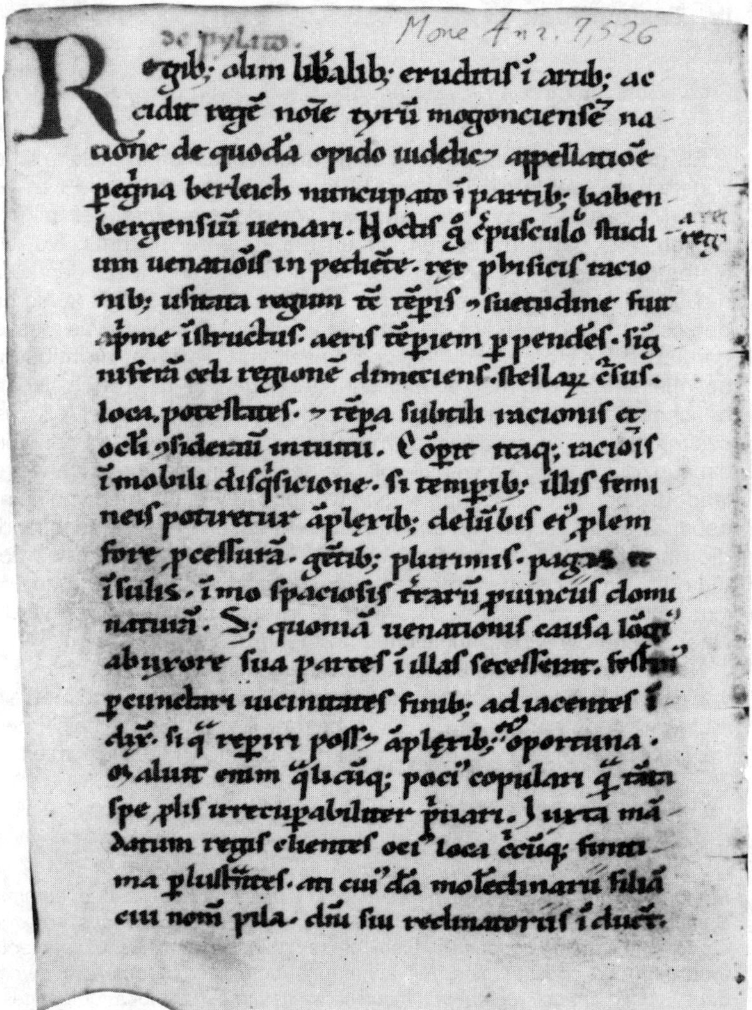
de pylato. Mone Anz. 7,526
Regib; olim lib'alib; eruditus i artib; ac
cidit rege noie tyru mogonciense na
cione de quoda opido uidelic appellatioe
pegna berleich nuncupato i partib; baben
bergensiu uenari. Hoc ei q epusculo studi
um uenatiois in pectore. rex phisicis racio
nib; usitata regum te tepis (con)suetudine fuit
apme istructus. aeris tepiem ppendes. sig
niferu celi regione dimeciens. stellar cursus.
loca. potestates. et tepa subtili racionis et
oculi (con)sideratu intuitu. Copit itaq; racio is
i mobili disqsicione. si tempib; illis femi
neis potiretur aplexib; de lubis ei plem
fore pcessura. gentib; plurimis. pagis et
isulis. i mo spaciosis trarum puinciis clomi
natum. Sz quonia uenationis causa longi
ab uxore sua partes i illas secesserat. festin
pcunctari uicinitates finib; adiacentes i
dix. si q repiri poss & aplexib; oportuna.
cs aluit enim qlicuq; pocius copulari q uita
spe plis irrecupabiliter puari. Iuxta ma
datum regis clientes oci loca ceuq; finiti
ma plustrates. an cui da molendinarii filia
cui nom pila. diu siu reclinatoriis i clues.

Abb. 2: Clm 23390, Bl. 44ᵛ, Originalgröße

IV. Textabdruck

⟨59r⟩ Von dem küng Tirus vnd Pilato etc

ES geschah etwenn, do die künig waren volkumen in meisterlichen künsten, das der kunig Tirus auz Meinczer pistum, der purtig was von dem Marckt, der do geheÿssen ist von der nennung der pilgrem Berlich, das der iaget in den landen Babenberger pistüms. Nü, von hinterung wegen der vinster der nacht der iagung, waz der künig nießen das erkennen des gestirns, nach der gewonheit der kunig czu den czeiten, vnd mercket die beteẘtnuss des hÿmels vnd was messen den lawff der steren, die stet, den gewalt vnd die czeit mit hübscher bescheidenheit vnd merket mit gesiht der augen. Er vand auch also mit beschaidenhait vnd vnbeweglicher wider sprechung, ob er czu den czeiten niessen wer weiplicher vmb uachung, so solt von ym bekumen ein sun, der herrschen wer vil volk, heiden vnd inseln vnd auch weiten landen. Aber von der iagung wegen waz er czu verr chumen von seiner hausfrawen in die lant vnd gebot, pald zeforschen in die stet des lands, die dor̊vmb gelegen woren, ob ÿndert eine möcht gefünden werden, die nüczlich wer seiner v̊mb uachung vnd gelustes. Er wolt auch liber czu gefügt werden wie ez eine wer, dann das er solt berawbt werden einer sulchen vnwiderpringleichen hoffnung des suns.

Nach dem gebot des küngs waren die schiltknecht erforschen v̊mb vnd v̊mb die nahenden stet vnd brachten irem herren czu bet eins mülners tochter, genant Pÿla. die bekant der kunig als sein hawsfrawen. Die enpfieng von künchlicher hubschheit, vnd czu der czeit der

⟨44v⟩ ***R**egibus olim liberalibus eruditis in artibus accidit regem nomine Tyrum, Mogonciensem nacione, de quodam opido uidelicet appellatione peregrina Berleich nuncupato, in partibus Babenbergensium uenari. Noctis ergo regi crepusculo studium uenationis inpediente rex phisicis racionibus, usitata regum tunc temporis consuetudine, fuit aprime instructus aeris temperiem perpendens, signiferam celi regionem dimeciens, stellarum cursus, loca, potestates et tempora subtili racionis et oculi consideravit intuitu. Comperit itaque racionis immobili disquisicione, si temporibus illis femineis potiretur amplexibus, de lumbis eius prolem fore processuram, gentibus plurimis, pagis et insulis, immo spaciosis terrarum prouinciis dominaturam. Sed quoniam uenationis causa longius ab uxore sua partes in illas secesserat, festinanter percunctari uicinitates finibus adiacentes indixit, si qua reperiri posset amplexibus oportuna. Maluit enim qualicunque pocius copulari quam tanta spe prolis irrecuperabiliter priuari.*

Iuxta mandatum regis clientes ocius loca circumque finitima perlustrantes Ati cuiusdam molendinarii filiam, cui nomen Pila, domini sui reclinatoriis inducunt.

gepurt gebar sy. Si was auch vnwissen des kunigs namen, wan der sún pilleich wer zeheissen nach dem namen seins vaters, do gab ym die muter von irem namen Pÿla vnd von irs vaters namen Atus den namen Pÿlatus.

Do nü drew iar wurden erfült, do wart das kind gesant seinem vater Týro. ⟨59^{v}⟩ Tirus het auch gebeten Pÿlam, do er beÿ ir lag, ob sy einen sun oder ein tochter geber, das si im das sendet cze ziehen. vnd dem geschah also. Pylatus wart auch genert mit einem kinde, das was sein bruder, das der kunig het gebern von der edeln künigin, seiner hawsfrawen, vnd was mit wonen Pÿlato. Do die begreiffen die iar der erckentnüß, do spilten sy offt mit einander veintlich mit ringen, fehten vnd mit werffen. Aber die gezweÿt der edelung der sun der kunig⟨in⟩, als er edler was, also was er behender vnd fur traf Pÿlatum. Dovon wart Pylatus trawrig vnd bewegt mit pitterkeit der gallen vnd tödet seinen bruder heimlich. do daz Tyrus erckant, der wart trawrig vnd begriffen mit großem vbelen müt vnd berüfet die samnung des volks vnd fraget die vrtail vber die mÿsstat der sünd, was czutün wer. Do wart gegeben ein vrtail ein abslahung des hawptz mit geschraÿ der samnung des volks: „er ist schuldig des tods"! Der künig gedacht in im selber vnd wolt nicht zwispeltigen die misstat mit der sünde vnd sant in den Römeren fur den zinss, den er in scholt, czu einen auff siczer vnd wolt auch vnschuldig sein an dem tod seins süns vnd wolt auch erlözt von dem czinss werden, den er den Römern scholt.

⟨45^{r}⟩ Quam rex ut uxorem cognovit. Illa uero concepit regie pulcritudinis tempore partui deputato progenuit. Regis autem nominis ignara Pila, cum merito nomine patris filius esset uocandus, mater de nomine suo Pila et nomine patris sui Atus indidit ei nomen Pilatus.

Annis uero tribus completis puer transmittitur patri suo Tiro. Tirus enim rogauerat Pilam, dum una commanerent, ut, si masculum uel feminam pareret, sibi nutriendum transmitteret. Factumque est ita. Pilatus autem cum fratre suo quodam nutriebatur puero, quem rex eciam de regina, nobili coniuge sua, genuerat, Pilato fere coetaneum. Isti dum annos discrecionis attigissent, sepius licet hostiliter luctamine, pugno, disco et funda conludebant. Sed gemina nobilitatis natura regine filius, ut erat nobilior, sic in omni ioco, palestra, disco uel quocunque ludorum certamine nobilior et apcior Pilato preeminebat. Unde dolens et felle doloris commotus fratrem suum latenter occidit Pilatus. Cognitis his Tirus indoluit, et nimia ductus molestia super iniquitate sceleris, quid faciendum sit, conuocata populi concione sentenciam querit. Datur sentencia capitalis concione populi conclamante: „Reus est ⟨45^{v}⟩ mortis"! Rex autem ad se reversus iniquitatem noluit iniquitate[1] duplicare, sed annui sui tributi, quod debebat Romanis, eum misit in obsidem, tum uolens ab occisione filii sui innoxius esse, tum a tributo, quod debebat Romanis, liberari.

Aber der selb wart zugefügt ze Rom einem edelen, genant Paginus, der ein sun was Pagini, eins kunigs von Franckenreich, der auch gesant was den Römern zu einem auff siczer fur die zinss; den tödet er auch heimlich dorvmb, das er was mit sÿten vnd erbercheit wirdiger dann er. dovon die Römer trawraten vnd zcweifelaten, ob er wirdig wer der pein vmb die schuld oder czu behalten vnd sprachen: „Jst das, daz er leben sol, der seinen bruder getött hat vnd unsern auff siczer derwürgt hat, der möcht mit seiner schalkheit offenlich nücz sein den feinden mit vehten wider vns zukünffticleich". vnd wurden auch vber ein mit rat vnd sprachen: „Seit den malen er schuldig ist des tods, so sull wir in senden mit römlicher vrtail in die inseln Pontos, das er seÿ ein richter der heidennischen lewt, die keinen richter leÿden, ob ir ban sein schalkheÿt gezemen mügen. Jst des nicht, do leidt, das er verdint hab."

Pylatus wart gesant in die inseln Pontos mit römlicher vrtail vnd geseczt czu einem richter der ÿbeltätigen menschen vnd vil vnter trucker, die er het. Pÿlatus gedacht wol, czu welchen ⟨60r⟩ er gesant wer, vnd wie besörgklich sein leben wer mit vrteil vnd mercket die sach heimlich vnd behilt das leben vnd machat im vntertenig das schelklich volk, alles mit gelüpnüs, mit soldung, mit tro vnd kestigung. Der do was hertlichz volks ein vberwinter, der beving den namen Poncius Pylatus/.

Herodes der mÿnner, ein sun Archelaj, des großen Herodis sun, der was ein furst zu den zeiten Judee vnd Jerusalem, do der die gescheicheit des menschen horet, der listig was sich frewen der list geleicher

Sed item Rome quendam nobilem, cui consociatus[2] erat, Paginum, Pagini filium regis uidelicet Francie missum Romanis etiam in obsidem pro tributis, latenter occidit, quoniam moribus et honestate dignior eo uidebatur et fuit. Unde Romani dolentes, an digna pro factis pena plectendus esset an reseruandus dubitauerunt dicentes: „Hic si superuicturus esset, qui fratrem necauit, obsidem nostrum iugulauit, sua nequicia rei publice forsitan in debellandis hostibus utilis esset profuturus". Deliberato quoque consilio dicebant: „Cum reus mortis habeatur, in Pontos insulam gentibus illis, que[3] nullum iudicem paciuntur, iudex preficiatur, si forte nequicia eorum contumacia frenari possit. Si non, paciatur quod meruit".

Mittitur ergo Pilatus in Pontos insulam cauta Romanorum sentencia iudex hominibus maleficis constitutus est, iudicum plurium, quos habuerant, peremptoribus. Pilatus non inscius, ad quos missus sit et quam ⟨46r⟩ pendula uite sue sentencia, tacite rem considerans uitam seruauit et gentem nequam promissis et precio, minis et supplicio, subiugauit uniuersam. Quia uero tam dure gentis uictor extiterat, a Pontos insula, cuius uictor exstiterat, Poncius Pilatus nomen accepit.

Herodes ergo minor, filius Archelai, magni Herodis filii, princeps diebus illis Iudee et Ierusalem, ut audiuit hominis illius industriam, uersuciis congaudens uersutus (utpote similia similibus congaudent) inuitauit eum muneribus et inter-

weis (die geleichen fräwen sich der geleichen), der lud in mit gaben, mit boten vnd der gab im einen teyl an seiner stat vber Judeam vnd Jerusalem. Dornoch, do Poncius Pylatus gewünnen het ṽber flußigen reichtum, do schiffet er vber, vnwissend Herode, vnd kom gen Rom vnd gab Tiberio dem keyser gelt vnzellich vnd behub die stat seiner wirdicheit, die er het von Herode vnd fur wider heim.

von der sach wegen waz Pylatus vnd Herodes veint einander als lang, vncz der Herr Jhesus wart gegeben Pylato. vnd Pÿlatus kleidet in mit purpurein cleidern vnd sant in Herodi vnd wolt sich behalten vnschuldig von seinem blut. Herodes gelaubet aber, das das geschehen wer im zu einen eren vnd sant in hin wider Pÿlato mit geleicher lieb der ere. vnd an dem tag wart verricht Herodes vnd Pylatus. Pylatus wolt genug tun der pitung der Juden vnd gab Jhesum gegeyselt vnd geslagen, mit maulstreichen verspott vnd gevangen ze krewczigen.

Er west aber wol, das Jhesus von hass wegen was dar geben vnd forcht die belaidung Tyberÿ des keÿsers, wann er hat verdampt das vnschuldig plut, vnd beraitet ein schiffart, geladen mit vil gaben vnd sant Adanum, der waz im heimlich, zu dem keÿser Tyberio, das er in entschuldigen solt vnd solt sprechen, wie er im czu einen eren vnd czu einer behaltung des rechten vnd des gerihtz einen czawbrer, genant Jhesum, der het sich geheissen einen künig vnd wider sprochen den keyser, het gegeben dem volk ze krewtzigen. Adanus enpfing die potschafft des wegs vnd von wider wertigen winten wart er gesant in Galiciam. Do nü auß allen landen der kristen die hilf des heyligen zwelpoten Jacobi wirt an gerüfft.

nunciis et tradidit ei partem et uicem suam super Iudeam et Ierusalem. Denique superhabundantibus ei diuiciis, Herode nescio Poncius Pilatus nauigio transfretauit et usque Romam perueniens oblata pecunia non numerabili a Tiberio imperatore Romano uicem dignitatis sue, quam tenuerat ab Herode, dolose reuersus obtinuit.

Huiuscemodi causa facti sunt Pilatus et Herodes inimici, quousque dominus Ihesus traditus est Pilato. Quem Pilatus ueste purpurea induit et misit Herodi uolens se seruare innocentem a sanguine huius. Herodes autem credens hec ad honorem et reuerenciam sui facta[4] mutuo dilectionis honore remisit ⟨46^{v}⟩ eum Pilato. Et reconciliati sunt Herodes et Pilatus in die illa[5]. Pilatus uero satisfaciens peticioni Iudeorum Ihesum flagellis et alapis cesum, delusum, uinctum tradidit ad crucifigendum.

Sciens autem per inuidiam traditum esse Ihesum et timens offensam Tiberii cesaris, quia sanguinem innocentem condempnauerat, apparato nauigio multis muneribus onerato Adanum quendam sibi familiarem ad excusandum se misit Tiberio, qui diceret ei, quoniam ad honorem sui et conseruacionem iuris et iudicii magum quendam, nomine Ihesum, regem se facientem, cesari contradicentem iusta in eum data sentencia captum uinxisse et ad crucifigendum tradidisse

Do selbsten hilt Vespesianus die marck ÿnnen von dem keÿser Tÿberio. ⟨60^{v}⟩ Es was auch gewonheit, wer der wer, der getriben würd mit sulchen potschafften in das ellend anderrland, der solt vntertenig sein den fürsten des selben lands vnd den, die da wonten in dem land, mit leib vnd mit guten. Adanus vorcht, er verlür das leben, vnd do er fur gefürt wart Vespesiano, do sprach er: „Herr, ich wais wol, das ich vnd meineẅ gut dein sein von rehtz wegen vnd mit zinssleichein gesetz. dein genad verleich mir, das ich mit gesuntheit des leibs müg hin gen, so wil ich verlaßen alles, das ich besitz." Vespesianus sprach czu im: „wer pistu oder wann kümpst du oder wo wiltu hin?". Adanus antwürt: „Jch pin einer von Jerusalem, von den landen chüm ich vnd wolt gen in Römer lant vnd bÿn getriben von vngewiter in disew lant." Do sprach Vespesianus: „du chümpst von dem land der weisen vnd kanst die kunst der erczneÿ. Pistu ein arczt, so mach mich gesunt." Vespesianus het ein gesleht der websen von iugent auff, die heten genÿstelt in seinen naslöchern; villeicht zu einer offenbarung der werck gotz an im. Do von den websen hieß er Vespesianus. Do antwurt Adanus vnd sprach: „von dem land der weÿsen chum ich. Aber die kunst der erczneÿ chan ich nicht vnd pin kein arczt, ich mag dich nicht gesunt machen. Doch was in den selben landen ein ersamer mensch, hestu den erkant, so möhst du wol on zweyfel die gnad der gesuntheÿt enphahen." Do sprach Vespesianus: „Ez seÿ denn, das du mich gesunt machst, du must sterben des tods." Do antwurt Adanus: „Der do die

populo. Adanus sumpto legacionis itinere uentis sibi contrariis in Galiciam mittitur, ubi nunc ex omni nacione christianorum suffragia beati Iacobi apostoli petuntur.

Tunc uero Uespesianus ibi monarchiam a Tiberio cesare tenuisse memoratur. Erat autem consuetudo, ut quicunque huiusmodi relegacionis exilium paciens terris aliquibus impelleretur, principibus et terre illius incolis rebus et seruitute subiceretur. Adanus igitur timens uite subire periculum Uespesiano productus ait: „Domine, scio quod de iure et legis ⟨47^{r}⟩ censura ego et mea tua sumus, sed gracia tua concedas, ut sanitate corporis illesus abire queam relictis omnibus que possideam". Vespesianus ait ei: „Tu quis es? Aut unde uenis? Aut quo uadis?" Adanus respondit: „Ierosolimitanus sum, de partibus illis uenio partes aditurus Romanas, si tempestatibus importunis non essem propulsus in istas". Cui Uespesianus ait: „De terra sapiencium uenis, artem nosti medicaminis, medicus es, curare me debes". Vespesianus enim quoddam genus uermivm forsitan ad manifestanda opera Dei in illo insitum naribus gerebat ab infancia. Vnde et a uespis dicebatur Uespesianus. Tunc respondens Adanus ait: „De terra quidem sapientum uenio, sed artem medicaminis ignoro, medicus non sum, curare te non possum. Fuit tamen in finibus illis homo uenerabilis, quem si tu nouisses, graciam sanitatis consequi te dubium non esset". Cui Uespesianus: „Nisi me curaueris, morte morieris". Adanus respondit: „Qui cecos illuminauit,

plinten gesehen gemacht, die siechen gesunt gemacht, die aussesczigen geraÿnig, die beseßen geledigt, die armen hot gemacht, das got wort zu verkünden vnd die toten hot erkückt vnd die sund vergeben, der weiz wol, das ich die kunst der ercznеÿ nicht kan, vnd der werd auch wirdig, mich zelösen von der gegenwürtigen sorg des lebens." Do sprach Vespesianus: „wer ist der, von dem du dink redst." Do antwürt Adanus: „Jhesus Nazarenus, der gewesen ist ein man vnd ein prophet, ⟨61r⟩ mechtig in dem werck vnd in der rede vor got vnd allem volk, den die Jüden haben getött von neyds wegen vnd funden kein schuld des tods an im." Do sprach Vespesianus: „ob der mensch lebet, mäinstu, ob er mich gesunt machet." Adanus der antwürtet: „Ja, vnd gelaubstu noch, so hoff ich, du enpfahst die gnad." Do sprach Vespesianus: „Jch gelaub! der, der die toten hat erkukt, der mag mich wol ledigen von meinen sichtagen, ob er wil." vnd do er das gesprach, do vielen die websen auz seinen naslöchern, vnd sein leip wart wider geben rehtvertiger krefft des vermügens vnd der hitz vnd enpfieng die gesuntheit. vnd wart auch erfreẅt mit v̈beriger großer frewt vnd sprach: „Jch pin sicher, das der gotz sun gewesen ist, der mich hat gesunt gemacht. dorvmb so wil ich biten des keÿsers vrlaub, so ich es aller schierst geschicken mag, mit samnung der ritterscheft chum ich, vnd wil grüntlichen zerstoren all verreter vnd morder des tods." vnd gesegent Adanum vnd sprach: „Ge mit meinem vrlaub in dein haws mit deinen gütern vnd mit deinem leben gesuntt vnd vnuermäiligt."

Jn der selben weyl der lewmünt wart verchundet Tyberio dem keyser: Es solt sein zu Jerusalem ein arczt, der mangerlei seuchen der

infirmos sanauit, leprosos mundauit, deimoniacos sanauit pauperes ewangelizhauit, mortuos suscitauit, peccata remisit, ipse nouit, quod artem medendi nescio; quare me dignetur liberare de instanti uite periculo". ⟨47v⟩ Vespesianus ait: „Quis est iste, de quo tanta profaris?" Adanus respondit: „Ihesus Nazarenus, qui fuit uir propheta potens in opere et sermone coram Deo et omni populo, quem Iudei condempnauerunt morti propter inuidiam, nullam mortis inuenientes in eo causam". Vespesianus: „Hic homo, si uiueret, putas an me curaret?" Adanus: „Immo si credideris adhuc, spero, quod graciam consequeris". Vespesianus: „Credo! Qui mortuos suscitauit, me poterit de infirmitate mea liberare, si uoluerit". Et hoc dicendo uespe de naribus eius exciderunt et debito carnis uigore restituto ualoris et coloris sanitatem recepit. Qui nimirum gaudio magno exilaratus ait: „Certus sum, quia filius dei fuit, qui me curauit. Inpetrata igitur cesaris licencia, quantocius[6] potero expediri collecto milite ueniam et omnes traditores et occisores huius funditus euertam". Et ualefaciens Adano dixit: „Rebus et uita sanus et incolomis in domum tuam licencia mei reuerteris".

Interea fama nunciauerat Tiberio cesari: Ierosolimis medicum fore, qui uarios hominum languores curaret. Per quem speraret a lepra, qua detinebatur,

menschen gesunt machet. von dem hoffet er auch geraynigt werden von dem aussacz, mit dem er begriffen was; vnd west nicht, das in die Jüden vnd Pylatus heten getött. Also sprach Tyberius zu Albano, der was im heimlich: „var pald v̈ber mer vnd grüzz Pylatum vnd sprich zu im, das er mir den arczt send, der gesunt macht mangerleÿ gebrechen vnd sewchen der menschen, das er mich auch gesunt mach."

Albanus enpfieng die sach der potschafft vnd fur vber mer vnd grüßet Pylatum vnd verchündet im, er solt senten seinem herrem, dem keÿser Tyberio, den artz Jhesum. der großen besorgung Pylatus wart laidig vnd erschrak der potschafft vnd bat gelaÿt vierczehen tagen zeantwürten, wann er west wol die bozheit seins v̈bels vnd torst nicht antwürten der potschafft des keÿsers on den rat der weÿsen. Der getrew bot seines herren, Albanus, gab Pylato einen zugk cze ⟨61v⟩ antwürten vnd begond mit fleißigem gemüt vorschen von Jhesum. aber nyemant wolt in auz richten, wan die schreyber vnd die gleichsner heten verpoten, das ÿemant ichcz offenbaret keynem fremden, was geschehen wer von Jhesu, von des wegen, das gestilt würd der leẅmunt irr sund vnd missetat. Aber Albanus vorschet inbrüsticleicher, ob ÿemant yhcz west von Jhesu, wie oder wo er den fünd. czu dem leczten (seit nihcz ist verporgen, es werd geoffenbart, vnd nichcz vertruckt, des man niht wissen werd) was ein erbergen fraw, genant Veronica, die waz Jhesu heÿmlich offenbar, mit irem leben ⟨erbar⟩, messig mit irr mitwonung. die fraget er fleißig von Jhesu, was menschen er wer vnd wo er in fünd. die gab im kentnüss vnd sprach mit sewfczen: „Er ist mein herr vnd mein got, des kuntschafft du begerst.

mundari; nesciens, quod[7] morte condempnauerant eum Pilatus et Judei. Dixit itaque Tiberius Albano ⟨48r⟩ cuidam sibi privato: „Vadas ocius trans partes marinas, Pilatum saluta, dic, ut hunc medicum transmittat, qui uarios hominum languores curat, ut et me pristine sanitati restituat".

Albanus accepta nuncii causa transfretauit. Pilatum salutans Ihesum magne curacionis medicum domino suo, Tiberio cesari, nunciauit transmitti. Pilatus ergo molestia legacionis deterritus inducias responsionis petiuit xiiii. dierum, conscius enim mali sui sine consilio sapientum cesaris non audebat respondere legacioni. Tunc Albanus, fidelis domino suo nuncius, Pilato datis induciis animo diligenti cepit inuestigare de Ihesu. Sed nullus expediuit eum, quia scribe et pharisei preceperant, ut nullus aliquid eorum, que Ihesv facta fuerant, reuelarent, ut ita sceleris et iniquitatis eorum sedaretur infamia. Ipse tum ardencius instabat querendo, si quis de Ihesu quidquam sciret, qualiter illum uel ubi inueniret. Tandem (quia nichil absconditum, quod non reueletur, nichil est opertum, quod non sciatur) quedam, que Ihesv fuerat familiaris et nota, demonstratur ei nomine Ueronica, uenerabilis matrona, uita pudica, conuersacione modesta. Quam diligenter interrogabat ⟨48v⟩ de Ihesu, qualis homo sit uel ubi inueniri possit. Hec autem ingemiscens ait: „Dominus meus et Deus meus erat,

Er ist offt gewesen, die weil er wonet auff der erden, meinem haws ein heil vnd trost. den hot getött Pylatus vnschuldicleich von hazz wegen vnd gebot, in ze krëwtzigen mit den bösen. vnd starb vnd erstund an dem dritten tag von dem tod vnd was wonen auff der erden mit seinen iungeren, die er erbelt het eßen vnd trincken vierczig tag vnd vierczig nacht nach seinem tod. vnd er fur gen hymel an dem vierzigsten tag ze angesiht newn vnd zweinzig hundert menschen vnd erbelet ym die stat seiner wonung in der höh der eren.“ Albanus wart betrubt von der red der frawen vnd sprach: „Fraw, wie sprichstu es seÿ Jhesus auff gestigen dy himel, den Pÿlatus hat gelobt, ze senden dem keÿser Tyberio in frist vierczehen tag?“ Veronica antwürt: „Pylatus ist gewesen ein vrspringk des ӱbels vnd hot geförcht den czoren des keÿsers vnd kont nicht geantwürten on den rad der weÿsen, dovon hot er gebeten ein frist.“ Do antwürt Albanus: „Dorӱmb wird ich wider heÿm ziehen on hoffnung vnd bring auch keynen trost meinem herren, der begriffen ist mit dem prechen der auzzelczzel.“ Do antwurt Veronica: „Wer hofft in got, der wirt niht ge- ⟨62^{r}⟩ schant. Er scholl hoffnung haben zu im, so gibt er im die begir seins herczen, wann den bytenden wirt gegeben, vnd den anklopfenden wirt auf getan.“ Do antwurt Albanus: „Jch byn vast trawren, wann ich die botschafft meins herren niht byn erfüllen.“ Do antwurt Veronica: „Mein herr vnd meister der verchundet vor seiner marter das wort der warheit verr vnd weÿt. vnd darӱmb, das ich müst beÿ seinem leben offt darben seiner gegenwerticheit, do gedacht ich mir, ich wölt mir lassen malen ein geleichnüß seins anplick, wenn das

cuius noticiam desideras. Sepius enim, dvm in terris conuersatus est, mecum commoratus, salus et consolacio fuit domui mee. Quem Pilatus per inuidiam traditum innocenter condempnauit et cum iniquis reputauit, crucifigi precepit. Et qui[8] *mortuus tercia die surrexit a mortuis et cum suis quos elegerat discipulis bibens et comedens xl. diebus et xl. noctibus post mortem conuersatus est in terris. Quadragesimo die c. x. x. viiii. uidentibus eleuatus, celos ascendit et locum habitacionis glorie sue in excelsis elegit“. Albanus sermone femine contristatus ait: „Mulier, ut quid dicis Ihesum celos ascendisse, quem Pilatus inducias xiiii. dierum petendo promisit se domino meo Tiberio cesari transmittere?“ Veronica respondit: „Pilatus, quia*[9] *tocius mali causa fuerat, iram cesaris extimuit et ideo sine consilio sapientum respondere nesciens inducias petiuit“. Albanus: „Reuertar ergo sine spe nec domino meo, qui leprosorum detinetur infirmitate, reportabo solacium?“ Veronica: „Qui sperat in Domino, non confundetur. Speret in eo et dabit ei peticiones cordis ⟨49^{r}⟩ sui, quia petentibus dabitur et pulsantibus aperietur“. Albanus: „Vehementer doleo, quia legacionem domini mei nullatenus expleo“. Veronica: „Dominus et magister meus ante passionem suam uerbum ueritatis longe lateque predicauit. Unde dum frequencius licet in uita ipsius carerem presencia, similitudinis sue imaginem solacio*

wer, das ich würd berawbt seins angesihtz, das mir dann geb trost die gestalt seins pÿlds. vnd do ich trug ein leyein tuch dem maler cze malen, do lieff mir engegen an dem weg mein herr Jhesus vnd froget mich, wo ich hyn wöllt; das saget ich im. Do sah er an das tuch vnd gab mir das wider bezeichet mit seinem antlücz seiner gestalt. Dovon, ist das dein herr den anplick andechticleich an siht, so wirt er on allen czweifel gesunt." Do sprach Albanus: „Jst das pild icht zeschaczen ze silber oder czu gold?" Do antwürt Veronica: „Neÿn, aber czu einer mylten begir der andacht." Do sprach Albanus: „was pin ich nuͤ tün?" Do sprach Veronica: „gefelt es dir, so var ich mit dir v̈ber vnd pring das pÿld ze sehen dem keÿser vnd kum her wider."

Albanus wart sich frewen mit großer frewd vnd saget danck Veronice vnd beraitet schiffung mit irr zu gehörung vnd fur v̈ber. vnd kom gegangen czu vesper czeÿt in die stat gen Röm oder an der czeit, als die gest werden genomen an die herwerg vnd ließen die potschafft beleiben vncz des morgens vnd aßen das abent eßen. vnd do sie das obent eßen heten volbracht, do was ietlichs gen nach der gewonheÿt an ir bett stat vnd waren sich geben nehtlicher rů. Des morgens was Albanus dem keÿser sagen die botschafft vnd liez Veronicam an der herwerg vnd gieng in die wonung des keÿsers.

den enpfieng der keÿser frölichen alls einer, der begriffen wer mit kranckheit vnd dem ledigung köm, ⟨62v⟩ wann er hoffet, es wer kummen Jhesus, ein arcz seins geprechens. Albanus leget auz Tyberio die ordnung der potschafft vnd sprach: „Jhesum, des du begert hast,

saltem mihi disposui pingendam, ut, dum priuarer eius aspectibus, solacium prestaret figura imaginis huius. Dum autem linteum picture congruum pictori defero pingendum, dominus meus Ihesus occurrit mihi in uia et requirenti me causam aperui. Ipse uero conspiciens pannum uenerabili facie sua reddidit[10] *michi signatum. Imaginis ergo huius aspectum si dominus tuus deuote intuetur, procul dubio pristine sanitati reddetur". Albanus: „Estne imago talis argento uel auro comparabilis?" Veronica: „Non, sed pio affectu deuocionis". Albanus: „Quid ergo faciam?" Veronica: „Vere, tecum, si placet, proficiscar et uidendam cesari deferam imaginem et reuertar".*

Albanus exultans gaudio magno Ueronice gracias egit et apparato nauigio comitatus eam transfretauit. Vrbem igitur ingrediens Romam tempore uespertino uel dum hospites recipiuntur hospicio et nuncia ⟨49v⟩ procrastinantes cenauerunt. Et peracta cena iure consuetudinario stratis quisque suis repausantes nocturne quieti sese commiserunt. Mane autem facto Albanus nuncia cesari relaturus Ueronica in ospicio relicta regios adiit cesaris accubitus.

Quem cesar, ut infirmitate detentus, salute preueniens, quia sperauerat uenisse Ihesum, infirmitatis sue medicum, suscepit gauisus. Albanus uero exponens seriem legacionis Tiberio ait: „Ihesum desideratum tibi medicum,

des arcztes, der ein mensch gewest ist got liep, den hat Pylatus vnd die Juden verraten von neyds wegen vnd haben in gegeÿselt vnd gehangen an den galgen des krewtzs vnd gaben fur, er wer ein zawbrer vnd haben in vber wunten mit falscher zewgnüs. on reht vnd geriht haben sÿ in getött mit den bosen." Do sprach Tyberius: „was tů ich nü? Jch bin berawbt der hoffnung der gesuntheit." Albanus sprach: „Neÿn!" Tyberius sprach: „ich pin vast kranck mit großem sewchen der pittrikeÿt." Do sprach Albanus: „Veronica, ein erberge fraw, die ein dÿrn ist gewesen Jhesu, die ist kumen mit mir, die ist antwürten deinen angesiht von deins heils wegen offenbar ein gestalt eins pilds vnd gleichnüss. ist, das du das andechticleich an sihst, so bistu wider kumen von ganczer krafft deins fleischs." der keyser hiess bringen das pyld vnd strewet an den wegk purperisch mentl, von des angesiht er enpfieng die gnad des heils vnd der gesuntheit. Do was Veronica got loben in seinen gaben vnd den heiligen in allen seinen wercken vnd wart erbercleich wider heym gesant.

Poncius Pÿlatus wart gefangen vnd gen Rom gefurt vnd wart in die pant des kerkers gelegt von dem gewalt des keÿsers alls lang, vncz er mit wirdiger vrtail des tods würd gestrafft. Vber dise wort wurden ze rat die fürsten vnd das gancz volk, waz ze tun wer; die wurden vber ein der zerstörung Judee vnd Jerusalem vnd seiner zu gehörung. von des kaysers wegen kom Vespesianus, der berüffet den rat der fürsten vnd gedacht, zetöten Pÿlatum eins schentlichen tods. Pylatus vernam, man wolt in töten eins pözen tods, do nam er sein aygen messer vnd sneid

hominem Deo carum innocentem Pilatus et Iudei perfide tradiderunt inuide flagellantes patibulo crucis affixerunt, asserentes eum fore magum et quasi conuincentes, eum falso testimonio sine iusticia et iudicio cum impiis reputaverunt". Tiberius ait: „Quid ergo? Spe curacionis frustrabor." Albanus: „Absit!" Tiberius: „Valde langueo, magna languoris amaritudine destituor". Albanus: „Veronica, mulier admodum reuerenda, que fuerat ancilla Ihesu, mecum nauigio uenit, que salutis tue causa imaginis et similitudinis Ihesu figuram linteo manifestius expressam tuis representabit aspectibus. Quam, si religiosus intueberis, conualescens ex integro uigore carnis restitutus." Cesar igitur afferri iussit imaginem stratis palliis in uia ⟨50^r⟩ purpureis, cuius aspectu consecutus est graciam salutis et sanitatis. Tunc Ueronica benedicens Deum in donis suis et laudans Salvatorem in omnibus operibus suis; Ueronica honorifice remittitur.

Poncius Pilatus capitur, Romam usque perducitur imperio cesaris carceris uinculis mancipatur, donec condigna mortis sentencia plectatur. Super his urbis principibus disceptantibus et uniuersa plebe, quid faciendum esset, deliberante licenciam destructionis Iudee et Ierusalem et habitatorum eius ad cesarem uenerat Uespesianus accipere, qui aduocato consilio principum morte turpissima dampnandum censuit Pilatum. Pilatus audiens se morte turpisima dampnandum, cultello proprio faucibus suis immisso capitis et colli dissoluit iugulum.

im ab sein kele. Do der keyser ynnen wart des tods Pylati, do sprach er: „werlichen, er ist tod ein bosen töds, dem sein aÿgnew ⟨63^{r}⟩ hant nicht hat v̈ber sehen.“ Pylatus wart gebunten an ein mülstein vnd gesenkt in die Teÿfer. dye bösen gaist waren sich mit frewen mit dem bozen vazz vnd waren seinen leichnam füren ieczunt mit der bewegung des waßers, ieczunt in den lüften der wolken, mit erscheÿnnung pliczens vnd vngewiters, schawers vnd doners vnd erschreckten die gemüt der menschen.

von des wegen wurden die Römer vberain mit rat vnd wart genomen auz dem fluß der Teÿffer vnd wart spotleichen czu einer endrung der pein gesenkt in den fluß Roden. die stat wart geheissen die stat der verdammung. Aber die lewt der vorgenanten stat wolten nicht leiden das vngewiter des luffcz vnd die trücknüss der bosen geist vnd teten das vazz des verdammung von in vnd enpfalhen, das zebegraben einer stat genant Losanne. Aber die selben wolten das niht gemeintleich auff nemen vnd gedahten an die vodern trüknüss der tewffel vnd santen in furbaz vnd senckten in in einen smekenden galprunnen, der was vmb geben mit pergen. vnd nach sag etlicher werden bewegt ewicleich do selbsten vil vngesiht vnd tewfelisch trücknüss. der prun ist auch nahent dem perg, der geheissen ist der sibend pergk, wann er ist v̈mb geben mit andern pergen oder heizt dorv̈mb der sibent perck, wann er der furnemst der siben perg einer ist.

Dornoch nam Vespesianus des keysers vrlawb zu rechen Jhesum an

Cesar itaque cognita morte Pilati dixit: „Vere, mortuus est morte pessima, cui manus non pepercit propria“.

Et alligatus molari Pilatus iubetur in Tiberim fluuium precipitari. Spiritus uero maligni et sordidi maligno et sordido congaudentes uasi corpus eiusdem raptantes nunc in aquis eisdem inundaciones mouerunt, nunc in aere nubium collisione, fulgure et tempestate, grandine et tonitruis mentes hominum terruerunt. ⟨50^{v}⟩ Quapropter comunicato Romanorum consilio a Tiberi resumptus fluuio quasi derisionis causa, Uigenne commissus Rodano fluuio immergitur, quia Uigenna quasi uia Gehenne nuncupatur. Locus enim dicebatur maledictionis. Homines prefate ciuitatis aeris temperiem et malorum spirituum non sustinentes importunitatem uas idem maledictionis a se remouerunt et Losanne ciuitati cuidam sepeliendum comiserunt. Illi uero non equanimiter ferentes prememoratas demoniorum insanias Alpibus ipsum remittebant et in puteo quodam futili et montibus circumsepto submergebant. Ubi relatione quorundam usque in eternum mouentur et ebulliunt plurime machinaciones et impuritates diabolice. Puteus autem hic uicinus est monti, qui uocatur Septimus mons, vel quia montibus aliis circumseptus, vel septimus mons tanquam de septem montibus eminentioribus unus.

Deinde Uespesianus inpetrata cesaris licencia sumendi uindictam de omnibus, qui tanta liuoris inuidia perdiderant Ihesum, reuersus in Galiciam xl. annis

allen den, die mit sülchen hass vnd neÿd heten getöt Jhesum vnd zoch wider in Galiciam vnd beraitet sich vierczig iar vnd samnet ein her. Jn der weil starb Tÿberius vnd Caligolon wart das reich. vnd nach Caligolon wart Gayus; vnter dem wuhs vberige vnd bewainlich engstung.

Nach Gayo wart Nero, der Petrum, den zwelpoten des römischen stuls, crewtziget vnd seinen mit zwelfpoten Paulum enthauptet vnd was cristenleicher ordnung ablegen. vnd der auch seinen maister, genant Senecam, der do hoffet zu enpfohen den lon von seiner erbeÿt wegen, hiess erwelen, an welchem ast des pawms er liber wolt hangen vnd ⟨63v⟩ sprach auch, das er das solt enphahen für den lon seiner maisterschafft. Do Seneca fraget, wie er die pein verdint het, do gebot Nero, man sölt ein swert sencken auff sein scheteln vnd das emßicleichen ziehen. Seneca entwaich dem swert mit dem hawpt, wann er sich vast vorcht vor dem tod der enthawptung. Do sprach Nero: „Maïst⟨er⟩, worvmb pistu entweichen von dro wegen des hawpts?“ do antwürt Seneca: „Jch fürcht den tod, wann ich bin ein mensch vnd stirb vngeren.“ Do sprach Nero: „also pin ich dich auch fürchten; darvmb mag ich dich niht laßen leben.“ Do sprach Seneca: „Sol ich sterben, so laß mir die wal, das ich sterb welchs tods ich wöll.“ Do sprach Nero: „wel zehant vnd verzeuch auch niht zesterben.“ Do macht im Seneca ein waßer pad vnd slug die median vnd starb von vberigen pluten. vnd der het den namen von dem volk geuangen ‚Seneca‘, wann er sich selber tödet mit seiner eygen hant.

expediens se collegit[11] *exercitum. Interea mortuo Tiberio Caligola successit imperio. Caligole uero per aliqua temporis interualla Gaius successit; sub quo nimia et lamentabilis excreuit ⟨51r⟩ inedia.*

Caio quoque successit Nero, qui Petrum apostolum, principem apostolice sedis, crucifixit et coapostolum eius Paulum religioni christianitatis derogando[12] *capite priuauit. Magistrum etiam suum quendam philosophum nomine Senecam condigna laboris sui mercimonia sperantem iussit eligere, quod et in cuius arboris ramo suspendium pocius adoptaret, et dixit, quoniam hoc laboris sui magisterii premium recepturus esset. Dum autem Seneca requireret, unde mortis hoc supplicium meruisset, et accumen gladii directo uerticem super ipsius capitis precepit demitti et demissum frequentius retrahi. Seneca uero nutu capitis minitanti cedebat gladio, uehementer enim metuebat precipitari mortis periculo. Cui Nero ait: „Magister, vt quid nutu capitis cedis minitanti gladio?“ Seneca respondit: „Mortem uereor, homo sum, inuitus morior“. Cui Nero ait: „Sic ego te metuo; quare te uiuente non potero uiuere“. Seneca: „Si mori debeo, concede, ut cuius mortis uelim michi sit electio“. Nero: „Festinus eligas,*[13] *tantummodo mori non differas“. Tunc Seneca balneo in aqua facto medianam incidit et ita nimio sanguinis effluxu mortuus occidit. Hinc quodam presagio populi Seneca nomen habuit, ⟨51v⟩ quoniam manu propria se necauit.*

Dornoch Nero wart beswert mit bozheit des gemücz vnd waz wunderen, wie er behalten wer worden in dem leib seiner muter vnd gebot maisteren, sÿ solten toden sein muter, das er seͣh mit menschlicher gestalt die siben kemmerlein, getaïlt mit sibenveltiger gebürt vnd beraïtt mit vnzymleichen samen. die maister strafften in von der verduerpnüss seiner müter vnd sprachen: „Die reht versagen das vnd ist niht zymleich, das der sun töd sein muter, den sy offenbar mit smerczen vnd arbait hat geberen." Zu den sprach er: „So macht, das ich auch eins kinds swanger werd vnd das geber, das ich gewissen müg, wie groß der smercz meiner muter gewesen seÿ an meiner geburt." Do sprachen sy zu ym: „Es ist niht mügleich zetun, das der natur wider wertig ist vnd ist auch vnwissenleich, das der bescheidenheit ist niht zu gehören." Do sprach Nero zu in: „Jr müsst sterben, es sey dann, das ir tüt, das ⟨ich⟩ ⟨64^{r}⟩ gesprochen hab." Do gaben sy im ein tranck mit iren künsten vnd machten, das im wuss in seinem leib ein frosch; vnd zehant moht sein leip nicht geleiden die widerwertikait der natur vnd wart größer also, das er sich selber schaczet, er wer der gepürt nahent. vnd von dem smerczen erschrack er vnd sprach: „Eÿlt pald mit der zeit der geburt vnd smerczen, wann ich kavm geedem." Do wart er getrenkt vnd kom von im der frosch mit schewssleichem plut vnd hicz, mit vndewen, alls alle lebendigen werden geboren, vnd mit der vndew beweget sich ynwendig der mag vnd gab wider reht alls ein vnzymleichs eßen. Do sah Nero an sein geburt vnd erschrak vnd wundrat der vnsawbercheit vnd sprach: „Bÿn ich auch also ausgeganen von der heÿmlicheit meiner

Rursus[14] *Nero nefaria mentis ducebatur uesania miratusque matris matricem, qualiter conceptus foueretur, occidi matrem phisicis precepit, et matricis interiora dissoluens septem cellulis humana figura signatis, distincta*[15]*, septeno partui preparata, hispida etiam et uillosa tenori seminis idonea deprehendit. Phisici uero de matris perdicione eum arguentes dicebant: „Iura negant, fas prohibet filio matrem necare, quem*[16] *manifestum est dolore et labore procreari". Quibus ille ait: „Faciatis ergo et me puero inpregnatum parturire, ut, quantus dolor matris*[17] *mee fuerit in generatione mei, possim rescire". Dicunt ei: „Non est possibile, quod est nature contrarium, nec est scibile, quod racioni non est consentaneum". Quibus ille ait: „Peribitis, nisi que dixero faciatis". Tunc inpocionantes eum artificio suo ranam in uentre eius excrescere fecerunt; et subito uenter eius nature contraria non sustinens intumuerat, ita ut iam puero sese grauidum estimaret. Unde dolore territus ait illis: „Accelerate tempus partus, quia languore pariendi anhelitum uix habeo spirandi". Igitur item ad uomitum inpocionatus ranam dictu terribilem humore sanguinis et calore, quibus omnia fiunt uitalia*[18]*,* ⟨*53*^{r}⟩ *procreata*[19]*, edidit, quia uomitu motis interioribus ysofago reddit eam tanquam cibum inportunum stomachus. Respiciensque Nero partum suum abhorruit et mirabatur adeo monstruosum et ait: „Fuine talis de matris*

muter?“ vnd die sprach: „ia, ie also.“ Do gebot er, man solt den frosch neren vnd solt in versliessen in ein sneckenhawz.

Dornach wart in wundern, wie vnd wie groß die anzuntung wer der erden vnd hiess Rom anzünten allenthalben. Die Römer wolten auch furbaz der scheden nicht leiden vnd der widerdriez der offenbar sach vnd komen an in vnd machten in flüchtig von der stat, vnd do sy ym heffticleichen wider stunden. E das er geb den feinden den sigk, erwelt er ym selber den tod vnd spiczzet einen stecken mit den pissen der zen vnd durch stach die ynwendigen des leibs mit geitykeit des todes. Also zugen herwider die Römer vnd frewten sich des tods vnd valls Neronis, vnd den frosch in dem vorgenanten snecken, der do loschet, namen sÿ vnd wurffen in auz der stat vnd steinten in. vnd an dem end der stat, da der frosch waz loschen, wart geben der nam Latran.

Also nach Neroni wart ze keÿser Anastasius, der samnet die schar der ritter vnd begond zestören das land Jüdee vnd Jerusalem. vnd Vespesianus het zum ersten ein stat genant Latapota in dem land Judee, die ein herczog zu gewald het vnd waz ir vor. die ὓmb gab Josephus veintlich mit gewapenter ⟨64v⟩ hant der ritter, die er mit vil vnd großen streitleichen hantwercken gewalticlichen gewan. Doch wurden vil ritter begossen mit heissem öl vnd wider, die versert wurden mit leczung. Aber zu dem leczsten, do sy sahen, das di stat niht moht beleiben, Do ging Judas salb zwelft in ein haws, das was vnter der erden, in dem liden si drey tag hunger die Juden, mit nachuolgung

egressus latibulis?“ Et illi: „Vtique“. Precepit ergo, ut aleretur et testudini lapidee[20] seruandus includeretur.

Deinde miratus, qualis uel quanta fuerit succenssio Troie, Romam succendi fecit undique. Romani uero non ultra dampna sustinentes et obprobria rei publice impetum facientes fugauerunt eum de ciuitate. Sed dum acrius instarent ei, ne uictoriam daret hostibus, per se mortis elegit interitum; fustem enim dencium morsibus accuit et mortis cupidus uentris interiora palo transfixit. Congaudentes itaque Romani de Neronis interitu redierunt et ranam in testudine prememorata latitantem de ciuitate proicientes lapidauerunt. In monimentum autem posteris pars illa ciuitatis, ubi rana latuerat, a latente rana Lateranis sibi nomen uendicabat.

Itaque Neroni proximus imperio successit Anastasius, sub quo milite[21] collecto deuastare cepit partes Iudee et Ierusalem Uespesianus. Primum autem Lotapotam Iudee ciuitatem quandam, ⟨53v⟩ cui dux solatio et regimine prefuit Iosephus, armato milite cinxit hostiliter, quam multis et mangnis et bellicosis machinacionibus expungnauit prepotenter. Iosephus tamen quam plurimos eius milites feruentis olei liquore perfudit et aliis quibus potuit periditauit lesionibus. Sed tandem, cum iam fere ciuitatis inminere uideret excidium, assumptis aliis secum undecim Iudeis duodecimus domum subtereaneam intrauit, in qua triduana fame coacti Iudei consenciente Iosepho pocius elegerunt mori alio

Josepho, vnd erwelten, si wölten liber sterben ir ietlicher bey dem andern erbercleich, dann das sy als pözlich solten vntertenig sein geuangen irem dienst. Vespesianus wolt nicht Josephum, alls einer der wirdiger ist vor dem andern, laßen werden ein opfer gotz an der vergiessung des plucz. Aber Josephus was ein weyser man vnd nicht geitig auf den tod vnd was sich selber seczen czu einem richter ⟨des tods⟩; vnd des opfers, wer vor dem andern sterben schölt, hiess er ie czwen vnd czwen starck fur senden vnd was also geseczt ein richter der andern; vnd die solten sprechen, on redlich sach mag niht geschehen das opfer got vnd belenget also die czeÿt seins lebens; vnd gaben auch loz, wer vor sterben solt; do gab das loz ieczunt einem, nü dem andern, vncz an den leczsten mit Josephus lözzen was. Josephus was ein starck man vnd behend, der nam von dem andern das swert vnd fraget in, was er aller uest begeret, die frist des lebens oder die pein des tods vnd hiess in auch, daz er on belengung erwelet eins. Do antwürt der: „czeleben wider sprich ich nicht, ist, das ich das leben behalten mag von deinen gnaden.“ Do giengen sy auz der höl vnd Josephus sprach heymlich czu einem diener Vespesiani, der was im erkant vnd bat in, das er fur sy czwen pet, das man in das leben liess; vnd des er pat, des wart er gewert. Aber den armen liess man vnd Josephus wart gefürt fur Vespesianum vnd wart gelegt in die ge- ⟨65^{r}⟩ fencknüss. vnd Vespesianus sprach zu im: „du hest den tod verdint, het ich dich nicht geuangen genomen von des bet wegen.“ do antwürt Josephus: „Jst ihcz snellich geschehen, das mag verchert werden czu einem peßern.“ Vespesianus sprach: „wer geuangen ist, was mag der

quiuis et honestius quam turpiter et ignominiose subiceret eos seruituti captiuos Uespesianus. Et uolebant Iosephum quasi ceteris digniorem primum Deo fieri sacrificium sanguinis effusione. Sed Iosephus uir prudens nec mortis cupidus iudicem mortis et sacrificii se constituens, quis alio moriturus esset, binos et binos sortes mittere iussit et ita iudex aliorum constitutus, dicendo sine racione racionabile Deo sacrificium fieri non posse, uite spacium prorogauit. Missis enim sortibus, sors nunc unum, nunc alium morti tradidit donec ad ultimum, cum quo Iosephus sortes missurus fuit. Tunc Iosephus homo strennuus et agilis ablato illi gladio quesiuit, quid potissimum desideraret, ⟨M_1 bricht hier ab, Fortsetzung nach Gr⟩ *uite scilicet subsidium uel mortis supplicium, et iussit, ut sine mora dilacionis eligeret alterum. Ille respondit: „Viuere non recuso, si gratia tui vitam conseruare potero.“ Tunc egredientes de cauea Iosephus vni familiari Vespesiani latenter locutus est, qui et sibi notus et familiaris fuerat, et rogauit eum, ut interuentu suo duobus eorum uita donaretur; et quod petiit obtinuit. Sed pauperiori relicto Iosephus Vespesiano productus vinculis detinetur. Cui Vespesianus ait: „Mortem meruisses, si peticionibus huius captiuus non esses“. Iosephus respondit: „Si quid perpere actum est, in melius commutari potest“. Vespesianus: „Qui vinctus est, quid facere potest?“ Iosephus respondit: „Ali-*

tün?" Do antwürt Josephus: „Jch wil etwaz tun, ist, das ich dein oren gewaichen mag czu meiner red." Vespesianus sprach: „Dir sey erlawbt ze reden vnd wil auch horen, was gutz du sagen seist." Do sprach Josephus: „Anastasius der keÿser ist tod vnd ez hot wol geuallen den fursten czu Rom, das man dich erhöh czu einem keÿser." Vespesianus sprach: „bistu ein weissag?" Do antwurt Josephus: „was man mit kunst erkent, das heisset man kunst vnd nicht weissagung." Do sprach Vespesianus: „warv̈mb hastu niht geweissagt diser stat, das si vntertenig scholt werden meinem gewalt?" Do sprach Josephus: „man hat es vor gesagt vierczig tag, wie vns also vnd also geschehen scholt." vnd der sach vnd red Josephi vand man dreißig zewgen, vnd die boten der Römer giengen fur Vespesianum vnd verchundeten im, das er solt chumen gen Rom, wann er erwelt wer zu keÿser. Nach dem tod des keysers Anastasio würden die Römer mercken die großen getett Vespesiani, das man in die czu schrib, alles lob vnd furnemycheit, vnd das sy niht geben den fremden ir ere vnd gedachten, Vespesianum ze erhöhen mit dem reich.

Vespesianus liess seinen sun Tytum in seiner auzrihtigung vnd zoch gen Rom vnd wart erhöht mit dem römischen reich. Dornoch Tytus frewet sich in kleinen sachen vnd wart gestrafft mit dem seuchen der zusammen ziehung der aderen von kelten wegen vnd wart kranck an dem anderen pein vnd geslagen mit dem paralis. Josephus höret, daz Tytus czu mal kranck wer, do froget er, waz siechtagen er het vnd die zeit, alls er an kumen wer, vorschet er fleißigleichen. Man kond niht gewissen die sach des sewchen. Aber ez wer in an kumen an der weil,

quid facio, si dictis meis aures tuas dimulceo". Vespesianus: „Concedatur ut verbis inhereas; quid boni dicturus sis, auditur." Iosephus: „Anastasius imperator occiditur, imperio te sublimari principibus romanis placuit." Vespesianus: „propheta es tu?" Iosephus: „Quod arte prenoscitur, sciencia, non prophetia vocatur." Vespesianus: „Quare non uaticinatus huic ciuitati, quoniam mee fuit subicienda dicioni?" Iosephus: „Quadraginta diebus predictum, quoniam sic et aliter euenire non potuit; huius rei testes triginta, si necesse fuerit, et amplius audies." Tvnc conuocatis de ciuitate iussu Vespesiani testibus sermo Iosephi verus inuenitur, et iam legatis Romanorum procedentibus Vespesianus, ut dictum est, imperator electus Romam redire nunctiatur. Mortuo enim cesare Anastasio Romani gesta Vespesiani magnifica ut eis ascriberentur vniuersa laudum preconia et ne darent alienis honorem suum, imperio sublimari disposuerunt Uespesianum.

Cuius nunctiis ergo Vespesianus, Tyto filio suo in expedicione relicto, profectus Romanorum imperio est sublimatus. Hinc Tytus non modice exultans neruorum contractione et frigiditate corripitur et altero crure debilitatus paralisi torquetur. Iosephus autem audiens Tytum vno crure debilitatum causam morbi et morbum et tempus accessionis diligenter inquirit. Nam si causa nescitur,

als, sein vater ⟨65^{v}⟩ erwelt wer worden, wart im verchündet. Josephus was weÿse vnd fursihtig (wann den weisen nihcz vor ist) vnd von wenig sag nam er die großern vnd vand die sach des sewchen vnd west, das er krank wer worden von v̈beriger großer frewd vnd gedacht an den spruch des maisters: „Die widerwertigen werden gebußt mit den widerwertigen." vnd west auch wol, waz mit lieb ankümt, das wirt steticleichen verloren mit smerczen. Vnd vorschet auch, ob yemant wer, der in der veintschafft des fürsten wer. vnd do was ein knecht, der was in der feintschafft des fürsten, Also das er in on groß betrübung nicht weder hören noch gesehen oder genenen. vnd sprach also czu Tÿto: „Begerstu gesunt zu werden, so soltu nyemant betrüben, der in meiner gesellschafft kümpt." Do sprach Titus: „Si süllen all sicher sein, die in deiner gesellschafft kumen." Do hiess beraiten Josephus das eßen vnd den tisch Tÿti vnd hiess den knecht siczen an die seiten des fürsten, dem er veint was. Den sah Tytus an vnd wart betrübt mit laid, vnd er sewfzet, vnd der do vor was erkaltet in frewden, der wart gehiczt mit anzündung des zorns vnd bewegt mit veintlichem gemüt vnd sein adern wurden sich strecken vnd wart gesunt. Dovon mit freyem gemüt vergab er dem knecht sein schuld, vnd Josephus wart geledigt von seiner gefencknüs mit ledigung der hant eÿsen vnd füseisen vnd gewan genad.

Vespesianus, do der wart erhöht mit dem römischen reÿch, do kom er wider mit einem großen here vnd zerstort alle gegent des lands

morbus ignoratur. De temporis igitur accessione, quando illi accidit, audita patris electione, expeditur. Iosephus autem, homo sapiens et prouidus, (quoniam sapiens paucis innotescit et sapienti satis dictum est) ex paucis dictis minus dicta coniecit simulque morbum, cum causam reperit, sciens, quia gaudio et leticia superhabundanti debilitatus fuit. Animaduertitque physicum illud: „Contraria contrariis curantur". Sciens etiam, quia quod amore conquiritur, dolore frequencius amittitur, quesiuit, si esset quis, qui principis teneretur obnoxius inimicus. Et erat ibi seruus adeo principi molestus, ut sine vehementi conturbatione nullatenus posset eum conspicere nec saltim nomen eius audire. Dixit itaque Tyto: „Si curari desideras, neminem, qui meo comitatu veniat, perturbas." Cui Tytus: „Saluus omnis, qui tuo comitatu venerit." Tunc Iosephus hiis iam obliuioni datis prandium cito fieri precepit et mensam suam mense Tyty locauit oppositam et seruum a dexteris suis sedere fecit, habentem principis offensam. Tytus respiciens molestia conturbatus infremuit, et qui gaudio prius infrigidatus fuerat, accensione furoris incaluit et motus hostili insania mentis neruosque distendens curatus est. Vnde ingenua mentis libertate seruo excessuum donauit vnciam et Iosephus, de captiuitate liberatus, manicis ferreis et conpedibus dissolutus, assecutus est graciam.

Vespesianus autem sublimatus romano imperio magno comitatu rediit et omnem Iudee prouinciam et habitationes in morte Ihesu culpabiles destruxit et

Judee vnd die, di dorÿnnen wonten, die an dem tod Jhesu schuldich waren, vnd zerstoret Jerusalem, vnd den tempel Salomonis mit veinden brant er auz. Vnd auch die Juden, die Jhesum gekaufft heten ŭmb dreyßÿg pfennig, der gab er ie dreizzig ŭmb einen pfennig.

Do nŭ Vespesianus gestarb, do wart das reich Tÿto; der was verspotten die edeln, die im waren zu gehören vnd sprach: „hie byn ich nÿht beweren mit dem syten die lant Judeas vnd auch mit keiner lawtern ⟨66r⟩ stymme Tytus macht pidemen das volk vnd die lenten mit der schrifft." Nach Tyto kom Domicianus, ein großer kestiger der kristen. Nach Domiciano Nerua. Nach Nerua kom Trayanus. Nach Troyano kom Adrianus, der von bewarung wegen Abelia, die er machet vnd vber want, ist geheizsen Elius Adrianus.

vnd der zerstöret das land Judeam vnd Jerusalem zu dem andern mal. aber von gab wegen derlawbet er den Juden, das sy das anderweÿt pawten. vnd do er hören was die getät Vespesiani vnd sein getätt, daz die seinen boß weren, do komen er hyn wider vnd zerstört das gepew Judee vnd Jerusalem gentzlich vnd grüntleichen vnd seet salcz zu einem zeichen der vnfruchtperkeit nach etlicher auzlegung. Auch die Juden wolten wider bawen Jherusalem, vnd wenn zu dem ersten des morgens auz giengen, so fund si krewcz an vil steten von dem tawe. die fluchen sy. vnd des andern morgens, do sy wider komen, funden sy plutige crewtz ein ietlicher hangen an seinem gewant. des erschracken sy vnd fluhen anderwaÿt. Zu dem dritten mal komen etlich hynwider, die wurden genczlich verprent von dem tufft des fewers, das auz der erden gieng. Zu dem leczsten die Juden, die ŭber waren worden, die

Ierusalem subuertens et hostes in templum Salomonis persequens templum vna cum hostibus exussit. Iudeos quoque ciuitatis, qui Ihesum triginta conparauerant argenteis, e conuerso triginta vendidit pro vno denario.

Tandem Uespesiano Tytus successit imperio; cuius cognationis dedignantes nobiles deridens Persius conmemorat dicens: „Hic nec more probo uideas nec voce serena / Ingentes trepidare Tytos, cum carmina lumbum / Intrant et tremulo scalpuntur ut intyma uersu." Tyto successit Domicianus, christianorum persecutor maximus, Domiciano Nerua, Nerue Traianus, Traiano Adrianus, qui ab Helya, municione quadam, quam condidit aut deuicit, dictus est Elius Adrianus.

Iste Iudeam et Ierusalem secundo destruxit, sed munere corruptus Iudeis reedificanda reddidit. Audiens autem gesta sua Vespasiani gestibus indigniora tertio rediit et fundamenta Iudee et Ierusalem funditus euertit et sal in regione in signum sterilitatis seminauit. Item Iudei reedificare uolentes Ierusalem de rore cruces exeuntes primo mane inuenerunt perplurimas. Quas fugientes et secundo mane redeuntes cruces sanguineas quilibet uestibus suis invenit insitas. Quibus territi denuo fugierunt. Et tertio quidam reuersi uapore ignis de terra prodeuntis penitus sunt exusti. Ad ultimum Iudei, qui residui fuerant in

pawetten wider an der stat Caluarie, do Jhesus wart gemartert; die stat wart geheissen von zweÿen stifftern, die di gestifft heten mit iren guten etwen, Jebusalem etc.

loco, vbi crucifixus erat Ihesus, caluarie videlicet, reedificauerunt Ierusalem, que a duobus dicionibus Iebus et Salem aliquando vocabatur Ierusalem.

Fuit in diebus Herodis regis Pylato preside uir in Iudea ex tribu Iuda Ruben nomine, qui noctis intempesta legalibus vxoris sue Cyboree alligabatur nexibus. Cyborea, cum membra sompno fouit et quiete, sompnum uidit; quo experge-facta pectore sollicito retrahens suspiria velud presagiis futurorum malorum plena flebiliter ingemuit. Cui „vehementer" Ruben „et ultra quam credi potest admiror", inquit „que tanta tristicie causa sic tua viscera moueri conpulerit." Cyborea intulit: „Cum carnali copula legi deseruirem maritali, prolem certo tempore pariendam, que tocius magno constabit iudaici dampno populi gentibus, concepisse per sompnum uidi. Aut enim spiritus animam falsus subrepens ymaginauit aut mens per eam gentem nostram, ut solet in multo tymore presaga futurorum malorum, dispergendam mihi declarauit." Ruben premaximo admirationis terrore correptus „Nephariam" inquit „rem profaris nec relatu dignam, spiritu, ceu puto, phytonico raperis." Cyborea vero iuramento confirmans sic perfectum fore ait. Cui Ruben ait: „Mensium ergo curricula diemque partus cum periculo uite instantis diligenter considera: hic enim infantulus, de quo confirmantur hec scelera, ne gens nostra alligetur peregrine nacionis dicioni, si dies uite ex integro ad tempus natalis sui perduxerit, morte morietur." Tempora fluxerunt, orbe nono cornua lunaria refulserunt. Instante itaque die partus generatur filius. Ruben uero multimodis et inplacabilibus inuoluitur curis. Nepharium ducit filium occidi et scelerosum tocius gentis destructorem enutriri. Tandem pietas preponderat inpietati: cistella, in qua maris fluctibus fuit iniectus, ad insulam Scarioth propellitur, a qua postea Iudas Schariotis cognominatur. Tunc regina loci ilius comitata pedissequis fortuitu ad litus maris processit spatiari uiditque infantulum propelli maris fluctibus. Pedisseque autem accurrerunt et voltum pueri dilegencius intuentes regineque pulchritudini conparantes domine deferunt et de longinquis partibus in illas profluxisse asseruere. Regina itaque liniamenta corporis pueri totumque ipsius pulchritudinis scema diligenti oculorum intuitu prenotans ait: „O si solatiis tante prolis subleuarer, ne regni mei successore priuarer!" Pedisseque igitur infantulum suggerunt, ut uulua sterili permanente heres habeatur. Regina obsequitur hancque peperisse prolem: quod terram promulgatur in omnem, plebs letatur omnesque congratulantur. Denique breui post reuoluto tempore inpletur vterus certisque diebus legittimus ei generatur filius. Hiis itaque colludentibus in annis puerilibus in facie Iudas puerum regium ad fletum non pertimescit prouocare. Regina autem sciens eum ad se non pertinere eum in suum dedignatur filium audire. Tandem res panditur: Iudas puer inuentionis conprobatur. Hic ergo erubescit puerumque fratrem suum latenter occidit. Ob hoc ergo timens capitalem sententiam cum tributariis Ierusalem adfugit seque curie Pylati tunc presidis applicuit. Deinde uero, quoniam res similes sunt habiles, quia nequam et moribus suis congruere inuenitur, vniuersis rebus Pylati preficitur: nulla sine suo iussu, nutu consensuque fiunt, quoniam in dicione sua cuncta sunt posita. Stans autem die quadam Pylatus ad palatium introspexit quoddam pomerium uiditque fructus, quorum tanto captus est desiderio, ut pene exalaret spiritum. Accersito Iuda ait: „Si esu horum fructuum frustratus fuero, me ut cuncta natura terre sum remittens receptaculo placido, quoniam capit omnia tellus que genuit, celo tegitur qui non habet vrnam." Iudas igitur pomerium insilit, mala carpit. Ruben superuenit, contendunt, iurgia superaddunt. Ruben tandem lapide qua ceruix collo connectitur a Iuda percussus occubuit. Iam die se inclinante nocteque instante Ruben mortuus inuenitur: subitanea morte preuentus esse creditur. Tunc recolligens merita Iude Pylatus omnem Ruben substantiam et vxorem eius contradidit in beneficia. Cyborea, ut dolores tot et quantos recolligit gemens, Iude causam suspirii querenti ait: „Infantulum marinis fluctibus immersi, virum meum morte preuentum inueni. Nunc quoque super omnia moueor, quia viro alteri contra uoluntatem socior." Iudas uero hec omnia sibi euenisse probauit filiumque suum se esse matremque vxorem duxisse coniecit. Penitencia ergo ductus, Cyborea cogente et suadente, saluatoris nostri domini Ihesu Christi, per quem fit remissio peccatorum, ut suorum mereatur veniam peccatorum, fit discipulus; habebat autem tunc ut semper loculos, vbi sibi reseruabat futura pauperibus in elimosinas distribuenda. Exhinc a domino magis diligebatur ceteris, dum consilium cum Iudeis iniit eisque eum triginta vendidit argenteis. Videns autem, quia innocentem condempnauerat, proiecto in templo sanguinis precio laqueo se suspendit et medius crepuit.

Anmerkungen:

1 Jacobi a Voragine 'Legenda Aurea' vulgo Historia Lombardica dicta. Hrsg. v. T. GRAESSE, Breslau [3] 1890.
2 W. HUG: Quellengeschichtliche Studie zur Petrus- und Pauluslegende der Legenda aurea. In: Historisches Jahrbuch 49 (1929), 623.
3 E. v. DOBSCHÜTZ: Christusbilder. Untersuchungen zur christlichen Legende. Leipzig 1899. (= Texte und Untersuchungen z. Geschichte d. altchristlichen Literatur N.F. 3), 278 f.*. E.K. RAND: Mediaeval Lives of Judas Iscariot. In: Anniversary Papers by Colleagues and Pupils of G.L. Kittredge Presented on the Completion of his 25th Year of Teaching. New York 1913, 305-316. P.F. BAUM: The Mediaeval Legend of Judas Iscariot. In: Publications of the Modern Language Association of America 31 (1916), 481-632. P. LEHMANN: Judas Ischarioth in der lateinischen Legendenüberlieferung des Mittelalters. In: Studi Medievali N.S. 2 (1929), 289-346.
4 LEHMANN, 298. Vgl. RAND, 313; BAUM, 490.
5 Siehe unten den lateinischen Text nach der Hs. M_1, Zeile 123.
6 DOBSCHÜTZ, 230.
7 F.J. MONE: De vita Pilati [= Vers-Pilatus]. In: Anzeiger für Kunde der deutschen Vorzeit 4 (1835), 421-433. Prosa-Pilatus. In: Anzeiger 7 (1838), 526-529 [= erster Teil der 'Historia' nach Clm 23 390]. Kürzere Linzer Bearbeitung des Prosa-Pilatus. In: Anzeiger 7 (1838), 529-530. Judas Vita. In: Anzeiger 7 (1838), 532-236. M.E. du MÉRIL: Frz. Übersetzung des Pilatus-Teils der 'Historia' und lateinischer Vers-Pilatus sowie versifizierte Judas Vita. In: Poésies Populaires Latines du Moyen Âge. Paris 1847, 315-368.
8 [Anm. 3].
9 A. d'ANCONA: La Leggenda di Vergogna, testo del buon secolo in prosa e in verso e la Leggenda di Giuda, testo italiano antico in prosa e francese antico in verso. Bologna 1869 (= Scelta di curiosità letterarie inedite o rare dal secolo XIII al XIX, 99) 90 ff. G. PARIS: Rez. z. d'Ancona. In: Revue Critique 4 (1869), 407-415. R. KÖHLER: Rez. z. d'Ancona. In: Jb. f. rom. u. engl. Lit. 11 (1870), 313-324. A. SCHÖNBACH: Rez. z. Tischendorf "Evangelia Apocrypha" [Anm. 28]. In: AfdA 2 (1876), 149-212. L. CONSTANS: La Legende d'Oedipe. Paris 1881.
10 HUG [Anm. 2], 612. LEHMANN [Anm. 3], 300.
11 E. v. STEINMEYER: Die Historia apocrypha der Legenda aurea. In: Münchner Museum f. Philologie d. Mittelalters u.d. Renaissance 3 (1918), 155-166.
12 [Anm. 3] Lange vorher war bereits erschienen W. GRIMM: Die Sage vom Ursprung der Christusbilder. Berlin 1843. Auch K. PEARSON: Die Fronica. Ein Beitrag zur Geschichte des Christusbildes im Mittelalter. Strassburg 1887.
13 E.F. OHLY: Sage und Legende in der Kaiserchronik. Münster 1940 (= Forschungen z. dt. Sprache u. Dichtung 10), 86.
14 B. de GAIFFIER: L'"Historia apocrypha" dans la Légende dorée. In: Analecta Bollandiana 91 (1973), 265-272.
15 Siehe GAIFFIER, 271, Anm. 2.
16 A. SCHÖNBACH [Anm. 9], 186 ff.
17 Niedersächsische Staats- und Universitätsbibliothek Göttingen: Cod. Ms. E. Schröder 1371.
18 D. WERNER: Pylatus. Untersuchungen zur metrischen lateinischen Pilatuslegende und kritische Textausgabe. Ratingen/Kastellaun/Düsseldorf 1972 (= Beihefte z. Mittellateinischen Jahrbuch 8), 261-273.
Einige kleinere Anmerkungen sind zu diesem Abdruck zu machen: Auf S. 263 muß es statt "pecunia numerabili" heißen "pecunia non numerabili". S. 267

Anm. b): Mb (= M_1) hat "eisdem". S. 268 Anm. g): Mb hat "condigna". S. 270 Anm. d): Mb hat "intrauit". S. 270 Anm. e): Mb hat "in qua triduana".

19 W. CREIZENACH: Legenden und Sagen von Pilatus. In: PBB 1 (1874), 103.

20 DOBSCHÜTZ [Anm. 3], 203.

21 H.F. MASSMANN: Der keiser und der kunige buoch oder die sogenannte Kaiserchronik. 3. Theil. Quedlinburg/Leipzig 1854 (= Bibliothek der gesamten deutschen National-Literatur IV, 3), 598. CREIZENACH [Anm. 19], 105.

22 K. HAUCK: Pontius Pilatus aus Forchheim. In: Festschrift Walther Bulst 1960, 104-124.

23 ebd., 109.

24 K. SIMROCK: Handbuch der deutschen Mythologie mit Einschluß der nordischen. 5. Aufl. Bonn 1878, 165. Ebenso früher schon K. SIMROCK: Bertha die Spinnerin. Frankfurt 1853, 144.

25 CREIZENACH [Anm. 19], 104. Zur Bertha-Sage vgl. auch A. FEIST: Zur Kritik der Bertasage. Marburg 1886 (= Ausgaben u. Abhandlungen a. d. Gebiete d. Romanischen Philologie 59). O. FREITAG: Die sogenannte Chronik von Weihenstephan. Ein Beitrag zur Karlssage. Halle 1905 (= Hermaea 1), 52 ff.

26 R. HEINZEL: Rez. z. PBB 1 (1873). In: Zs. f.d. österr. Gymnasien 25 (1874), 163.

27 Nur M_1 und M haben die Form *Adanus*. DOBSCHÜTZ [Anm. 3, 231] vermutet, daß es sich hier um die älteste Form handeln könnte. Nicht ganz auszuschließen ist aber auch ein Lesefehler aus der Schreibung *Ad'anus*. Die späten Hss. Gr und L haben den Namen geändert und schreiben Adrianus. Die anderen Hss. haben die Form *Adranus*.

28 Zu den verschiedenen angeblichen Pilatus-Briefen siehe die Aufstellung bei WERNER [Anm. 18], 14 f. Bereits Eusebius hatte einen Brief des Pilatus erwähnt (IX, 5). Zu den Acta Pilati siehe C. von TISCHENDORF (Hrsg.): Evangelia Apocrypha. Leipzig 1876, 210 ff. E. HENNECKE: Neutestamentliche Apokryphen in deutscher Übersetzung. 1. Bd., 4. Aufl., Tübingen 1969, 330 ff. WERNER, 10 ff. DOBSCHÜTZ, 206 f. MASSMANN [Anm. 21], 596.

29 DOBSCHÜTZ, 214 f./232/276* (2.).

30 CREIZENACH [Anm. 19], 97.

31 Sueton (Domitian 7). Siehe auch H. BENGTSON: Die Flavier: Vespasian, Titus, Domitian. Geschichte eines römischen Kaiserhauses. München 1979, 60-62. Zur Ansiedelung Vespesians in Galizien siehe Anm. 40.

32 In der 'Vindicta Salvatoris' heißt der Bote Volusianus. Die späte Hs. Gr hat auch hier verändernd eingegriffen und Volusianus nach Adrianus als zweiten Boten erwähnt, allerdings folgt dann als dritter Bote Albanus. Gr hat offenbar die 'Legenda aurea' herangezogen, wo auch Volusianus und Albanus auftauchen. Alle anderen Hss. haben als zweiten Boten Albanus.

33 DOBSCHÜTZ, 233.

34 DOBSCHÜTZ, 212. OHLY [Anm. 13], 54 f.

35 Eusebius II, 2-3. CREIZENACH [Anm. 19], 97. MASSMANN [Anm. 21], 855.

36 J. KNAPE: 'Historie' in Mittelalter und früher Neuzeit. Begriffs- und gattungsgeschichtliche Untersuchungen im interdisziplinären Kontext. Baden-Baden 1984 (= Saecvla Spiritalia 10), 77/107.

37 Nach einer anderen Überlieferung wird Herodes nach Vienne in Gallien verbannt. MASSMANN [Anm. 21], 602.

38 DOBSCHÜTZ, 234.

39 DOBSCHÜTZ, 237 f. MASSMANN 604 f.

40 Informationen solcher Art konnte der Verfasser aus den "Hauptquellen des Mittelalters zur alten Geschichte" beziehen, die F. LANDSBERG zusammen-

fassend erördert: Das Bild der alten Geschichte in mittelalterlichen Weltchroniken. Diss. Berlin 1934, 15 ff.
Die Verlegung des Aufenthaltsortes Vespesians nach Galizien in Spanien hängt mit der Verehrung des hl. Jakobus d.Ä. in Compostella zusammen. Der Text spielt direkt darauf an (lat. 74/dt. 92).

41 Eusebius II, 14. MASSMANN, 694. DOBSCHÜTZ, 212, Anm. 1/233. OHLY [Anm. 13], 86 f.

42 MASSMANN, 691.

43 H. FLUCH: Nerodarstellungen, insbesondere in der deutschen Literatur. Diss. (Masch.) Gießen 1923. OHLY, 84 ff.

44 MASSMANN, 683. OHLY, 85 f. F. SCHNEIDER: Rom und Romgedanke im Mittelalter. Die geistigen Grundlagen der Renaissance. München 1925, 168.

45 MASSMANN, 681.

46 Angemerkt sei hier nebenbei, daß die Hs. M_1, einer der ältesten Überlieferungszeugen, auch einen die Zerstörung Jerusalems betreffenden Ausschnitt aus Eusebius enthält.

47 KNAPE [Anm. 36], 107/461 Anm. 46.

48 OHLY, 60 ff.

49 Das etymologische Wortspiel ist in den meisten Hss. nicht erhalten. M und O, Pr und T haben es.

50 Vgl. RAND, BAUM und LEHMANN [Anm. 3]. Einen zusammenfassenden Überblick zum mittelalterlichen 'Judas' mit Literatur gibt F.J. WORSTBROCK: Judaslegende. In: Verfasserlexikon IV. (^{2}1983), 882-887.

51 Zur engen Verbindung von Pilatus- und Judaslegende vgl. LEHMANN [Anm. 3], 311 f.

52 STEINMEYER [Anm. 11], 156.

53 Persius war seit dem frühen Mittelalter außerordentlich beliebt und wurde als *poeta ethicus* hoch geschätzt. Das hier auftauchende Zitat kann der Quellenliste mittelalterlicher Persiusrezeption bei G. HERING hinzugefügt werden: Persius. Geschichte seines Nachlebens und seiner Übersetzungen in der deutschen Literatur. Berlin 1935 (= Germanische Studien 165), 11 ff.

54 Etymologie entsprechend Anm. 49, gewöhnlich steht *Ierusalem.*

55 Vgl. F. OHLY: Der Verfluchte und der Erwählte. Vom Leben mit der Schuld. Opladen 1976 (= Vorträge der Rheinisch-Westfälischen Ak. d. Wiss. G 207).

56 Ein Gedanke, der z.B. die 'Historia Ecclesiastica' des Eusebius durchzieht.

57 Vgl. W. HARMS: Der Kampf mit dem Freund oder Verwandten in der deutschen Literatur bis um 1300. München 1963 (= Medium Aevum - Philologische Studien 1), 113 ff.

58 Als solches ist die Summe der menschlichen Erinnerungen in einer Epoche anzusehen. "Die Aufgabe des sozialen Gedächtnisses" tritt nach Ansicht des Kulturhistorikers ABY M. WARBURG, der diesen Begriff prägte, in seiner "mnemische(n) Funktion klar zu Tage durch stets erneute Berührungen mit den Denkmälern der Vergangenheit". Zit. n. E.H. GOMBRICH: Aby Warburg. Eine intellektuelle Biographie. Aus dem Englischen v. M. FINENBORK. Frankfurt 1981 (= Europäische Bibliothek 12), 356.

59 "Wer das Amt repräsentativer Geschichtsverkündigung öffentlich übernimmt, verpflichtet sich dazu, als soziales Erinnerungsorgan zu funktionieren, das zurückschauender Selbsterkenntnis zur Besinnung auf die wesentlichen Entwicklungsmomente verhelfen soll." A.M. WARBURG: Die Wandbilder im Hamburgischen Rathaussaale (1910). In: A.M.W.: Gesammelte Schriften. 1. Bd. Hrsg. v. G. BING, Reprint Nendeln 1969, 586.

60 Die mittelalterliche Weltchronik zum Beispiel ist gewöhnlich Kompilationschronistik, deren Produkt das Ergebnis einer Reihe von Arbeitsprozessen ist.

Die Art der Auseinandersetzung mit den für die Kompilation herangezogenen Quellen entscheidet sehr viel über das Arbeitsergebnis. Die ganze Arbeit an der Chronik wird durch ein bestimmtes gedanklich-systematisches Ordnungskonzept reguliert, das mehr oder weniger philosophisch inspiriert sein kann. Gewählt werden oft ein einfaches annalistisches Prinzip oder die Kaiser- und Papst-Reihe, ein Vier- oder Sechs-Aetates-Schema, Augustins Zwei-Reiche-Lehre, eine bestimmte moralisch-didaktische Intention, ein machtpolitisch oder dynastisches Programm oder aber Kombinationen solcher oder ähnlicher Konzepte. Sie beeinflussen den ersten Arbeitsvorgang der Informationsauswahl ebenso wie den folgenden strukturierenden, bei dem die gesammelten Informationen wieder zeitlich und/oder systematisch zugeordnet werden. Bereits hier fallen wichtige Entscheidungen darüber, ob ein überlieferter geschichtlicher Gegenstand unterschlagen oder in Erinnerung gehalten werden soll. Das durch das gewählte Ordnungskonzept regulierte Kompositionssystem des Werkes oder seine Makrostruktur besteht bei den Weltchroniken formal aus den typischen aneinandergereihten Erzählsequenzen.
Das gewählte Ordnungskonzept kann aber auch die Mikrostruktur beeinflussen, d.h. die nicht nur für eine Weltchronik typischen Erzählsequenzen. In diesen kleinen Erzähleinheiten findet die eigentliche, ins einzelne gehende Literarisierung von Geschichte statt; der Erzähler bekommt die Möglichkeit erinnerungswerte Gegenstände in eigener Weise zu gestalten. Wie weit er dabei geht, hängt von seiner Haltung zu den Vorlagen ab. Er kann sie als verbindliche Darstellungsmodelle ansehen oder aber nur als Informationslieferanten betrachten, deren Daten er neu verarbeitet.
A.D. v.d. BRINCKEN: Studien z. lateinischen Weltchronik bis in das Zeitalter Ottos von Freising. Düsseldorf 1957. Dies.: Die lateinische Weltchronik. In: Mensch und Weltgeschichte. Zur Geschichte der Universalgeschichtsschreibung. Hrsg. v. A. RANDA. Salzburg/München 1969, S. 430-58 (= Forschungsgespräche des Internationalen Forschungszentrums für Grundfragen der Wissenschaften Salzburg 7). A. KUSTERNIG: Erzählende Quellen d. Mittelalters. Die Problematik mittelalterlicher Historiographie am Beispiel der Schlacht bei Dürnkrut und Jedenspeigen 1278. Wien/Köln 1982, S. 17 ff. G. MELVILLE: System und Diachronie. In: Historisches Jb. d. Görres Gesellschaft 95 (1975), S. 33-67 und 308-341. J. KNAPE [Anm. 36] S. 22 ff.

61 Zu den Aspekten des mittelalterlichen Wahrheitsbegriffs siehe J. KNAPE [Anm. 36], 332 ff.

62 Zur Art und Weise der Textkomposition im Fall der 'Historia' vgl. DOBSCHÜTZ [Anm. 3], 232 ff.

63 R. SCHNELL: Die Rezeption der Antike. In: Neues Handbuch der Literaturwissenschaft Bd. 7: Europäisches Hochmittelalter. Hrsg. v. H. KRAUSS, Wiesbaden 1981, 233. Siehe auch K. STACKMANN: Der alten werdekeit. Rudolfs 'Alexander' und der Roman des Q. Curtius Rufus. In: Festschrift Josef Quint 1964, 215-230.

64 LEHMANN [Anm. 3], 313.

65 RAND [Anm. 3], 315.

66 ebd.

67 LEHMANN, 313.

68 Zu O siehe H. HERRE: Beiträge zur Kritik der Pöhlder Chronik. In: Dt. Zs. f. Geschichtswiss. 11 (1894) I, 49 ff. Zu B siehe H. SILVESTRE: Le Ms Bruxellensis 10 147-58 (s. XII - XIII) et son "Compendium artis picturae". In: Bulletin de la Commission Royale d'Histoire de l'Académie Royale de Belgique 119 (1954), 98 ff. Zu M_1 siehe K. HALM/W. MEYER: Catalogus Codicum Latinorum Bibliothecae Regiae Monacensis. II, 4. München 1881,

Nr. 674 und E. v. STEINMEYER (Hrsg.): Die kleineren althochdeutschen Sprachdenkmäler. Berlin 1916, 387-389.

69 So LEHMANN zur Judas-Erzählung (300).

70 DOBSCHÜTZ [Anm. 3], 216.
An dieser Stelle möchte ich auf eine ungewöhnliche Bildquelle aufmerksam machen, die sich im Musée St. Denis in Reims befindet. Es handelt sich um eine vermutlich unvollständige Serie von sieben toiles peintes im Großformat von ca. 3 x 3 m aus der Zeit von 1460 - 1520, deren Erzählstoff der 'Historia' bzw. ihrem Quellenumfeld entstammt. Überschrieben ist die Reihe der Wandbehänge mit 'Die Rache Jesu Christi' ("La Vengeance de Jesus Christ") und besteht aus folgenden Szenen: 1. Das Leben der Juden in Jerusalem. 2. Krankheit (Aussatz) und Heilung Vespasians durch Veronica (mit dem Tuch). 3. Pilatus wird in Rom verurteilt - Pilatus wird in Lyon als Verbrecher ausgestellt - Pilatus begeht Selbstmord im Gefängnis und wird von Lyoner Bürgern in die Rhône geworfen; böse Geister beobachten die Vorgänge in der Luft schwebend. 4. Vespasian reitet gegen Jerusalem. 5. Belagerung und Hungersnot von Jerusalem. 6. Einnahme Jerusalems durch Titus. 7. Die Juden werden gefangen, in Ketten gelegt und verkauft.

71 *In morte pagani christianus gloriatur, quia Christus glorificatur* (III, 4, 14) - *Nunc autem melius est ut occidantur, quam certe relinquatur virga peccatorum super sortem iustorum* (III, 4, 20). Dieses wie die folgenden Zitate nach: Sancti Bernardi Opera III. Hrsg. v. J. LECLERCQ/H.M. ROCHAIS. Rom 1963, 217 ff.

72 *Virgo Israel, corrueras, et non erat qui sublevaret te* (III, 6, 22) - *Ecce, relinquetur vobis domus vestra deserta* (III, 6, 15) - *Reliqui domum meam, dimisi heriditatem meam* (III, 6, 16).

73 *Sane cum occidit malefactorem, non homicida, sed, ut ita dixerim, malicida, et plane Christi vindex in his qui male agunt, et defensor christianorum reputatur* (III, 4, 10).

74 Bernhards Briefaufruf zum Slawenkreuzzug ist abgedruckt im Mecklenburgischen Urkundenbuch. Hrsg. v. Verein f. mecklenburgische Geschichte u. Altertumskunde. 1. Bd., Schwerin 1863, 36 f.

75 M. PLOCHER: Studien zum Kreuzzugsgedanken im 12. und 13. Jahrhundert. Diss. (Masch.) Freiburg 1950, 10.

76 Mit der Zeit scheint sich entwickelt zu haben, "daß *gentiles* am 'Heiden' stärker den 'Ungetauften' meinte, *paganus* den 'Anhänger widergöttlichen Kultus'." H.D. KAHL: Compellere intrare. In: Zs. f. Ostforschung 4 (1955), S. 161-193/360-401. Zitiert nach dem Wiederabdruck in: Wege der Forschung 7. 2. Aufl., Darmstadt 1973, 206.

77 Belegstellen bei PLOCHER [Anm. 75], 11 f.

78 PLOCHER, 14.

79 PLOCHER, 24; dort auch Beispiele, die ihre These belegen.

79 a F.P. KNAPP weist darauf hin, daß Judas und Pilatus, aber auch Nero im Mittelalter den Typus des Selbstmörders schlechthin repräsentieren. Judas Ischarioth wird "zum bereits von der Abstammung dazu determinierten Satansjünger, dessen Selbstmord nur als logische Folge seiner völligen Gottferne erscheinen muß. Diesem Typus angenähert wurde auch die in der Bibel keineswegs rein negativ gesehene Gestalt des Pilatus. In der Legende ist er nun der skrupellose Machtmensch, der schließlich, von Kaiser Titus gefangen gesetzt, seinem Leben mit eigener Hand ein Ende macht. Auch hier beschließt der Selbstmord eine lange Reihe von Untaten. Er gibt dem Leser oder Hörer der Geschichte die letzte Gewißheit über das Schicksal des Bösewichtes im

Jenseits. Auf Kleriker wie Laien mochten solche Exempel noch stärker als jedes Augustinuswort wirken, um ihnen die Lehrmeinung der Kirche einzuprägen." F.P. KNAPP: Der Selbstmord in der abendländischen Epik des Hochmittelalters. Heidelberg 1979 (Germanische Bibliothek, 3.Reihe), 108. Siehe dort auch 19, 33, 35, 52f., 58, 61f., 103, 121, 127f., 196, 259, 265.

80 Zum Inhalt siehe im einzelnen W. WILLIAMS-KRAPP: Die deutschen Übersetzungen der 'Legenda aurea' des Jacobus de Voragine. In: PBB 101 (1979), 265 ff.

81 In der Oxforder Ausgabe von W.V. CLAUSEN lautet die Stelle:
tunc neque more probo uideas nec uoce serena
ingentis trepidare Titos, cum carmina lumbum
intrant et tremulo scalpuntur ubi intima uersu.
Und BINDER übersetzt:
Allda siehst du, wie weder in würdiger Weise, noch heitern
Tons das gewaltige Titusgeschlecht aufzappelt, sobald nur
Dringt in die Lende das Lied und im Marke der trillernde Vers wühlt.

82 Ausführliche Handschriftenbeschreibung bei STEINMEYER [Anm. 68].

Bamberger Hochschulschriften

Herausgeber: Georg Denzler, Norbert Glatzel, Jakob Lehmann

Die Reihe **Bamberger Hochschulschriften** will Ergebnisse der wissenschaftlichen Diskussion, Forschung und Lehre für eine breitere Öffentlichkeit zugänglich machen.

Die publizierten Resultate sollen gleichzeitig Einblick gewähren in den Prozeß ihrer Findung und Sicherung und damit in die zum Teil von einer zur Förderung bereiten Öffentlichkeit mitgetragene Arbeit.

Heft 1: **Gesellschaft und Beruf**
Autoren: Werner Faber, Erich Meyn, Helge Pross, Eberhard Schmitt, Johann Schütz, Dolf Sternberger
86 Seiten, ISBN 3-87052-650-5

Heft 2: **Familie, Schule, Erwachsenenbildung**
Autoren: Hans-Karl Beckmann, Herbert Selg, Karlwilhelm Stratmann, Gerhard Wurzbacher
64 Seiten, ISBN 3-87052-651-3

Heft 3: **Person und Daseinsbewältigung**
Autoren: Heinrich Beck, Dieter Claessens, Volker Eid, Karl Rahner
56 Seiten, ISBN 3-87052-652-1

Heft 4: **Theologie und Humanwissenschaften**
Autoren: Heinrich Beck, Norbert Glatzel, Günter Kehrer, Norbert Mette, Lorenz Wachinger, Wolfgang Wickler
88 Seiten, ISBN 3-87052-653-X

Heft 5/6: **Antrittsvorlesungen der Fakultät Sozial- u. Wirtschaftswissenschaften I**
Autoren: Helmar Bley, Hans-Ulrich Derlien, Gustav Dieckheuer, Dieter Schäfer, Gerhard Schulze, Laslo Vaskovics, Friedrich Vogel
124 Seiten, ISBN 3-87052-654-8

Heft 7: **Aktuelle Brennpunkte der Sozialpädagogik**
Resozialisierung und Randgruppenarbeit
Autoren: Christoph Freese, Jürgen Klapprott, Johann Schütz, Werner Wüstendörfer
72 Seiten, ISBN 3-87052-655-6

Heft 8 **Commedia dell'arte. Harlekin auf den Bühnen Europas**
Autoren: Rudolf Rieks, Wolfgang Theile, Dieter Wuttke
72 Seiten, ISBN 3-87052-656-4

Heft 9 **Beiträge zur Alten Geschichte**
Autoren: Werner Huß, Karl Strobel
56 Seiten, ISBN 3-87052-657-2

Heft 10 **CALDERÓN. 1600–1681**
Autoren: Alberto Gil, Titus Heydenreich, János Riesz, Manfred Tietz
85 Seiten, ISBN 3-87052-658-0